Die Rattenfänger der Wall Street

Benjamin Mark Cole berichtet seit 20 Jahren als freier Journalist aus der Finanz- und Wertpapierbranche. Für seine kritischen Berichte wurde Cole bereits mit mehreren journalistischen Preisen ausgezeichnet. Die Originalausgabe dieses Buches gewann den Wirtschaftspreis der *Financial Times Deutschland* in der Kategorie »Finanz International«.

Bernd Niquet ist promovierter Wirtschaftswissenschaftler, freier Journalist und Autor mehrerer Bücher zu Finanz- und Börsenthemen. Bei Campus erschienen von ihm »Keine Angst vorm nächsten Crash« und »Die Welt der Börse«.

Benjamin Mark Cole

Die Rattenfänger
der Wall Street

Wie Analysten die Börsenwelt manipulieren

Mit einem Nachwort von Bernd Niquet

Aus dem Englischen von Brigitte Kleidt

Campus Verlag
Frankfurt/New York

Die amerikanische Originalausgabe erschien 2001 bei Bloomberg Press,
Princeton, New Jersey, unter dem Titel »The Pied Pipers of Wall Street: How Analysts
Sell You Down the River«.
Copyright © 2001 by Benjamin Mark Cole
Aus dem Englischen von Brigitte Kleidt

Die Deutsche Bibliothek – CIP-Einheitsaufnahme
Ein Titeldatensatz für diese Publikation ist bei
Der Deutschen Bibliothek erhältlich.
ISBN 3-593-36896-X

Umschlaggestaltung: Guido Klütsch, Köln
Satz: Satzspiegel, Nörten-Hardenberg
Druck und Bindung: Druckhaus Beltz, Hemsbach
Gedruckt auf säurefreiem und chlorfrei gebleichtem Papier.
Printed in Germany

Besuchen Sie uns im Internet: www.campus.de

Für meinen Sohn Max und für Araceli,
die ihm das Leben geschenkt hat.
Für Evelyn, die mir das Leben geschenkt hat.
Und für meinen Vater, der Bücher so gern hatte.

Inhalt

Vorwort

Die neuen Stars der Wall Street sind die Analysten, die bei Wertpapierhäusern, also auf der »Verkaufsseite«, angestellt sind. Sie, die einst im Hintergrund wirkten, sind gegen Ende des 20. Jahrhunderts plötzlich ins Rampenlicht gerückt. Vor kurzem arbeiteten sie noch im Verborgenen und in relativer Unabhängigkeit. Nun gelten sie als Aushängeschild der Branchengrößten. Als »Rattenfänger der Wall Street« sollen sie mit ihren Flöten auf den Marktplatz treten und mit unwiderstehlichen Tönen die Kurse höher und höher treiben.

Dies ergibt sich zum Teil zwangsläufig aus den seit 1980 explosionsartig gewachsenen Finanzmedien, den auf Wirtschaft spezialisierten Nachrichtensendern, den TV-Shows und der Lawine von Finanz- und Börsenzeitungen. Das Internet scheint speziell für die Wall Street erfunden zu sein und ist mit Seiten über Aktien, Finanzinformationen und Wirtschaftsnachrichten aller Art und natürlich mit Angeboten zum Online-Trading regelrecht gespickt. Die von den Analysten angestimmte Melodie wird in diesem Medium von Legionen von Finanzjournalisten gespielt und über den Äther an ein Publikum geschickt, das großenteils einen anhaltenden Bärenmarkt nie erlebt hat – zumindest bis vor kurzem.

2001 verloren viele Kleinanleger an der Börse eine Menge Geld, und sie spürten, dass es ihnen an den Kragen ging – oder vielleicht ist es treffender zu sagen, dass sie wie Vieh zur Schlachtbank geführt wurden. Kurz nach dem Millenniumswechsel platzte die Spekulationsblase der späten neunziger Jahre. Der Nasdaq Composite Index, der zuvor von Internetaktien und Technologiewerten in astronomische Höhen katapultiert worden war, fiel bis Ende 2000 auf die Hälfte seines Höchststandes. Es war das schlimmste Börsenjahr seit der Weltwirtschaftskrise 1929–33.

Auch andere Indizes wie der ehrwürdige Dow Jones Industrial Average oder der Standard & Poor's 500 hatten ein Jahr zuvor alle Rekorde gebrochen. Der S & P 500 vervierfachte sich in der letzten Dekade des 20. Jahrhunderts und spiegelt damit eine Hausse, die ihresgleichen sucht. Eine solche Marktentwicklung hatte es nie zuvor gegeben, und doch nahmen sie Millionen von Amerikanern für selbstverständlich. Heute besitzen viel mehr Menschen als früher Aktien, und jetzt müssen die Neulinge lernen, dass die Sonne auch an der Börse nicht immer scheint, selbst wenn die Analysten einen wolkenlosen Himmel prognostizieren.

Im Abwärtstaumel der wichtigsten Aktienindizes nach dem Jahrtausendwechsel wurden auf dem Papier Werte in Höhe von 3,5 Billiarden Dollar vernichtet. Aktien, die angeblich ungeahnte Höhen erklimmen würden – Amazon.com, eToys Inc., Priceline.com, aber auch solidere Unternehmen wie Microsoft oder Cisco Systems – tauchten in die Tiefsee, verloren 50, 80 oder, wie im Fall des Online-Spielzeughändlers eToys oder des Einkaufsportals Priceline, fast 100 Prozent ihres Börsenwertes.

Anfang 2000 jedoch hatten alle Propheten aus den Wertpapierhäusern ein weiteres Jahr im Zeichen des Bullen vorhergesagt. Nicht der Hauch eines Schattens schien Abby Joseph Cohen von Goldman Sachs, die Päpstin unter den Anlageberatern, zu beunruhigen. Beim Nachrichtensender CNN war man sich einig.

Die angestellten Analysten, die häufig für globale Giganten mit Tausenden und Zehntausenden Aktienhändlern arbeiten, sind heute mit der Investment-Banking-Abteilung ihrer Arbeitgeber verbunden und sollen deren Neuemissionen und Folgeemissionen von Aktien oder Anleihen einen guten Start verschaffen. Weiterhin sollen Analysten die großen Handelshäuser, die Vermögensverwalter und die Investmentfonds unterstützen, wenn diese Werte mit Gewinn losschlagen wollen. Dass die Kleinanleger die Zeche zahlen, wird billigend in Kauf genommen. Ähnlich wie Rechtsanwälte sollen Analysten nicht objektiv und kritisch über die künftige Entwicklung von Unternehmen urteilen, sondern im Sinne des Mandanten auftreten. Die einschlägige Gesetzgebung, die überwiegend vor fünfzig Jahren und mehr verabschiedet und in dem berühmten Verfahren *SEC vs. Ray Dirks* von 1983 bestätigt wurde, sichert solchen Praktiken ein Heimspiel zu. Sie unterstellt den Fortbestand strikt getrennter Abteilungen, den Fortbestand der so genannten (und heute abgerissenen) Chinesischen Mauer zwischen Research-, Investment-Banking- und Handelsabteilung. Analysten genießen wie Journalisten und Wissenschaftler nach dem Gesetz eine nahezu unbegrenzte Freiheit der Meinungsäußerung. Wirtschaftlich sind sie jedoch von ihren Arbeitgebern und deren Großkunden abhängig. Aber selbst die erst kürzlich erlassenen Regelungen der US-amerikanischen Börsenaufsicht Securities and Exchange Commission (SEC) unterstellen, dass Analysten im Prinzip sauber arbeiten und nur gewisse Erleichterungen sowie einige kleinere Regeländerungen nötig sind.

Gesetz und Börsenaufsicht ignorieren, was an der Wall Street selbst schon längst niemand mehr bestreitet: Fünfzig Jahre und ganze Welten unterscheiden die heutigen Finanzmärkte von der Börse, für die die SEC einst geschaffen wurde. Während im Gesetz noch der über seinen Rechenschieber gebeugte Analyst herumspukt, herrscht in Wirklichkeit ein Amalgam von Hype, Börsenfieber, allgegenwärtigen Finanzmeldungen, Computerhandel, Effektenhandelsgiganten und Investmentfonds mit riesigen Werbebudgets. War einst Unabhängigkeit ihr Markenzeichen, so sind Analysten heute faktisch Räder im Getriebe der Abteilungen für Investment-Banking und Marketing.

Dieses Buch wirft ein grelles Licht auf Aktienanalysten und ihre Rolle in einer veränderten Wertpapierbranche und Medienwelt. Zur Beruhigung der Gemüter ist es nicht geeignet. Zahlreiche wissenschaftliche und von Unternehmen durchgeführte Studien haben erwiesen, dass die Kaufempfehlungen der Analysten sich in der Regel schlechter entwickeln als der Markt. Die Ursachen dafür haben viel mit den hier beschriebenen kompromittierten Beziehungen zu tun.

Um die Kräfte nachzuzeichnen, die die Branche verändert haben, beginnt *Die Rattenfänger der Wall Street* mit einem Blick durchs Vergrößerungsglas auf die Handlungen eines einzelnen Analysten. Dieser lässt glasklar die Interessenkonflikte der großen Häuser erkennen. Dann nimmt das Buch in den Kapiteln 2 bis 5 die Entwicklung der Wall Street im Allgemeinen unter die Lupe. Wir beleuchten eine Reihe interessanter, manchmal haarsträubender Neuemissionen und sehen uns in den Schmuddelecken um, betrachten die Spekulantenringe, die Finanzjongleure der regionalen Wertpapierhäuser und die Hinterhofbüros mit ihren Selfmade-Analysten, die das Vorgehen der Großen nachahmen. Zudem diskutieren wir in Kapitel 6 die Leerverkäufer mit ihrer heilsamen Wirkung – die allerdings fast vollständig aus dem Markt verdrängt wurden. In Kapitel 7 nennen wir eine Reihe unabhängiger und renommierter Research-Unternehmen, die dem Anleger wertvolle, nicht von Interessenkonflikten getrübte Informationen bieten.

Wenn mehr Investoren um die seit den neunziger Jahren veränderten Bedingungen wüssten, würden sie vielleicht vorsichtiger handeln, aber leider gilt wohl das alte Sprichwort, dass man Erfahrung immer erst dann hat, wenn man sie nicht mehr braucht. Im Jahr 2001, als der Nasdaq schon weit unter seinem Höchststand notierte, kam die Kenntnis der neuen Regeln an der Wall Street für viele Anleger zu spät. Ihre Wertpapierbestände hatten die Schrumpfkur schon hinter sich, und eine Besserung ist nicht abzusehen. Man kann nur hoffen, dass sie ihre Lehren daraus ziehen und die Fehler nicht wiederholen.

Kapitel 1

Der Mann am Telefon

Selbst am Telefon strahlte der Mann große Selbstsicherheit aus.

»Wie ich das erfahren habe?«, fragte er zurück. »Nun, Soros gehört zu meinen Kunden . . . und ich weiß, dass er mit dieser Aktie einen Leerverkauf plant.«

Soros gehört zu meinen Kunden. Kein Wunder, dass er so selbstsicher auftritt. Über die Wall Street hinaus gilt George Soros in der gesamten Finanzwelt seit langem als Leviathan – und trotz der jüngsten Rückschläge ist sein Ruf unangetastet. Ein begnadeter, risikofreudiger und einflussreicher Investor, der »Mann, der die Bank von England in die Knie zwang«, indem er 1992 erfolgreich auf eine Abwertung des Britischen Pfundes spekulierte und dabei eine Milliarde Dollar gewann.

Während der neunziger Jahre wirkte Soros eher als eine Art Naturgewalt denn als Anleger, als Finanzmagnat bewegte er ganze Volkswirtschaften. Fiel sein Name im Dunstkreis der Börse, so war das nicht viel anders, als wenn sich im Mittelalter ein Kardinal auf den Papst berief. Soros war Milliardär und scheute nicht davor zurück, sich weitere Milliarden für Spekulationen an der Wall Street oder anderen Finanzplätzen zu leihen. Und da erwähnt der Mann am Telefon beiläufig, Soros zähle zu seinen Kunden, Soros höre auf ihn und suche seinen Rat. Soros lieh dem Mann sein Ohr!

Er hieß Hemant K. Shah. Der Analyst hatte sich auf die Pharmabranche spezialisiert und leitete von seinem Haus in Warren, New

Jersey, gegenüber von New York aus die HKS & Co., Inc., die nur aus ihm selbst bestand. An diesem Nachmittag im Mai des Jahres 1996 erzählte Shah dem Manager eines großen Investmentfonds, dass »sein« Kunde Soros die Aktien des jungen Pharmaunternehmens Biovail Corp. International mit Sitz in Toronto abstoßen würde. Biovail wurde damals an der American Stock Exchange gehandelt; inzwischen ist der Generika-Hersteller an der New Yorker Börse notiert.

So wie Soros einst gegen das Britische Pfund gesetzt habe, kämpfe er nun wie der Koloss von Rhodos gegen Biovail, erläuterte Shah in vertraulich-informiertem Ton. Es ist nicht viel Fantasie nötig, um sich die Folgen für ein Unternehmen mit damals knapp 70 Millionen Dollar Jahresumsatz auszumalen: Biovail würde in Grund und Boden gestampft werden.

Rückblickend gesehen mag man sofort daran zweifeln, dass ein Mann von der Statur eines Soros auch nur den Namen Hemant Shah gekannt, geschweige denn dessen Rat gesucht haben sollte. Aber Mitte der neunziger Jahre, als Unternehmen wie Biovail entstanden, hatte Shah einen guten, nein, einen ausgezeichneten Ruf. Wenn es um Pharmaaktien ging, war er der Liebling des *Wall Street Journal* und des dazugehörigen *Dow Jones Newswire* sowie anderer Nachrichtendienste, darunter auch *Reuters*. Große Zeitungen – *New York Times, Los Angeles Times, Investor's Business Daily* oder die britische *Financial Times* – wandten sich in regelmäßigen Abständen an Shah, um die heißen und weniger heißen Aktien der Pharmabranche abzufragen. Dazu kamen zwei Fernsehkanäle, CNBC und FNN. Shah war ein guter Redner, und er verstand sich auf das am besten gehütete Geheimnis der Öffentlichkeitsarbeit: Wer am schnellsten auf die Anfragen von Journalisten reagiert, mit ihnen plaudert – und eine griffige, pointierte Einschätzung liefert, der wird zitiert.

Es gab viele gute Gründe, sich auf Shah und seine Ansichten zu berufen. Er hatte 1996 und 1997 den »All-Star Analysts«-Wettbewerb des *Wall Street Journal* für die Kategorie Pharmaaktien gewonnen, er veröffentlichte einen monatlichen Rundbrief über die Arzneimittelhersteller, er hatte für die japanische Nomura Securities in New York als Pharmaanalyst gearbeitet, und in den Unterlagen der unabhängigen Regulierungsbehörden ließ sich nichts Negatives über ihn finden. Zuvor war er als Finanzanalyst für verschiedene Pharmakonzerne wie Pfizer, Smithkline Beecham und Merck tätig gewesen. Er hatte seine Karriere als Pharmazeutiker begonnen, anschließend erwarb er zwei Wirtschaftsdiplome. Ehre, wem Ehre gebührt – Shah kannte die Pharmabranche, und es lag offiziell nichts gegen ihn vor. Das Finanzblatt *Forbes* behauptete also zu Recht: »Shahs Meinung wurde weithin gesucht und geteilt.«

Vor allem jedoch beherrschte der Staranalyst die Kunst des Small Talks mit Journalisten, er war immer für ein schnelles Zitat gut. Er verstand sich darauf, die Medien als unfreiwillige Verbündete in seine Winkelzüge an der Börse einzubinden – eine einzige Online-Suche ergab für 1990 über 2 500 Stellen, an denen Shah in großen Wirtschaftszeitungen und -magazinen zitiert wurde, davon 28 allein zu Biovail.[1] In Sachen Pharmaaktien war Shah eine Institution an der Wall Street, ein Bonvivant der Finanzblätter, der regelmäßig bei den Podiumsdiskussionen der New York Society of Securities Analysts und im Fernsehen auftrat – kurz gesagt, er mischte überall mit.

Diese Sichtbarkeit übersetzt sich in der Investmentbranche in Einfluss. Shahs Medienpräsenz verlieh ihm die Macht, zum Angriff zu blasen – mit einem geschickt platzierten Gerücht, einer veröffentlichten Meinung oder einer einprägsamen TV-Sentenz konnte er Aufstieg oder Fall einer Aktie unterstützen, insbesondere der Aktie eines wenig beachteten kleinen oder mittleren Unternehmens.

Shahs Sichtbarkeit verschaffte ihm Kunden, Dutzende von Kunden, vor allem Fondsmanager, aber auch Aktienmakler und Industriemagnaten, Klienten mit der Verfügungsgewalt über Millionen, Hunderte von Millionen oder sogar Milliarden von Dollar. Sie zahlten für seine Ratschläge, seine Erkenntnisse, seine Meinungen über den Pharmasektor und dessen Entwicklung, für seine Empfehlungen, welche Aktien man kaufen und welche man abstoßen solle.

So gesehen war Shah eine Miniaturausgabe der großen Brokerhäuser an der Wall Street mit ihren Handelsabteilungen und den riesigen

Investmentfonds. Denn wenn die Fonds der Kaufempfehlung der Analysten – oder einer der seltenen Verkaufsempfehlungen, die sie häufig vor den übrigen Marktteilnehmern erhalten –, folgen, erweist sich der Tipp zumindest kurzfristig als eine sich selbst erfüllende Prophezeiung. Diese Form der Unterstützung seitens der Wertpapierhandelshäuser in Kombination mit institutionellem Anlagebesitz wird in Bezug auf einzelne Aktien manchmal »Sponsoring« genannt. Das Wort »Manipulation« nimmt die Branche niemals in den Mund.

Shah hatte mit seinem Gefolge von finanzstarken Kunden im kleinen Maßstab die Symbiose von Brokern und Investmentfonds nachgebildet, die an der Wall Street vorherrscht. Er war klug genug, seine geringere Feuerkraft zu berücksichtigen. Deswegen deckte er sich vorzugsweise mit Small Caps, den Aktien kleiner Unternehmen, ein, bei denen seine Artillerie die Schlacht gewinnen konnte. Und im Mai 1996 befand sich Shah definitiv mitten in einer Schlacht. Genau genommen befand er sich im Krieg – in einem Ein-Mann-Krieg gegen Biovail.

Shah hatte für Biovail-Aktien eine Short-Position offen, und er hatte seine Kunden ebenfalls davon überzeugt, Biovail abzustoßen. (Eine Short-Position beziehungsweise ein Leerverkauf ist eine Finanzwette auf einen sinkenden Börsenkurs. Der Baissier leiht sich eine bestimmte Aktie von einem Dritten und verkauft sie sofort. Er hofft, die Aktie später zu einem niedrigeren Preis kaufen und dem Eigentümer zurückgeben zu können. Die Differenz zwischen Verkaufs- und Kaufpreis ist, wenn die Rechnung aufgeht, sein Gewinn.)

Zum Unglück der Finanzmedien und der Investoren lebte Shah seine Passionen hinter dem Rücken der Öffentlichkeit aus. Er brachte den Namen Soros ins Spiel, um ein bestimmtes, seinen Klienten, den Medien und anderen Investoren verheimlichtes Ziel zu erreichen. Shahs Berufsleben war alles andere als konfliktfrei. Er hatte natürlich Gründe für sein Vorgehen, aber diese wurden erst später aufgedeckt – zu spät für zahlreiche geschädigte Biovail-Anleger.

Sie wussten nicht, was Gerichtsverfahren inzwischen ans Tageslicht gebracht haben. Man hat Shahs Telefonate zum Teil mitgeschnitten, auch jenes Gespräch, in dem er seinen Kunden gegenüber den Namen Soros ins Spiel gebracht und ihnen neben weiteren Lügen über das Pharmaunternehmen auch erzählt hatte, dass Soros Biovail-Aktien leerverkauft habe.

Wertpapierhäuser und institutionelle Investoren zeichnen ihre Telefonate auf, um sich leichter vor eventuellen Auseinandersetzungen schützen zu können. Das ist an der Wall Street üblich, und diese Tatsache muss Shah bekannt gewesen sein. Vielleicht hat er sie in seinem Eifer, Biovail zu ruinieren, ignoriert. Vielleicht glaubte er auch nur, dass niemand diese Bänder beachten oder juristisch gegen ihn verwenden würde. Aber sie wurden 1998 zusammen mit anderem Material Gegenstand des Falles *Biovail Corp. International gegen Parker Quillen et al.* und weiterer Gerichtsverfahren.[2] Shah verstrickte sich in ein Netz von Widersprüchen, die ihn letztlich seinen Ruf kosteten. Die Soros-Geschichte war noch eine der harmloseren Lügen.

AM 20. MAI 1996 – Shah hatte in seinem heiligen Kriegszug gegen Biovail gerade eine Feuerpause eingelegt – wendete sich das Kriegsglück überraschend gegen ihn. Gerüchte häuften sich, Soros, der Tycoon, würde groß in Biovail einsteigen, und das bedeutete ein klares Kaufsignal. Die Aktie stieg und stieg. Innerhalb von zwei Monaten hatte sich der Kurs verdoppelt. Shah, der persönlich mit mehreren hunderttausend Dollar auf einen Kursverfall gesetzt hatte und dessen Klienten mit Millionen in dieselbe Spekulation eingestiegen waren, hatte das Nachsehen. Also rief er einen Fondsmanager an und tat, was er besonders gut konnte: reden, andeuten, plaudern, versuchen, Marktteilnehmer zu überzeugen, Medien auf seine Linie zu bringen, den Markt gegen Biovail zu drehen.

Shah: Irgendjemand hat dieses Gerücht in Umlauf gesetzt, um den Kurs hochzutreiben. Bei schlechten Zahlen . . .

Fondsmanager: Auf dem Parkett [der New York Stock Exchange]?

Shah: Auf dem Parkett, ich meine, Sie wissen schon.

Fondsmanager: Welches Gerücht?

Shah: Dass Soros 10 Prozent des Unternehmens erwerben wolle. Dass er am Montag eine 10-Prozent-Beteiligung bekannt geben werde. Aber ich sage Ihnen was. Soros ist mein Kunde.

Fondsmanager: Soros ist Ihr Kunde?

Shah: Ja!

Fondsmanager: Okay.

Shah: [lacht]

Fondsmanager: Und Sie sagen, an dem Gerücht ist nichts dran?

Shah: Natürlich nicht.[3]

Die Anfänge

Aber warum? Warum stürzte sich Shah unter den Tausenden von börsennotierten Aktien ausgerechnet auf Biovail? Und warum ritt er, der bei Investoren und Lesern als Analyst, als kühler, objektiver Beobachter eingeführt war, seine Attacken gegen das Unternehmen mit solcher Verve, mit solchem Nachdruck? Man kann seine Handlungen keinesfalls als Teil einer Baisse-Strategie erklären: Normalerweise ziehen sich Leerverkäufer zurück, wenn sich der Wind gegen sie dreht, und suchen sich leichtere Beute. Shah jedoch ging hartnäckig, geschickt, fantasievoll ans Werk und ließ sich offenbar von keinem Rückschlag abschrecken.

Die Sache ist seltsam genug. Shah wollte keineswegs von Anfang an die Biovail-Aktie vernichten. Im Gegenteil. Er war zunächst ein Verbündeter und wurde dann zum Abtrünnigen. Der ganzen Geschichte haftet etwas Schicksalhaftes an, und sie beginnt mit Eugene Melnyk. Der quirlige kanadische Unternehmer baute Biovail bis 2001 zu einem Unternehmen aus, dessen Marktkapitalisierung 5,58 Milliarden Dollar betrug.

Melnyk, als Sohn eines Arztes in Toronto geboren, leitete einen Verlag für medizinische Fachliteratur. 1989, noch keine 30 Jahre alt, übernahm er Biovail. Während seiner Zeit als Verleger hatte Melnyk gesehen, dass Jahr für Jahr effektivere Arzneien auf den Markt kamen, aber er wusste auch, dass die Mediziner vor einem frustrierenden Problem standen: Nicht jeder Patient befolgte die immer komplizierteren Vorschriften, wann und wie die Medikamente eingenommen werden mussten. Daraus erwuchs für die Produzenten von Retardkapseln und -tabletten – intelligente Medikamente, die den Wirkstoff sukzessive über einen längeren Zeitraum abgeben – eine lukrative Nische: bessere Behandlungsmöglichkeiten dank patientenfreundlicher Einnahmeregeln.

Mit seinem familiären Hintergrund und einschlägigen Kenntnissen des Buch- und Pressemarktes erkannte Melnyk früh das Potenzial von Langfrist-Pillen und preiswerten Generika. Deswegen erwarb er 1989 eine kleine Schweizer Forschungsfirma namens Biovail SA, die unter der Leitung von Dr. Arnold Beckett, einem Pionier der dosierten Wirkstoffabgabe, stand. Melnyks Konzept für das in Biovail Corp. International umbenannte Unternehmen – die Forschungs- und Entwicklungsabteilung hatte ihren Sitz in Toronto, die Produktion in Manitoba – war einfach, aber schwierig umzusetzen: Er wollte Retard-Generika von bekannten Markenpräparaten entwickeln und in Lizenz an große Arzneimittelhersteller und -distributoren verkaufen.

Biovail hatte mehrere Eisen im Feuer, aber in der ersten Hälfte der neunziger Jahre lag das Schwergewicht auf einem Mittel gegen Bluthochdruck mit dem Markennamen Tiazac. Es handelte sich um einen Kalziumantagonisten, der einmal pro Tag eingenommen werden musste und gegen Angina pectoris und Hypertonie wirkte. Das Generikum war eine kostengünstige Alternative zu Cardizem von Höchst Marion Roussel und Dilacor von Rhône-Poulenc, beides sehr erfolgreiche Mittel, die einen Jahresumsatz von insgesamt nahezu einer Milliarde Dollar erzielten.

Neue Medikamente auf den Markt zu bringen ist kompliziert, teuer und zeitaufwändig. Detaillierte Patentanfragen, sorgfältige klinische Studien und der Kampf mit der US-amerikanischen Food and Drug Administration (FDA) verschlingen Geld und Energie. Biovail brachte Tiazac in einem relativ kurzen Zeitraum über diese Hürden, schrieb aber trotzdem tiefrote Zahlen. 1992 verzeichnete das Unter-

nehmen bei knapp 6 Millionen Dollar Einnahmen einen operativen
Verlust von fast 7 Millionen Dollar.

Wenn Biovail Erfolg haben wollte, musste das Unternehmen wachsen, und um zu wachsen, benötigte es frisches Kapital. Aber wie?
Melnyk wollte keine Kredite aufnehmen; die Verbindlichkeiten hätten sein empfindliches junges Unternehmen erdrückt. Ohnehin war
es für ein Start-up schwer, überhaupt Geld zu leihen. Schulden schie-
den also aus, aber eine Finanzierung über Fremdkapital war fast
ebenso unmöglich.

Ein größeres, besser etabliertes Unternehmen konnte sich an Merrill Lynch, Salomon Smith Barney oder andere Investmenthäuser
wenden und eine neue Aktienemission vorbereiten lassen. Die Banker zücken ihre Arbeitsblätter, fordern die Kaufempfehlung des hauseigenen Analysten ein, und voilà – fertig ist die zweite Emissionsrun-
de.

1992 war Biovail jedoch zu klein und zu spekulativ, um das Interesse der großen oder auch kleineren Investmentbanken auf sich zu
ziehen. Natürlich hätte sich Melnyk an Risikokapitalgeber wenden
können, aber denen hätte er seine Seele und vermutlich auch die
Kontrolle über das Gründungskapital mit verkaufen müssen. Das
war nichts für ihn – er wollte das Heft in der Hand behalten und seine
Idee nicht an ein paar »Nadelstreifenanzüge« abtreten.

Also hörte sich der damals 33-jährige Gründer um, wo eine kleine
Pharma-AG frisches Kapital findet.

Auftritt Hemant Shah.

Shahs Name fiel im Gespräch mit dem CEO eines großen Pharmaunternehmens. »Er wurde als Analyst mit vielen Beziehungen erwähnt«, erinnerte sich Melnyk. Im Klartext: Der Analyst Shah stand,
was Small Caps betraf, mit einem Bein in der Investmentbranche. Er
konnte kleinen Unternehmen bei der Kapitalbeschaffung behilflich
sein und gleichzeitig den Aktienkurs in die Höhe treiben.

Einige Jahre später erzählte Shah einem Reporter, eigentlich träume er davon, als Investment-Banker und Risikokapitalgeber einen
Fonds mit 50 Millionen Dollar ins Leben zu rufen, um jungen Pharmaunternehmen den Start zu erleichtern. Für diesen Traum habe er

Indien verlassen und sei in die Vereinigten Staaten immigriert, deswegen sei er Finanzanalyst geworden, dafür habe er HKS & Co. gegründet. »Dort [in Indien] zählt weniger, was du kannst, als wen du kennst«, sagte er. »Diese Form von Korruption würde hier keine Sekunde lang toleriert. Deswegen habe ich meine eigene Firma gegründet und mich auf einige ausgewählte Klienten konzentriert.«[4]

Wenn man bedenkt, dass Analysten unparteiische Urteile über Aktiengesellschaften fällen sollen, hätte Shah für seine Investment- und Finanzierungsambitionen die rote Karte gezeigt gehört. Die Kapitalbeschaffung für Unternehmen und Kaufempfehlungen für Investoren sind zwei Paar Schuhe. Es ist vollkommen legitim, wenn ein Investment-Banker Aktien eines Unternehmens verkauft, das er für fair bewertet oder sogar für überbewertet hält. Ein Analyst jedoch sollte – jedenfalls aus Sicht der Investoren – Aktien weder favorisieren noch schlechtmachen, solange sich diese nicht nach objektiven Kriterien vermutlich besser beziehungsweise ungünstiger als der Markt entwickeln.

Man kann nicht zwei Paar Schuhe gleichzeitig tragen. Ein Analyst wird keine Verkaufsempfehlung aussprechen, wenn er für das betreffende Unternehmen Kapital beschaffen will. Das wäre, milde ausgedrückt, seltsam. In dieser Situation passt nur ein »Kaufen«. Wegen dieses Interessenkonflikts war es für Generationen von Analysten verpönt, gleichzeitig als Investment-Banker zu agieren oder auch nur persönliche Beziehungen zu Händlern und Investment-Bankern (den Jungs, die Aktien auf den Markt bringen) zu pflegen. Dergleichen blieb auf die Schmuddelecken der Wall Street beschränkt, auf regional operierende Klitschen oder betrügerische Maklerbüros (so genannte »Bucket Shops« oder »Boiler Rooms«, betrieben von Brokern, die sich ans Telefon hängen und dubiose Aktien verhökern).

Doch während sich die Jahrtausendwende näherte, schlüpften immer mehr Analysten in die Rolle von Investment-Bankern – selbst in den großen Häusern wie Morgan Stanley Dean Witter oder Salomon Smith Barney.

Melnyk wusste, dass die Kapitalbeschaffung durch Analysten einen schalen Beigeschmack hat. Trotzdem, man hatte ihm Shah empfohlen, und er benötigte das Geld. Melnyk schob seine Bedenken beiseite und rief Shah an.

Melnyk und Shah

Es war keine Traumhochzeit, aber die Flitterwochen verliefen glücklich. Wenigstens am Anfang der Beziehung kamen Melnyk und Shah trotz gelegentlicher Konflikte gut miteinander aus, bewirteten sich und ihre Familien wechselseitig auf ihren Jachten und alberten am Telefon herum, Melnyks kanadisches Midwest-Schnarren mischte sich mit Shahs indischem Singsang. Melnyk wurde klar, dass der kraushaarige, olivenhäutige Shah ziemlich exzentrisch war, beispielsweise für zwei Monate in Urlaub fuhr und seine Kunden hängen ließ, aber die Ergebnisse schienen derartige Misslichkeiten wieder auszugleichen. Innerhalb von zwei Jahren organisierte Shah über private Kapitalbeteiligungen ungefähr 15 Millionen Dollar für Biovail: Die Anteilsscheine wurden nicht durch einen offiziellen Börsengang, sondern direkt an die Investoren verkauft.

Gleichzeitig drängte Shah die Aktie seinen Klienten auf – angesichts der Interessenverquickung keine gute Idee, aber ein leidenschaftlicher Unternehmer wie Melnyk mäkelte nicht an persönlichen Eigenheiten oder Privatgeschäften seiner Partner herum. Nur die Ergebnisse zählten, und die Ergebnisse konnten sich sehen lassen.

1995 arbeitete Shah an einem noch größeren Coup: einer Lizenzvereinbarung für Tiazac, ein Medikament gegen Bluthochdruck von Biovail. Shah verhandelte für das Unternehmen mit Hoechst-Roussel (später Hoechst Marion Roussel, noch später Aventis). Die amerikanische Tochter des deutschen Pharma-Giganten Hoechst AG war bereit, für die Exklusivrechte auf den Tiazac-Vertrieb in den USA hohe Summen zu zahlen. Der Deal verhieß beiden Unternehmen Vorteile: Hoechst sicherte sich ein vielversprechendes Präparat, Biovail gewann Kreditwürdigkeit und eine Marketingschiene, quasi die Eintrittskarte für den amerikanischen Markt. Zudem winkte Kapital, mit dem sich die weitere Expansion finanzieren ließ.

Zweifelsohne ein gutes Geschäft, aber das beste? Nein. Der jungenhafte Melnyk legte die Hände nicht in den Schoß, er war selbst ein geschickter Unterhändler und keineswegs auf den Mund gefallen. So wenig er sich von Venture-Capital-Gebern ins Abseits drängen ließ, ebenso wenig biss er beim erstbesten Angebot zu.

Melnyk kam mit Vertretern der Forest Labs Inc., New York, ins Gespräch. Der umgängliche, aber scharfsichtige Unternehmer – Besitzer mehrerer siegreicher Rennpferde – läuft, wenn es um Geschäftsabschlüsse geht, zur Höchstform auf. Er forcierte den Deal so geschickt, dass sich Forest Labs zur Eile genötigt sah, für die US-Vertriebsrechte für Tiazac 20 Millionen Dollar Vorschuss an Biovail zahlte und sich mit 20 Prozent an dem Unternehmen beteiligte.

Melnyks Abschluss war ein Geniestreich. Durch die Beteiligung von Forest Labs an Biovail war das größere, auf den Vertrieb spezialisierte Unternehmen praktisch gezwungen, Tiazac zu protegieren. Schon um den Wert des Aktienpakets zu erhalten, mussten die Vertreter von Forest Labs für das Biovail-Präparat gegen Bluthochdruck werben.

Melnyks Rechnung ging auf. Im September 1995 bekam Tiazac die Zulassung von der FDA, das Medikament verkaufte sich in den USA gut. Mit den Absatzzahlen explodierte auch der Börsenkurs von Biovail. Hatte Shah seinen Klienten die Anteile 1993 und 1994 noch für 2,34 Dollar vermittelt, schnellte der Preis im Frühjahr 1996 auf 40 Dollar. Die Investoren strichen Gewinne von über 1 000 Prozent ein (so genannte »ten baggers«), und allenthalben herrschte ausgelassene Freude.

Nur einer freute sich nicht: Shah. Im Gegenteil, er war gekränkt. Er fühlte sich übergangen und unfair behandelt. Mehrere Klienten und Telefonmitschnitte bezeugen, dass er seiner Meinung nach ausgetrickst, während der Verhandlungen aufs Abstellgleis gestellt worden war.

Robert Parrente sagte in dem Prozess *Biovail gg. Parker Quillen* unter Eid aus, sein Geschäftspartner Shah habe ihm erzählt, er sei

»von Biovail für Vertragsverhandlungen engagiert, aber nicht entlohnt worden, also nehme ich an, dass es böses Blut gab«.

Auch einem Hedge-Fonds-Manager, der anonym bleiben wollte und mehrere Jahre lang bei verschiedenen Aktien, darunter auch Biovail, mit Shah zusammengearbeitet hatte, fiel der Sinneswandel auf. »Ich hielt ihn [Hemant Shah] für besser als die meisten Analysten. Aber Hemant sagte mir, Biovail sei seinen Honorarverpflichtungen nicht nachgekommen. Ich wusste, dass sie eine Investment-Banking-Vereinbarung hatten, und Hemant fühlte sich brüskiert. Danach beurteilte er das Unternehmen zu pessimistisch, er reagierte wahrscheinlich zu heftig und ließ sich von seinem Ärger beeinflussen. Ob Hemant die Aktie falsch bewertet hat? Ja, wir alle haben uns in gewisser Weise verschätzt.«[5]

Shah wollte wenigstens das Geld für seine Arbeit an dem gekippten Hoechst-Deal sehen. Er beschwerte sich sogar in den Medien und erklärte im November 1996 gegenüber dem Magazin *Financial World*, er habe als Berater für Biovail gearbeitet, sei aber nie bezahlt worden.

Natürlich ging es Shah, dem erklärten Möchtegern-Finanzier und -Investment-Banker, nicht nur um das entgangene Honorar. Er war bei den Gesprächen zwischen Biovail und Forest Labs ausgebootet worden, hatte an dem buchstäblich wie im übertragenen Sinn riesigen Geschäft keinen Anteil. Hätte er sich diesen Abschluss auf die Fahnen schreiben können, wäre sein Weg ins Investment-Banking geebnet gewesen – mit all den lukrativen Gebühren und vorbörslichen Kapitalbeteiligungen, die dieses Geschäft mit sich bringt. Stattdessen stand er im Abseits, wie ein Mauerblümchen auf seiner eigenen Einweihungsparty.

Shahs Animosität gegen Biovail hatte noch andere Gründe. Im Oktober 1995 brach er zu einer ausgedehnten Europatour auf und empfahl seinen Klienten vor der Abfahrt, ihre Biovail-Anteile zu verkaufen. Die Aktie pendelte damals zwischen 13 und 16 Dollar – ein hübscher Gewinn angesichts der 2 bis 3 Dollar, die die meisten ursprünglich bezahlt hatten, aber nichts im Vergleich zu dem Niveau, das sie wenig später erreichen sollte. Den Kunden, die Shahs Rat befolgten, entging einer der rasantesten Wertanstiege, selbst an den Maßstäben der neunziger Jahre gemessen. Das lässt kein Analyst gern auf sich sitzen, und Shah wollte den Eindruck, er habe einen schlechten Tipp gegeben, korrigieren. Wenn sich der Anstieg als Spekulationsblase entpuppen sollte, umso besser . . .

Selbstverständlich war Shah mehr als die meisten seiner Kollegen darauf angewiesen, seinen Ruf zu wahren und vergrößern. Seit er 1988 bei Nomura Securities ausgeschieden war, konnte er sich nicht mehr auf einen bekannten Firmennamen stützen. Um ernst genommen zu werden, musste er mehr leisten als Analysten, die ein Visitenkärtchen mit dem Schriftzug von Merrill Lynch oder Morgan Stanley Dean Witter zücken konnten. Das war einer der Gründe, warum er so eng mit den Medien zusammenarbeitete: Sein Name und der Eindruck, dass man auf ihn hörte, sollten präsent bleiben. Shah arbeitete Tag für Tag auf eigene Verantwortung, ohne die Scheinautorität eines großen Hauses im Rücken. Bewundernswert, aber anstrengend.

Biovail-Gründer Melnyk fasste das einige Jahre später so zusammen: »Shah sah sich gern als Außenseiter, der gegen den Strom schwimmt und nicht nur das empfiehlt, was alle empfehlen. Das ist natürlich eine riskante Position. Als seine Verkaufsempfehlung für Biovail auf ihn zurückfiel, verdoppelte das seine Erniedrigung. 1996 wollte er meiner Meinung nach verzweifelt beweisen, dass seine Verkaufsempfehlung von 1995 richtig war. Im Unrecht zu sein schmerzt genauso stark wie ein Honorarausfall, glaube ich. Wahrscheinlich sogar viel mehr.«[6]

Wie sehr Shah auch das Gefühl haben mochte, von Biovail betrogen oder erniedrigt worden zu sein, als Fall für den Richter betrachtete er die Sache offenbar nicht. Er strengte keinen Prozess an. Stattdessen wollte er sich auf seinem eigenen Feld rächen – an der Wall Street. In dieser Arena, auf diesem Schlachtfeld zwischen Gut und Böse erwies sich Shah als gewiefter Gegner.

Die ersten Attacken

Empört über seine Nebenrolle im Forest-Biovail-Abschluss, plante
Shah einen Feldzug gegen die Biovail-Aktie. Kurz vor Halloween
1995 beschloss er, an der Wall Street ein Gerücht über das Goldgru-
ben-Medikament gegen Bluthochdruck des Unternehmens irrlich-
tern zu lassen. Wenn Biovails Schicksal von Tiazac abhing, was würde
geschehen, wenn der neue Stern am Arzneimittelhimmel bisher un-
bekannte tödliche Nebenwirkungen haben sollte?

Dazu musste Shah um Tiazac nicht unbedingt eine richtige Hor-
rorgeschichte stricken. Es genügte für seine Zwecke vollauf, dass die
Börse annahm – oder auch nur befürchtete –, das Medikament *könnte* dem Sensenmann in die Hände arbeiten.

Shahs erste Attacke bestand in einer vagen Andeutung, die er Börsenjournalisten ins Ohr setzte. Die Botschaft: Tiazac laufe in den USA
nicht, erfülle die Erwartungen nicht, mit den Umsatzzahlen sei etwas
faul.

Tatsächlich war das Medikament offiziell noch gar nicht auf dem
amerikanischen Markt eingeführt. Nichtsdestotrotz fiel der angesehene Dow Jones News Service auf Shahs Konstruktion herein und
verpackte sein Gesäusel wortwörtlich in eine Meldung.

Am 29. Oktober 1995 lief folgende Story über den Ticker:

Einige Leerverkäufer und pessimistische Analysten nehmen an, dass die an-
fänglich guten Verkaufszahlen von Tiazac lediglich Vorratskäufe von Apo-
theken spiegeln, nicht jedoch eine tatsächliche Nachfrage seitens der Patienten. Hemant Shah, ein ausgewiesener unabhängiger Analyst der Branche,
schätzt, dass Tiazac im zurückliegenden Jahr nur für 10 bis 12 Millionen
Dollar an Endverbraucher abgesetzt wurde (das ist ein Drittel des erwarteten Umsatzes).

Der Bericht war in der Sache ebenso haltlos wie die Charakterisie-
rung von Shah als »unabhängig«. Angesichts seiner Finanzierungstä-
tigkeit für Biovail und der späteren persönlichen Animositäten stand
seine Einschätzung des Unternehmens sicher im genauen Gegensatz
zu einem objektiven Urteil; er wollte sich offensichtlich rächen. Und
Tiazac wurde von den Patienten gut angenommen.

Neben seiner Halloween-Offensive setzte Shah ein noch tückischeres Gerücht in Umlauf: Die Food and Drug Administration, die oberste Instanz für alle Arzneimittelzulassungen in den USA, habe ganz allgemein Zweifel an den Kalziumantagonisten, insbesondere jedoch an Tiazac. Je nach Gesprächspartner behauptete Shah, die FDA denke über ein Verbot, Verkaufsbeschränkungen oder einen obligatorischen Warnhinweis auf der Verpackung nach. Shah malte eine Horrorvision für Biovail-Aktionäre an die Wand: Tiazac habe die erforderlichen Tests zwar glimpflich durchlaufen und verzeichne in den Marketing-Probeläufen von Biovail und Forest wachsende Marktanteile, werde jedoch vermutlich wegen einer schwebenden (in Wirklichkeit frei erfundenen) FDA-Entscheidung aufgrund von Nebenwirkungen aus dem Verkehr gezogen. Als Stichtag nannte er den 25. Januar 1996, an dem die Behörde eine öffentliche Anhörung veranstalten – und Shah zufolge Restriktionen für Tiazac und andere Kalziumantagonisten aussprechen würde. Ein Shah-Klient, der von den Brüdern Jay und Selig Zises betriebene Geldmarktfonds Associated Capital LP, New York, war so besorgt, dass er gleich zwei Rechtsanwälte auf die Anhörung schickte.

Shah nutzte seine jahrelange Branchenerfahrung und seinen guten Ruf und erzählte jedem, der danach fragte, er habe die vertrauliche Information aus dem innersten Zirkel der FDA zugespielt bekommen. Die Behörde gehe davon aus, dass Kalziumantagonisten das Risiko von Herzversagen erhöhten, und habe deswegen Tiazac sowie dessen Konkurrenzprodukte im Visier. Seine Freunde in den Pharmaunternehmen seien »zu Tode erschrocken«, sagte er.

Richtig betörend wurde der Totentanz durch die Prise Wahrheit, die Shah seinem Spiel beimischte. Wie später noch oft im Krieg gegen Biovail, erklangen die falschen Töne vor einer durchaus realen Hintergrundmusik; Shah schrieb die Stücke nur für seine Zwecke um.

Es hatten sich tatsächlich medizinische Anhaltspunkte ergeben, die Fragen zu den Kalziumantagonisten aufwarfen. 1995 wurden Forschungsergebnisse veröffentlicht, denen zufolge einschlägige Präparate Herzinfarkte begünstigten. Die Übeltäter waren jedoch nicht die

Retard-Medikamente, sondern im Gegenteil die kurzfristig wirksamen Kalziumantagonisten, bei denen sehr rasch eine relativ große Menge im Körper freigesetzt wurde. Weder 1996 noch zu einem späteren Zeitpunkt gab es irgendwelche Hinweise auf eine Gefährdung durch Tiazac.

Aber harmonische Töne passten nicht zu Shahs Melodie. Am 18. Januar 1996 wurde ein Telefonat aufgezeichnet, in dessen Verlauf er einem Klienten erzählte, die FDA habe in einer rückwirkenden Untersuchung Hinweise auf die Gefährlichkeit langfristig wirkender Kalziumantagonisten gefunden. Von Letzteren redete er als »langsam freigesetzt« oder »nachhaltig freigesetzt«.

Shah: Ich weiß, dass die FDA vergleichbare Hinweise bei einem anderen schnell freige . . . langsam freigesetzten Kalziumantagonisten gefunden hat. Ich weiß nicht, welcher es ist.

Klient: Wirklich?

Shah: Ich . . . ich habe das Gefühl . . .

Klient: Aber aus welcher Ecke kommen diese Hinweise? Ich höre zum ersten Mal davon.

Shah: Aus der FDA.

Klient: FDA-Interna?

Shah: Ja, ich weiß das aus einer internen Quelle.

Klient: Sie haben eine eigene Untersuchung gemacht?

Shah: Nein, aber sie haben sich alle gemeldeten Abwehrreaktionen angesehen und statistisch ausgewertet.

Klient: Aha, retrospektiv also, aber . . .

Shah: Aber es beruht auf Fakten.

Klient: Okay.

Shah: Es beruht auf, wissen Sie . . .

Klient: Und sie sind von den zeitverzögert abgegebenen oder . . .

Shah: Es geht um Dauerfreisetzung.

Ein anderer Kunde (Manager eines großen Hedge-Fonds) sagte unter Eid aus, Shah habe prophezeit, die FDA handle aufgrund einer (de facto nicht vorhandenen) »statistischen Analyse«, die wahrscheinlich den Tiazac-Markt um 80 Prozent oder mehr einbrechen lassen würde.

Shah redete nicht nur, er legte sein Geld an. Zwischen dem 18. und dem 24. Januar 1996 baute er mit 7 000 Biovail-Aktien zwischen 26 und 28 Dollar das Stück eine Short-Position auf, die bereits mindestens 182 000 Dollar wert war. Später tätigte er noch viel größere Leerverkäufe.[7] Vielleicht wollte er das entgangene Honorar wieder hereinholen, sich für den gekippten Hoechst-Deal schadlos halten – und gleichzeitig Melnyk (als Hauptaktionär von Biovail) schädigen. Vielleicht hielt er das für ein faires Spiel.

Es ist natürlich schwer, Kursausschläge den Winkelzügen eines einzelnen Analysten zuzuschreiben. Dass die Biovail-Aktie in der Woche nach dem 18. Januar von ungefähr 26 Dollar auf 21 Dollar fiel, steht jedoch fest. Angesichts von Shahs prominenter Rolle in allen Biovail-Angelegenheiten ist es wohl nicht übertrieben, ihm einen erheblichen Anteil an diesem Einbruch zuzuschreiben.

Freilich kam der Tag, an dem die FDA-Anhörung stattfand; es war tatsächlich der 25. Januar 1996. Das Datum stimmte, aber in allen anderen Punkten lag Shah falsch. Weder wurden Beschränkungen noch irgendwelche Maßnahmen gegen Tiazac oder andere langfristig wirkende Kalziumantagonisten ausgesprochen. Das Gremium plädierte dafür, den Gebrauch von *kurzfristig wirkenden* Kalziumantagonisten zu vermindern – was wirtschaftlich gesehen die Alternativen, darunter auch Tiazac, begünstigte.

Warum klügelte Shah diese Lügengeschichte aus, von der er wissen musste, dass sie sich spätestens während der genannten FDA-Anhörung als falsch herausstellen würde? Höchstwahrscheinlich, weil er wusste, dass man ihm keinen Strick daraus drehen würde. Vielleicht hatten er und seine Klienten ihren Schnitt bis zu diesem Zeitpunkt längst gemacht. Und wann war ein Analyst zum letzten Mal von der Securities and Exchange Commission, der amerikanischen Börsenaufsicht, belangt worden? Auch die Medien führen keine Statistiken,

um festzustellen, wie viele Vorhersagen eines Analysten sich im
Schnitt bewahrheiten.

Abgesehen davon: Auch wenn die FDA Tiazac diesmal nicht verboten hatte, so warf Shahs Gerücht doch womöglich den Schatten
eines Zweifels auf das Medikament, die Mutmaßung, es würde vielleicht in Zukunft aus dem Verkehr gezogen. Wie viele Investoren la-
sen schließlich die Protokolle von FDA-Sitzungen? Wie viele kannten
den Unterschied zwischen langfristig und kurzfristig wirksamen Kalziumantagonisten? An der Wall Street reicht eine gewisse Besorgnis.

Wäre Shah ein normaler Leerverkäufer gewesen, hätte er
sich vermutlich nach dieser Prognose-Pleite im Unterholz verkro-
chen. Aber Hemant Shah legte jetzt erst so richtig los. Zwischen dem
13. und dem 23. Februar 1996 tätigte er zusätzliche Leerverkäufe der
Aktie im Wert von 835 100 Dollar bei einem Kurs von 30 Dollar (der
Kurs hatte sich natürlich nach der FDA-Anhörung erholt).

Etwa gleichzeitig setzte er neue Gerüchte über mögliche Hürden,
die Biovail nehmen musste, in Umlauf. Er konnte zwar nicht mehr
behaupten, die FDA wolle Tiazac verbieten; trotzdem beharrte er Journalisten und Fondsmanagern gegenüber darauf, die »Kontroverse«
um die Kalziumantagonisten drücke die Umsatzzahlen. Zum Auftakt
setzte er eine Meldung in seinen Rundbrief vom 2. Februar 1996. Darin heißt es:

Wir halten die Gewinnerwartung von Biovail für zu optimistisch. Angesichts der gegenwärtigen Kontroverse um die Kalziumantagonisten wird sie
nur schwer zu erfüllen sein ... Bevor die Kontroverse um die Kalziumantagonisten aufflammte, hatten wir der Meinung Ausdruck verliehen, dass ...
Tiazac problemlos einen Jahresumsatz von 100 Millionen Dollar erreichen
könne ... Inzwischen gehen wir davon aus, dass aufgrund der massiven
Rückgänge im Markt für Kalziumantagonisten ... die Performance von ...
Tiazac unter unseren früheren Erwartungen und unter den Erwartungen
der Wall Street liegen wird.

Kurze Zeit später schien diese Einschätzung von unabhängiger Seite
gestützt zu werden; ein kanadisches Wertpapierhaus kam in seinem

Marktbericht zu bemerkenswert ähnlichen Schlüssen. Jim Wilhelm, der Leiter der inzwischen aufgelösten Firma Richardson, Greenshields, schreibt folgende abträgliche Behauptung nieder:

Vermutlich gehört die Biovail-Aktie zu den am stärksten überbewerteten und missverstandenen Werten im Gesundheitssektor ... Die gegenwärtige Kontroverse um die Kalzium-Betablocker beeinträchtigt den Einsatz dieser Medikamente ... [8]

Wilhelm ergänzt: »Weil die Kalzium-Betablocker öffentlich in die Diskussion geraten sind, werden die Tiazac-Umsätze eher bei 25 Millionen Dollar denn bei den geschätzten 300 Millionen Dollar liegen.«

Wilhelms Darstellung ist so falsch wie ein 3-Dollar-Schein. Zunächst einmal verwechselt er den langfristig wirkenden Kalziumantagonisten Tiazac mit einer ganz anderen Klasse von Blutdruckmedikamenten, den so genannten Beta-Blockern, und konstruiert ein nicht existentes Amalgam namens »Kalzium-Betablocker« – eine literarisch interessante Alchemie, aber schwerlich als Analyse ernst zu nehmen. Zweitens stimmt es überhaupt nicht, dass für Tiazac Umsätze in der Größenordnung von 300 Millionen Dollar geschätzt wurden, weder von Biovail noch von irgendeinem Analysten. 1996 lag der Gesamtumsatz von Biovail bei 66,4 Millionen Dollar (und der Nettogewinn bei gesunden 22,7 Millionen Dollar). Wilhelms mangelndes Fachwissen überrascht kaum, hat er doch weder vorher noch nachher je etwas über den Pharmasektor veröffentlicht.

Trotz dieser Fehler übernahm der Dow Jones News Service von Wilhelms Schlüssen Notiz und versorgte die Investoren weltweit mit einem Bericht darüber. Zum zweiten Mal innerhalb von gut drei Monaten ließ sich der Nachrichtendienst vor Shahs Karren spannen. Auch wenn nach außen hin Shahs düstere Vorhersagen gegen Biovail von unabhängiger Seite bestätigt zu werden schienen, war die Ähnlichkeit beider Ansichten keineswegs Zufall. In einem mitgeschnittenen Telefonat vom 5. März 1996 gab Shah gegenüber einem unbekannten Gesprächspartner zu, dass er hinsichtlich des anhängigen Verfahrens *Biovail gg. Parker Quillen* eine Bloßstellung befürchtete.

Shah: Mmh ... in der [Biovail-]Akte sind scheußlich viele Unterlagen.

Gesprächspartner: Stimmt.

Shah: Weißt du, was für mich das Schlimmste ist, das Schlimmste, das passiert, das mir passieren kann, ist, dass ich, ich, weißt du, da ist eine Entdeckung ...

Gesprächspartner: Aha – hast du was mit Richardson, Greenshields zu tun?

Shah: Genau.

Gesprächspartner: Es stimmt also.

Shah: Ich hatte mit ihnen zu tun.

Gesprächspartner: Ja, ja.

Shah: Weißt du ... jeder weiß, dass ...

Gesprächspartner: Okay.

Shah: ... der Mann Biovail wohl besichtigt hat ...

Gesprächspartner: Ja.

Shah: ... und zwar zusammen mit [Name darf nicht genannt werden].

Gesprächspartner: Genau.

Shah: Wenn ich also erwischt werde ...

Gesprächspartner: Ja.

Shah: ... muss ich meine Akten ...

Gesprächspartner: Genau.

Shah: ... ihrem Anwalt übergeben.

Die Konferenz der Kardiologen

Während Shah mit seinen Gerüchten über angebliche Probleme mit den langfristig wirkenden Kalziumantagonisten Ängste schürte, waren die Ärzte von dem Medikament begeistert. Auf dem Jahrestreffen des

American College of Cardiology in Orlando, Florida, Ende März 1996, schilderten die Forscher, wie sicher und effizient diese Medikamente seien. Insbesondere verwiesen sie auf eine damals gerade abgeschlossene Studie an 30 000 Bluthochdruck-Patienten, die eindeutig kein erhöhtes Herzinfarktrisiko durch die Kalziumantagonisten erkennen ließ. Daraus leitete die FDA eine Empfehlung ab, die Patienten von kurzfristig wirkenden auf Langfristpräparate umzustellen.

Mit anderen Worten: Bedenken von medizinischer Seite unterstützten den Tiazac-Absatz eher, als dass sie ihn gelähmt hätten. Shah behielt diese Informationen natürlich für sich. Auch unterschied er Klienten und Journalisten gegenüber nicht zwischen kurzfristig und langfristig wirkenden Kalziumantagonisten. Im Gegenteil, einem Reporter, der über Orlando einen Bericht verfasste, erzählte er nur, die »Verschreibung von Kalziumantagonisten sei wegen der Diskussion um die Nebenwirkungen seit acht Monaten rückläufig«.

Nach den von IMS Health gesammelten Verkaufszahlen von Medikamenten auf Rezept stieg die Tiazac-Nachfrage in den ersten Monaten des Jahres 1996 stetig, teilweise sogar sprunghaft. Im Januar behauptete das Biovail-Präparat einen Marktanteil von weniger als einem Prozent. Der Marktanteil verdoppelte sich innerhalb des folgenden Monats, kletterte im April auf 2,6 Prozent und erreichte im Juni 4 Prozent. (Der Marktanteil von Tiazac an den langfristig wirkenden Kalziumantagonisten wuchs nach IMS Health-Daten 1996/1997 stetig.)

Der Erfolg von Tiazac war der Erfolg von Biovail. Das Unternehmen mauserte sich vom dubiosen Start-up zu einem extrem rasch wachsenden und profitablen Konzern. Gewinne und Umsätze explodierten in der ersten Jahreshälfte 1996, sprangen auf das ungefähr Fünffache im Vergleich zum Vorjahr, das heißt auf einen Nettogewinn von 10,4 Millionen Dollar und einen Umsatz von 34,6 Millionen Dollar.

Die Fakten passten indes nicht in Shahs Mantra. Bis Juni 1996 erzählte er jedem, der es hören wollte, die »Kontroverse« um die Kalziumantagonisten treibe die Verkaufszahlen von Tiazac in den Keller und bringe Biovail in Schwierigkeiten. Das folgende, am 22. April

1996 geführte Telefonat zwischen Shah und einem Klienten ist typisch:

Shah: Oh . . . Sie wissen, dass ich die Zahlen von einer Reihe großer Pharmaunternehmen, mit denen ich zusammenarbeite, ziemlich früh bekomme?

Klient: Ja.

Shah: Ich habe mal nachgefragt, wissen Sie, ob . . . sie, sie, sie verkaufen . . . sie, sie kaufen wahrscheinlich für 2 bis 3 Millionen Dollar Daten vom Scrip . . . vom Prescription Audit Service.

Klient: Ja.

Shah: Also habe ich sie gebeten, ob sie ihren Einfluss nicht nutzen und mir frühe Spitzen melden könnten, wissen Sie, die kriegen viele Daten viel früher, jetzt haben sie die Daten mindestens für den Anfang der Woche, die am 19. April aufhört.

Klient: Okay.

Shah: Jedenfalls hat die Stichprobe gezeigt, dass Tiazac wieder 15 oder 16 Prozent niedriger liegt.

Klient: Das beruht auf vorläufigen Zahlen, die diese Pharmaunternehmen gehabt haben . . . gesehen haben . . . gesammelt haben?

Shah: Das beruht auf den vom Audit Service gesammelten Daten.

Zwei Tage später telefonierte Shah mit einem anderen Klienten, diesmal mit Informationen bewaffnet, die angeblich aus internen Kreisen von Forest stammten (dem Unternehmen also, das einen 20-prozentigen Anteil an Biovail hielt und Tiazac vertrieb). Shah ist auf der Höhe seiner Intrigantenkunst, man kann kaum umhin, seine der Aktie abträglichen Gespinste zu bewundern.

Shah: Sie dürfen das nicht weitersagen.

Klient: Okay.

Shah: Wir haben . . . Sie wissen, dass ich interne Forest-Umsatzprognosen bekomme, und sie hatten für das Kalenderjahr '96 zwischen 50 und 55 Millionen Dollar geplant.

Klient: Pardon, 50 bis 55 Millionen Dollar?

Shah: Richtig, anfangs war das Produkt ...

Klient: Für Tiazac?

Shah: Ja, für Tiazac. Dann haben sie das auf 40 bis 50 Millionen Dollar reduziert.

Klient: Ja.

Shah: Kurz vor dem März haben sie es noch mal reduziert. Wissen Sie, gleich bei der Einführung haben sie die Zahlen abgesenkt, weil sie die Widerstände gespürt haben. Dann Anfang März haben sie die Erwartungen auf 25 bis 40 Millionen Dollar herabgestuft, und aktuell gehen sie von 15 bis 25 Millionen Dollar aus.

Klient: Und sie ... [unverständlich]

Shah: Das stammt aus internen Memos!

Klient: Interne Memoranden von ...

Shah: ... aus der Marketing-Abteilung von Forest.

Später in demselben Gespräch:

Shah: Sie haben höchstens noch einen Monat Zeit, denn die nächste Woche wird für Biovail verheerend.

Klient: Wegen der Rezeptzahlen [d. h. des Absatzvolumens von Tiazac aufgrund der Verschreibungen].

Shah: Weil die Rezeptzahlen verheerend sein werden ...

Die von Shah in beiden Telefonaten genannten Zahlen waren natürlich falsch und wurden als solche enttarnt, sobald die Zahlen veröffentlicht waren. Aber seine Klienten nahmen sie für bare Münze. Schließlich war Shah der am häufigsten zitierte Analyst der Pharmabranche.

Shah stellte es so dar, als würde Forest aufgrund miserabler Zahlen auf eine Neuverhandlung des Vertrags mit Biovail dringen. Am 8. Mai wurde ein Gespräch aufgezeichnet, in dessen Verlauf der Analyst einem Kunden mitteilte, Forest wolle die Lizenzgebühren an Biovail »erheblich reduzieren« und »einige sehr, sehr weit reichende Ent-

scheidungen . . . in Bezug auf Tiazac fällen«. Shah warnte: »Dazu gehören mit einiger Sicherheit neue Vertragsverhandlungen.«

Die es in Wirklichkeit nicht gab. Shah spielte seinen Klienten nur
ein neues Lied vor.

Stirb langsam, Biovail

Trotz aller Bemühungen von Shah kletterte die Biovail-Aktie nach
mysteriösen Rückgängen weiter. Stand sie im Januar 1996 noch bei
20 Dollar, so wurde sie im Februar mit 30 Dollar notiert. Im Mai
näherte sie sich der 40-Dollar-Marke. Ein Teil des Problems hieß
George Soros.

Seit Monaten ging das Gerücht um, der Gigant unter den Spekulanten schleiche um Biovail herum. Mitte Mai wurde ruchbar, Soros
wolle sich 10 Prozent der Anteile sichern. Die Erde bebte, die Händler
sputeten sich mit Biovail-Orders und liquidierten Short-Positionen.
Noch schlimmer für Shah: Soros galt nicht als das einzige Schwergewicht, das sich für den Tiazac-Hersteller interessierte. Man munkelte,
Pfizer wolle das Unternehmen übernehmen. Biovail mauserte sich
ohne Zweifel zur heißesten Braut an der Wall Street.

Zu diesem Zeitpunkt hatte Shah insgesamt 29 000 Biovail-Aktien
leerverkauft. Angesichts riesiger finanzieller Verluste und der Gefahr,
seinen guten Ruf zu verlieren, griff er wieder zum Telefon. Wie ein-
gangs geschildert, sagte er, Soros gehöre zu seinen Kunden und wolle
sich keineswegs in Biovail einkaufen. Außerdem dementierte er die
Gerüchte um Pfizer, an denen, wie er am 20. Mai 1996 einem Fondsmanager gegenüber äußerte, »nichts, aber auch gar nichts dran ist«.
Woher er das wisse? Wieder porträtiert sich Shah als unentbehrlicher
Guru:

Shah: Ich sagte Ihnen schon, dass zwei der höchsten Führungskräfte [von
Pfizer] auf mich hören. Sie bekommen Aktientipps von mir.

Fondsmanager: Ja.

Shah: Einer der Tipps war, Biovail zu shorten.

Fondsmanager: Das haben Sie Pfizer empfohlen?

Shah: Klar!

Fondsmanager: Aha.

Shah: Einem der Topmanager, nicht dem Unternehmen ... Wenn sie die Aktie leerverkaufen, glauben Sie, dass sie das Unternehmen kaufen wollen?

Fondsmanager: Das wäre nicht besonders sinnig.

Man kann es wohl nur höhere Gerechtigkeit nennen, dass Shah ebenso wie seine Klienten mit den leerverkauften Biovail-Aktien im Mai 1996 viel Geld verlor. Seine Short-Position brachte ihn um – wie er selbst ebenfalls am 20. Mai 1996 einem Klienten gegenüber jammert:

Shah: Wegen meinem Bericht haben viele Leute die Aktie leerverkauft.

Klient: Ja.

Shah: Einige sind noch short, einige haben sich wahrscheinlich rechtzeitig eingedeckt. Einige haben sich wahrscheinlich die Finger verbrannt.

Klient: Ja.

Shah: Aber viele meiner Klienten sind ziemlich sauer.

Klient: Ja.

Shah: Und wissen Sie, jetzt muss ich zeichnen, muss weiter zeichnen [weitere Aktien leerverkaufen und auf einen Kursverfall hoffen]. Es ist ein Teufelskreis.

Klient: Sie zeichnen weiter?

Shah: Mir bleibt nichts anderes übrig.

Shah war in die Grube gefallen, die er selbst gegraben hatte, und zu seinem Unglück regierte die Gerechtigkeit. Am 22. Mai, nur zwei Tage, nachdem Shah Soros' Engagement bei Biovail mit Nachdruck bestritten hatte, wirbelten gleichsam mitten in sein Flötenspiel dumpfe Trommeln: Eine von Soros geführte Gruppe gab den Erwerb von *20 Prozent* (anstelle der zuvor herumgereichten 10 Prozent) der Biovail-

Anteile bekannt. Soros hatte die Forest-Beteiligung übernommen. Er mochte die Aktie offensichtlich sehr.

Truppen sammeln, neuer Angriff

Shahs Flöte war in Soros' Fortissimo untergegangen. Unser Wall-Street-Krieger muss sich die Frage gestellt haben: »Und jetzt?« Wie konnte er seine Klienten davon überzeugen, dass er noch im Takt zu spielen verstand und die Signale richtig deutete? Wie konnte er seine Short-Positionen retten?

Anwälte kennen ein Sprichwort: Wenn die Fakten für dich sprechen, berufe dich auf die Fakten; wenn nicht, ziehe sie in Zweifel. Und der unermüdliche Shah zog die Fakten in Zweifel, platzierte eine neue Lügenkampagne voller Halbwahrheiten und dicker Hunde, alles darauf abgestimmt, glasklare Fakten zu vernebeln.

Zunächst kümmerte er sich um die offensichtlichste Tatsache: Die Soros-Gruppe hatte den Forest-Anteil an Biovail übernommen. Shahs Story war ebenso hanebüchen wie falsch: Soros investiere nicht in Biovail, das sei nur öffentliches Theater. In Wirklichkeit shorte er die Aktie heimlich und kaufe »Put-Optionen« (eine weitere Möglichkeit, auf fallende Kurse zu spekulieren). Soros werde, so deutete Shah an, seinen Anteil peu à peu abstoßen, damit den Kurs in die Knie zwingen und mit seinen Leerverkäufen riesige Gewinne einfahren.

Shah setzte diese Geschichte noch am selben Tag in Umlauf, an dem die Soros-Gruppe den Anteilserwerb bekannt gegeben hatte. Das zeigt das folgende, am 22. Mai 1996 aufgezeichnete Telefonat:

Shah: Eh, erinnern Sie sich, ich habe Ihnen gesagt, dass die Soros-Geschichte nicht stimmt?

Klient: Ja.

Shah: Und dass ich das wusste, weil Soros mein Klient ist?

Klient: Ja.

Shah: Jetzt weiß ich auch, dass er die Aktie geshorted hat. Und ich weiß außerdem auch, warum.

Klient: Aha.

Shah: Soviel man unter der Hand hört, hat er schon ein Drittel seiner Position verkauft. Also, das ist typisch George Soros, deswegen ist er Milliardär und wir nicht. Ha, ha, ha. Was für ein Geniestreich. Was für ein Geniestreich! Das ist unglaublich ... Ich wette, er [Soros] macht 50 Prozent Gewinn in einem Monat.

Klient: Sie glauben, [Biovail] fällt in einem Monat um 50 Prozent?

Shah: Nein, nein, nein. Er wird 50 Prozent – mindestens 50 Prozent – Gewinn in einem Monat machen.

Klient: Hm.

Shah: Kein Zweifel, ha, ha, ha. Denken Sie nur, was für ein Geniestreich. Ich meine, wissen Sie, Eugene [Melnyk] hätte uns die Aktien anbieten sollen. Ihnen und mir.

Klient: Hm. Seine Strategie läuft also in Ihren Augen ...

Shah: Nicht Augen, ha, ha, ha. Das ist nicht Soros' Aktie!

Klient: Wer weiß? Ich meine, äh ...

Shah: Ich weiß es!

Klient: Okay.

Shah: Er hat es mir selbst gesagt. Er ist mein Klient!

Klient: Hm. Ihrer Meinung nach wird er sie also abstoßen ...

Shah: Innerhalb eines Monats.

Klient: Stößt er die gesamte Position ab?

Shah: Ja, garantiert. Mit Optionen und allem Pipapo. Er ist ein großer Optionshändler, das wissen Sie ja.

Klient: Stimmt.

Shah sorgte mit der nächsten Ausgabe seines Rundbriefs für noch trübere Wasser: Forest hätte seinen Anteil an Biovail nicht an Soros verkauft, wenn man nicht über die Aussichten des Unternehmens skeptisch urteilen würde – aus Gründen, die Soros selbst aus Blauäugigkeit oder Unwissenheit nicht sah. »Vielleicht weiß Forest mehr über die Fundamentaldaten von Biovail als die meisten Anleger und geht davon aus, dass die Aktie stark überbewertet ist«, suggerierte Shah.[9]

Und noch einmal fragte sich Shah öffentlich (mit bewundernswürdiger Ranküne), ob Soros nicht eventuell »die Aktie zu manipulieren versucht? Vielleicht ist das ein hervorragender Weg, um Milliardär zu werden, ohne Rücksicht auf die Integrität [sic!] der US-Finanzmärkte zu nehmen, die, wie ich alle meine Schüler und Kinder lehre, das Rückgrat der Finanzmärkte bildet.«

Shah fährt fort, er habe »einige Fragen« an »die Marktteilnehmer, den Milliardär und die Aufsichtsbehörden, die den Markt beobachten«, darunter: »Warum sollte Forest Biovail gut 50 Prozent unter Marktwert verkaufen . . .?«

Shah spielt darauf an, dass die Soros-Gruppe den Forest-Anteil für ungefähr 100 Millionen Dollar kaufte, also für etwa 20 Dollar je Anteil – und damit für etwa die Hälfte des Kurses am 22. Mai, als das Geschäft bekannt gegeben wurde. Shah erwähnte natürlich nicht, dass die Verhandlungen bereits im April geführt worden waren, als Biovail für etwa 24 Dollar gehandelt wurde. Tatsächlich verkaufte Forest unter Marktwert (was bei solchen Mammutverkäufen, die unter einer Mehrheitsbeteiligung bleiben, durchaus üblich ist), aber der Abschlag bewegte sich mit 15 Prozent im normalen Rahmen und lag keineswegs bei über 50 Prozent. Außerdem war bekannt, dass Forest in Liquiditätsnöten war. Das Unternehmen musste verkaufen, selbst wenn es den Verkauf später bedauern würde.

David Farber berichtete am 23. Mai auf CNBC, Soros habe Biovail geshorted, aber dann sei die Aktie gestiegen.[10] Also habe der Finanzmagnat seinen Leerverkauf gedeckt, indem er Forests Biovail-Anteil übernahm – kurz gesagt, Farbers Bericht war mit hoher Wahrscheinlichkeit ein weiteres Puzzle-Teil in dem von Shah gestifteten, im Äther verbreiteten Unheil und ein Beispiel für die subtilen Mittel und Wege, wie Analysten das Investitionsklima einer Aktie beeinflussen können.

Shah setzte seine Vernebelungskampagne am 23. Mai 1996 bei einem Bloomberg-Interview fort. Der Umsatz von Tiazac werde 1996 den »Verschreibungszahlen zufolge … unter 25 Millionen Dollar liegen«, sagte er. (Tatsächlich sollte Tiazac mehr als das Doppelte einbringen.)

Nicht anders als bei der Dow-Jones-Meldung am 29. Oktober 1995 oder im Fall von Farbers CNBC-Bericht wusste man auch bei Bloomberg offenbar nicht, dass Shah als Berater für Biovail gearbeitet hatte, dass es bei der Trennung böses Blut gegeben hatte und dass Shah in seinem Rundbrief geschrieben hatte, er wolle mit der Aktie handeln. Und natürlich verriet Shah dem Fernsehsender nicht freiwillig, dass er Leerverkäufe decken und vermutlich erhebliche finanzielle Einbußen hinnehmen musste. All das zeigt, dass auch gute Reporter angesichts des Termindrucks auf Quellen hereinfallen, die sie nicht richtig einschätzen können – der unvermeidliche Fluch von Tagespresse und Nachrichtensendern.

Nach dem Soros-Debakel ging Shah immer mehr nach dem Motto vor: »Dreck schleudern, etwas davon wird schon hängen bleiben«. Am 24. Juni teilte er einem Klienten recht launig mit, Tiazac würde im Vereinigten Königreich nicht zum Verkauf zugelassen, und deutete Gesundheitsrisiken an. Tatsächlich hatte die Medicines Control Agency, das britische Äquivalent zur FDA, Tiazac bereits drei Monate zuvor genehmigt.

Um diese Zeit streute er zudem das Märchen aus, Tiazac käme nicht auf den kanadischen Markt, weil Biovail den Behörden dort falsche Angaben eingereicht hätte. Aber nur die schwerfällige Bürokratie des Canadian Health Protection Board verhinderte eine rasche Zulassung, die Tiazac 1997 endlich erhielt.

Zermürbungskrieg

Ab Mai 1996 schien Shahs unermüdlicher Krieg gegen Biovail Wirkung zu zeigen; jedenfalls fiel der Kurs von der Spitze bei 40 Dollar wieder zurück. Am Ende dieses Sommers schwankte er um die 25 Dollar, und das trotz verbesserter Fundamentaldaten und eines Bullenmarktes. Im November 1996 gehörte Biovail zu den Aktien mit der höchsten Leerverkaufs-Rate: 2,8 Millionen Anteile wurden geshorted, das entspricht 11 Prozent der umlaufenden Aktien.

Im dritten Quartal meldete Biovail exzellente Zahlen, die über den Schätzungen der Analysten lagen, und sorgte so für einen Ausreißer im Abwärtstrend. Wir werden in späteren Kapiteln noch sehen, dass die Analysten sich in der Regel extrem optimistisch zu den von ihnen beurteilten Unternehmen äußern und wie ungewöhnlich von daher eine solche Meldung ist. Die Fundamentaldaten stimmten.

IMS Health, die unabhängige Agentur, die die Verschreibungszahlen verfolgt und aufzeichnet, berichtete über gute Tiazac-Verkaufszahlen. Das Biovail-Zugpferd hielt inzwischen unter den eintägig wirkenden (verzögert freigesetzten) Medikamenten einen Marktanteil von 6 Prozent. Die Umsätze stimmten. Trotzdem wendete sich das Kriegsglück zwischen Mitte und Ende 1996 zugunsten von Shah. Klar, die Biovail-Erlöse legten massiv zu, und insofern konnte er nicht mehr auf schlechten Zahlen herumreiten. Aber die kumulierte Wirkung vieler Meldungen untergrub das Vertrauen der Anleger. Schließlich wussten die Marktteilnehmer nicht, was wir heute wissen. Und schließlich ist das ganze Ausmaß von Shahs Aktionen nicht bekannt, nur das, was durch Telefonmitschnitte und Zeugenaussagen zu Tage kam. Shah kann durchaus viele weitere Bomben auf Biovail geworfen haben, die niemals aufgedeckt wurden.

Offenbar ermutigt, stimmte Shah in der Septemberausgabe seines Rundbriefs neue Töne an. »Wir gehen davon aus, dass sich die Gewinnentwicklung des Unternehmens vornehmlich aus der Verschiebung von Tiazac von einem Warenlager ins nächste speist«, warnte er, »und nicht so sehr aus Verkäufen an Patienten.«[11] Unverfroren log der Analyst der Öffentlichkeit vor, Biovail habe Tiazac zwar an Forest ausgeliefert, Forest könne das Präparat jedoch nicht absetzen. Auch wenn die Verschreibungszahlen dem eindeutig widersprachen, schaffte es Shah noch immer, Anleger und Journalisten davon zu überzeugen, dass Biovail die Bilanz irgendwie frisiere.

So pfiff etwa der Dow-Jones-Reporter Jesse Eisinger Shahs Melodie mit. Am 15. November 1996 meldete der Börsennachrichtendienst, Biovails Methoden der Rechnungslegung seien »aggressiv«, zudem schätze das Unternehmen »den Tiazac-Umsatz im ersten Jahr auf 50 Millionen Dollar, ... der unabhängige Analyst Hemant Shah jedoch nur auf weniger als 20 Millionen Dollar«. (Wie üblich entging die Beziehung zwischen Shah und Biovail Eisingers Aufmerksamkeit, ganz zu schweigen von der großen Short-Position. Zumindest erwähnte der Journalist diese Tatsachen nicht.)

Im November wurde Shah vom *Toronto Globe and Mail*, einer Finanzzeitung, mit den Worten zitiert: »Ich arbeite für die Branche. Eine solche [Umsatz-]Entwicklung muss man als Riesenenttäuschung bezeichnen. Ein Medikament, das in den ersten neun Monaten nicht läuft, wird es nie schaffen.«[12]

Es gereicht dem *Globe and Mail* zur Ehre, dass Stephen Northfield in seinem Bericht erwähnte, dass »Mr. Shah behauptet hat, er sei von Biovail im Zusammenhang mit dem Forest-Deal übervorteilt worden«. Als einziger Finanzreporter bezeichnet Northfield Shah als Analysten, der »sich in der Biovail-Diskussion explizit auf die Seite der Baissiers geschlagen hat«. Northfields kundiger Artikel ist ebenso beispielhaft wie selten. Man kann nicht erwarten, dass Börsenreporter jedes Detail und die ganze Geschichte jeder einzelnen Aktie recherchieren; dafür reicht die Zeit angesichts enger Abgabetermine einfach nicht. Aber man kann erwarten, dass sie ihre Quellen auf potenzielle Eigeninteressen hin untersuchen und diese gegebenenfalls dem Leser oder Zuschauer kenntlich machen.

Jedenfalls rutschte die Biovail-Aktie Ende 1996 trotz stattlicher Betriebsergebnisse wieder in den Bereich zwischen 25 und 30 Dollar je Anteilsschein. Das Missverhältnis von Performance und Kurs war so auffällig, dass der Analyst Jerry Treppel aus dem Haus Dillon, Read & Co. (heute Warburg Dillon Read) am 22. November einen sehr positiven Research-Bericht über das Unternehmen veröffentlichte und seine Kaufempfehlung für die Aktie wiederholte. Treppel sprach von einem »Anschlag der Leerverkäufer auf Biovail mit allen dazugehörigen Fehlinformationen«, wies auf die völlig korrekte Buchführung des Unternehmens hin und merkte an: »Wer länger in diesem Geschäft ist, der weiß, dass weder Kenntnisse der Rechnungslegung

noch das Streben nach Wahrhaftigkeit zu den herausragenden Eigenschaften der so genannten Berichterstattung in den Finanzmedien
gehören.«

Treppels in New York ansässiges Wertpapierhaus hatte kein Emissionsgeschäft mit Biovail und wenig Aussicht, je eines zu betreiben.
Wäre es anders gewesen, so würde das den Wert seines Statements
natürlich erheblich mindern. Dieser Konflikt wird in den folgenden
Kapiteln noch ausführlich diskutiert.

Anders als Shahs apokalyptische (und völlig gegenstandslose)
Warnungen, die durch Dow Jones und andere Nachrichtendienste
um die Welt gingen, wurden Treppels beruhigende Schlussfolgerungen von der Wirtschaftspresse kaum beachtet. Offensichtlich verstand sich Treppel nicht auf das Spiel mit den Medien oder hielt es
für unter seiner Würde.

Kaum beachtet wurde auch das am 5. Dezember veröffentlichte
Urteil der Wirtschaftsprüfungsgesellschaft Deloitte & Touche, die zu
den großen Fünf der Branche gehört. Die Firma befand, dass Biovail
»die Umsatzerlöse ... in Übereinstimmung mit den allgemein gülti-
gen Regeln der Rechnungslegung verbucht«. Dazu sollte man wissen,
dass sich Deloitte & Touche mit dieser Aussage, wäre sie falsch gewesen, hohen Schadensforderungen von Anlegern ausgesetzt hätte,
denn die Wirtschaftsprüfungsgesellschaft schränkte sie in keiner
Weise ein. Offenbar waren sich die Prüfer von Deloitte & Touche
ihrer Sache ganz sicher. Die Behauptung wurde denn auch zu keinem
Zeitpunkt angefochten, weder juristisch noch sonst wie.

Die Biovail-Aktie schwächelte trotzdem dahin. Shah wusste, was
an der Wall Street, wenigstens kurzfristig, zählt: weniger die Fakten,
sondern eher derjenige, der am lautesten schreit (oder die besten
Verbindungen zu den Börsenreportern hat) und der die Finanzkraft
der Anleger am besten für sich zu nutzen versteht.

1997 und 1998 wurde Biovail fortwährend durch Gerüchte unter
Druck gehalten, und der Bestand leerverkaufter Anteilsscheine war
außergewöhnlich hoch, trotz beinahe von Quartal zu Quartal, auf
jeden Fall jedoch von Jahr zu Jahr (siehe Tabelle) besserer Ergebnisse.
Noch im Juni 1997 teilte Shah dem Dow Jones News Service mit, die

Medikamente, die Biovail in der Pipeline habe, seien problematisch. Am 11. Juni 1997 zitierte ihn der Nachrichtendienst mit der Meldung, die Biovail-Aktie steige nur aufgrund der Gerüchte, ein britischer Pharmakonzern wolle das Unternehmen für 50 Dollar je Anteil aufkaufen. »Wenn morgen das Gerücht umginge, Gott höchstpersönlich wolle das Unternehmen für 50 Dollar [je Anteil] übernehmen, würde mich das nicht wundern«, sagte Shah dem Dow Jones News Service. (Eins muss man Shah lassen – welcher Reporter könnte ein solches Zitat links liegen lassen? Wiederum kein Wort davon, dass Shah bekannt für seine pessimistische Einschätzung von Biovail war und sich mit dem Inhaber eine heftige Auseinandersetzung geliefert hatte.)

Sogar als Biovail ausgesprochen solide Zahlen vorlegte, wuchs die Zahl der Leerverkäufe. Im Mai 1998 waren nicht weniger als 6 Millionen von insgesamt 25,6 Millionen Aktien geshorted – und damit mehr als ein Viertel der in Umlauf befindlichen Anteile von Baissiers geliehen und verkauft worden. Doch die Wende stand unmittelbar bevor.

Biovail Corp. International – Umsatz- und Gewinnentwicklung in Millionen Dollar

Jahr	Umsatz	Nettogewinn
1999	176,5	62,5
1998	112,8	45,4
1997	82,4	35,2
1996	66,4	22,7
1995	20,6	5,9

Quelle: Securities and Exchange Commission

Das Nachspiel: Zeugenvernehmung

Shah, der begnadete Gerüchtekoch am Telefon, der vertrauliche Vertrauensmann, der unabhängige und ausgewiesene Biovail-Experte, der medienwirksame Baissier, wurde in den Verhören zwischen Fe-

bruar und März 1998 ein anderer Mann. Unter Eid wurde er von
Andy Levander befragt. Der Anwalt war von Biovail engagiert, um
den vermuteten Short-Trader-Ring aufzubrechen und das grausame
Spiel mit der Aktie zu beenden.

Mit Levander war nicht zu spaßen. Er hatte seine Karriere bei der
Staatsanwaltschaft in Manhattan, dem Southern District von New
York, begonnen. Wenn es eine gute Schule für junge, hartnäckige
Juristen gibt, dann diese. Zudem wurde Levander unter Rudolph
Giuliani ausgebildet, dem US-Staatsanwalt, der den Drogenkönig Mi-
chael Milken hinter Gitter brachte und später weithin als der Bürger-
meister berühmt wurde, der in New York City für Ordnung gesorgt
hat.

Die Protokolle der Vernehmungen zeigen einen ausweichenden
Shah, den meist an den entscheidenden Stellen sein Gedächtnis im
Stich lässt, um es höflich auszudrücken. Von Levanders unablässigen
Fragen bedrängt, war sich der Analyst plötzlich nicht mehr sicher, ob
Soros zu seinen Kunden gehöre oder ob er je die richtigen Umsatzzahlen von Tiazac auf dem Tisch hatte oder ob er je Anlegern empfohlen hatte, Biovail-Aktien leerzuverkaufen oder ob er je angedeutet
habe, Tiazac sei in Großbritannien nicht zugelassen worden. Einmal
rannte Shah sogar aus dem Raum und schrie: »Ich beantwortete alles
nur noch mit Nein!«

Abgesehen von den vielsagenden Gedächtnislücken, wurde Shah
mehrfach bei Aussagen ertappt, die man nur als inkonsistent bezeichnen kann.

Baisse-Empfehlung?

Wie in den Telefongesprächen deutlich wurde, empfahl Shah seinen
Klienten Leerverkäufe von Biovail-Aktien und brüstete sich sogar damit, diesen Tipp auch Topmanagern von Pfizer gegeben zu haben. In
der Vernehmung jedoch schildert er eine ganz andere Version.

Levander: Haben Sie zu irgendeinem Zeitpunkt empfohlen, Biovail zu shorten?

Shah: Nein.

Levander: Haben Sie jemals irgendjemandem empfohlen, Biovail leerzuverkaufen?

Shah: Ja – nein, ich habe sie als überbewertet eingeschätzt.

Später in derselben Vernehmung:

Levander: Haben Sie Menschen, die keine Biovail-Aktien besaßen, empfohlen, die Aktie zu shorten, weil sie überbewertet sei?

Shah: Nein, ich gebe nicht solche Empfehlungen, das muss jeder selbst entscheiden.

Levander: Haben Sie je Leerverkäufe empfohlen?

Shah: Nein.[13]

Man kann Shahs unter Eid ausgesagte Sätze nur schwer mit dem am 28. Mai 1996 geführten Telefonat in Übereinstimmung bringen, in dem er einem Klienten gegenüber behauptete, er habe Führungskräften bei Pfizer empfohlen, Biovail zu shorten. Entweder hat er in der Vernehmung nicht die Wahrheit gesagt oder seinen Klienten belogen.

Die IMS-Zahlen?

Wie dargelegt, behauptete Shah gegenüber Fondsmanagern und anderen Personen, seine Kenntnis vom Umfang der Tiazac-Verschreibungen stamme von der IMS, einem Unternehmen, das die Medikamentenverschreibungen in den USA aufzeichnet. Dies geschieht elektronisch, und aus dem Computer schickt IMS die Ergebnisse gleichzeitig an alle Kunden. Man achtet sorgfältig darauf, dass es keine undichten Stellen gibt. Hatte Shah Zugang zu den IMS-Zahlen, wie er seinen Klienten sagte? Hier seine Antwort unter Eid:

Levander: Hatten Sie je Zugang zu IMS-Zahlen, bevor sie publiziert wurden?

Shah: Nein.

Levander: Wissen Sie, dass IMS die Daten per Computer erhebt und sie anschließend gleichzeitig an alle Nutzer verschickt?

Shah: Nein, ich weiß nicht, wie es funktioniert.

Levander: Waren Sie je im Besitz von nichtöffentlichen, vertraulichen Informationen von IMS-Mitarbeitern hinsichtlich der Daten, die an die Kunden verschickt werden sollten?

Shah: Nein.

Levander: Haben Sie jemals irgendjemandem gesagt, Sie wären im Besitz von noch nicht veröffentlichten IMS-Daten?

Shah: Nein.

Wie bereits erwähnt, hatte Shah in einem Telefongespräch am 22. April 1996 einem Klienten von dem schleppenden Tiazac-Absatz erzählt und dass er – vor den anderen Marktteilnehmern – Zugang zu den IMS-Zahlen habe, die die niedrigen Umsätze von Tiazac zeigten. Auch hier log er entweder in der Vernehmung oder gegenüber seinem Kunden.

Forest-Interna?

Am 24. April 1996 erzählte Shah einem Klienten am Telefon, er verfüge über interne Forest-Dokumente, die aus deren Marketing-Abteilung stammten und eine deutliche Abschwächung der Tiazac-Verkäufe anzeigten. Das Gespräch wurde mitgeschnitten. In der Vernehmung am 23. Februar 1998 hörte sich die Geschichte anders an.

Levander: Haben Sie je wörtlich oder dem Sinn nach irgendeinem Ihrer Klienten gesagt, Sie erhielten interne Umsatzschätzungen von Forest und dass die erwarteten Umsätze [für Tiazac] laut Forest-Memoranden ursprünglich bei 50 bis 55 Millionen Dollar für das Kalenderjahr 1996 lagen, dass die Erwartung Anfang März auf 25 bis 40 Millionen Dollar herabgestuft wurde und man dort aktuell von 15 bis 25 Millionen Dollar ausgehe?

Shah: Nein.

Später in der Vernehmung:

Levander: Haben Sie je irgendjemandem gesagt, Sie hätten interne Memoranden von Forest?

Shah: Nein.

Wieder stellt Levanders Verhör Shah vor ein Dilemma: Entweder er spiegelte während der Vernehmung falsche Tatsachen vor, oder man hatte ihn einer Lüge gegenüber seinen Kunden überführt.

Tiazac in Großbritannien nicht zugelassen?

Am 24. Juni 1996 hatte Shah einem Anleger erzählt – das Gespräch wurde aufgezeichnet –, dass die britische Aufsichtsbehörde den Verkauf von Tiazac im Vereinigten Königreich nicht gestatte. Nach den Unterlagen der Medicines Control Agency des Gesundheitsministeriums war Biovail bereits am 28. März 1996 auf der Insel zugelassen worden. Unter Eid behauptete Shah, er habe die Möglichkeit, Biovail könne in Großbritannien verboten werden, nie erwähnt.

Levander: Ihnen ist bewusst, nicht wahr, dass Biovail [am 28. März 1996] die Zulassung von Tiazac für Großbritannien öffentlich bekannt gegeben hat?

Shah: Ja.

Levander: Haben Sie irgendeiner Person gegenüber angedeutet, diese Meldung von Biovail entspreche möglicherweise nicht den Tatsachen?

Shah: Nein.

Auch hier konnte Shah unter Eid kaum sein Gesicht wahren.

Die Soros-Geschichte

Welche von Shahs Lügen die ungeheuerlichste ist, lässt sich schwer sagen. Die Behauptung, Soros gehöre zu seinen Kunden und shorte die Biovail-Aktie, steht in dieser Hinsicht auf jeden Fall ganz oben.

Im Gegensatz zu Shahs im Mai 1996 mitgeschnittener Aussage gegenüber einem Klienten erwarb Soros ein großes Paket Biovail-Aktien und hielt es länger als ein Jahr.

Shah informierte einen Reporter von *Forbes* später, eine bestimmte Person im Soros-Lager sei sein Kontakt zu Soros. Es stellte sich jedoch heraus, dass diese Person, Bob Raiff, seit 1994 nicht mehr für Soros gearbeitet hatte – ganze zwei Jahre vor der Beteiligung an Biovail – und sich auch nicht erinnern konnte, nach 1992 mit Shah gesprochen zu haben. Das haben die Recherchen von *Forbes* ergeben.

Sicher ist jedenfalls, dass Shah 1998 unter Eid nicht mehr willens war, Soros zu seinen Klienten zu zählen. Hier seine Antworten auf die entsprechende Frage in der Vernehmung:

Levander: Der Verkauf von Forest an eine Gruppe von Investoren, darunter auch Soros. Erinnern Sie sich daran?

Shah: Ja.

Levander: Haben Sie zu irgendeinem Zeitpunkt vor der Bekanntgabe des Geschäfts irgendeiner Person gesagt, Soros würde das Aktienpaket ganz sicher nicht von Forest übernehmen?

Shah: Ich kann mich nicht daran erinnern.

Levander: Gehört Soros zu Ihren Klienten?

Shah: Er war es einmal.

Levander: War er im Frühjahr 1996 Ihr Klient?

Shah: Ich kann mich nicht daran erinnern.

Milde ausgedrückt, ist es unwahrscheinlich, dass Shah oder irgendein anderer Analyst sich nicht daran erinnern könnte, ob eine Person wie George Soros zwei Jahre zuvor bei ihm Kunde war oder nicht.

Durchschlagende Wirkung?

Es ist fast unmöglich, Kursbewegungen einer Aktie auf ein einzelnes Ereignis oder die Empfehlung eines bestimmten Analysten zurückzuführen. Zu viele Faktoren wirken zusammen. Neben den Fundamentaldaten spielen makroökonomische Variablen eine Rolle, etwa die gesamtwirtschaftliche Situation oder die Höhe der Zinsen. Bullen- und Bärenmärkte kommen und gehen, ganze Branchen rücken ins Blickfeld der Anleger und verschwinden wieder. Institutionelle Investoren können in Zusammenarbeit mit den Handelsabteilungen der Wertpapierhäuser und deren Analysten riesige Volumina einer Aktie handeln und sie so »verteidigen«, auf Talfahrt schicken (kommt praktisch nie vor) oder in die Stratosphäre jubeln, wenn die Bedingungen stimmen. Seit neuestem werden Investmentmoden von Day-Tradern und Internet-Nutzern angeheizt, und ein Papier kann im Cyberspace ungehindert von irdischen Sorgen sogar jene Höhen unter sich lassen, die Institutionen und Broker noch verteidigen (»sponsern«) würden.

Trotzdem lässt sich sagen, dass Shahs unermüdliche Kampagne 1996 und 1997 den Kurs der Biovail-Aktie beeinflusste. Obwohl die Fundamentaldaten und die Aussichten des Unternehmens überzeugten – Umsatz und Gewinn stiegen 1996 von Quartal zu Quartal –, verlor die Aktie in der zweiten Jahreshälfte fast 40 Prozent, ein selbst für die Wall Street abwegiges Marktverhalten. »Ich schätze«, sagte der Biovail-Vorsitzende Eugene Melnyk, »dass wir in der zweiten Jahreshälfte 1996 etwa ein Drittel unter Wert gehandelt wurden, verglichen mit dem Kurs-Gewinn-Verhältnis vergleichbarer Pharmatitel.«

Wie berichtet, wuchsen Biovail-Umsätze und -Gewinne, das Unternehmen hatte damals wie später neue, vielversprechende Medikamente in der Erprobungsphase. Shah wusste vermutlich so gut wie jeder andere Analyst, wann er seine Klienten zum Schließen ihrer Short-Positionen bewegen sollte; Fundamentaldaten lassen sich nicht auf immer und ewig wegreden. Offensichtlich stellte Shah zumindest seine öffentlichen Bemühungen Ende 1997 oder 1998 ein; Ende 1998 erholte sich der Biovail-Kurs und näherte sich wiederum

der 40-Dollar-Marke. 1999 überschritt er 60 Dollar, 2001 wurde die
Aktie für ungefähr 170 Dollar je Anteil (bereinigt um Splits) gehandelt. Anfang 2001 betrug die Marktkapitalisierung von Biovail
5,3 Milliarden Dollar.

Die Zukunft sieht noch besser aus. Die von dem in Chicago ansässigen Zacks Investment Research zusammengefassten Analystenschätzungen sagen für 2001 einen Anstieg des Gewinns je Aktie auf 1,29
Dollar voraus, nach 0,84 Dollar in 2000. Und im September 2000 bekam Biovail von der FDA grünes Licht für die Vermarktung von Pro-
cardia XL, einem weiteren Medikament gegen Hypertonie und Angina
pectoris. Melnyk hatte die Leerverkäufer auf die altmodische Tour
ausgebootet: mit dauerhaft soliden Fundamentaldaten. Anleger und
Börsenjournalisten haben Shahs empörende Fehlprognose vom be-
vorstehenden Scheitern des Unternehmens längst vergessen.

Nachdem Shahs Gerüchteküche unter der Lawine von Biovail-Ge-
winnen begraben lag, konnte das Unternehmen den Kapitalmarkt
anzapfen und im März 1999 mit einer von Donaldson, Lufkin & Jenrette Securities Corp. betreuten Aktienemission 255 Millionen Dollar
einnehmen. Eine Zweitemission im März 2000 brachte zusammen
mit einer Unternehmensanleihe 450 Millionen Dollar. Nur fünf Jahre
zuvor war Melnyk noch auf Shahs Hilfe angewiesen, um durch Privatplatzierungen magere 15 Millionen Dollar zu ergattern!

Ende gut, alles gut? Vielleicht. Denken Sie jedoch daran, dass Shahs
Kampagne die Aktie 1996 mit hoher Wahrscheinlichkeit drückte und
die Anleger insgesamt womöglich um 500 Millionen Dollar betrog.
Der eine oder andere Investor ließ sich vielleicht entmutigen und
verkaufte 1996 oder 1997 mit Verlust oder geringerem Gewinn. Wir
kennen sie nicht, wir wissen nicht, ob sie ihre Träume auf Eis legen
oder aufgeben mussten. Sie konnten nicht wissen, dass sie Schachfi-
guren in einem bösen Spiel waren. Außerdem wurde Biovail daran
gehindert, frisches Kapital aufzunehmen: Mit einem höheren Kurs
wäre das sicher leichter gewesen. Wir wissen nicht, ob Biovail dadurch eine Übernahme durch Aktientausch verwehrt blieb, ob un-
wiederbringliche Gelegenheiten verpasst wurden.

Dieses Kapitel gibt lediglich die großen Linien von Shahs Kampagne wieder. In den Bändern steckt noch viel mehr, und natürlich kann Shah, wie schon erwähnt, weitere Lügen in Gesprächen verbreitet haben, die nicht aufgezeichnet wurden. Der Hinweis mag genügen, dass Melnyk auch persönlich verleumdet wurde. Die Quelle der Anschuldigungen ist nicht bekannt, aber sie hat 1998 wahrscheinlich Melnyks Versuche, Kapital aufzunehmen, zum Scheitern verurteilt. Kurz gesagt, Shahs Privatkrieg schlug Wunden, auch verborgene, die niemals heilen werden.

Shah: Die Wall Street im Kleinen

Hemant Shah ist vielleicht kein typischer Aktienanalyst, aber er ist auch keine Ausnahme. Die Fragen, die sein Verhalten gegenüber Biovail aufwirft – der Interessenkonflikt, sein unverantwortliches Handeln –, betreffen die gesamte Zunft. Vor allem seine Rolle als Investment-Banker für Biovail, der gleichzeitig die Aktie protegiert, spiegelt nur die Verhältnisse an der Wall Street im Kleinformat.

So gesehen ist das Fehlverhalten von Hemant Shah nichts anderes als die Schwäche einer ganzen Branche. Allzu häufig flirten die Analysten mit den Investment-Abteilungen ihrer Häuser oder beteiligen sich sogar wie der Telekom-Analyst Jack Grubman bei Salomon Smith Barney aktiv an der Unternehmensfinanzierung und brüsten sich damit.

Ungewöhnlich war – abgesehen von der Unverfrorenheit, mit der er seinen Kleinkrieg betrieb – allein, dass Shah die Aktie drücken statt hochjubeln wollte und dass er in Telefonmitschnitten – und schließlich in den Vernehmungen – in so vielen kompromittierenden Situationen ertappt wurde. Die Analysten der großen Wertpapierhäuser mit ihren fähigen Rechtsabteilungen im Rücken werden, davon kann man ausgehen, sich nicht wie Shah öffentlich bloßstellen lassen.

In der Regel liefern die Wall-Street-Analysten eher überzogen optimistische als ungerechtfertigt negative Einschätzungen. Sie sind eng mit großen institutionellen Investoren verbandelt, die ungern ein

Verkaufssignal sehen, wenn sie selbst von der betreffenden Aktie große Bestände halten. Die Analysten arbeiten aber auch mit der Investment-Banking-Abteilung zusammen: Für den Erfolg einer Emission
ist schließlich die Analystenempfehlung unentbehrlich, und die Be-
gleitung von Unternehmen beim Börsengang ist ein lukratives Geschäft. Außerdem kann die Handelsabteilung durchaus Aktien erwerben, die ein Analyst aus demselben Haus wenig später empfiehlt.
Diese Praxis ist nach geltendem Recht völlig legal und wird von den
Aufsichtsbehörden toleriert.[14] Wir werden in späteren Kapiteln noch
sehen, dass die Analysten nach dem Gesetz erstaunliche Freiheiten
genießen.

Ein weiterer Aspekt der ganzen Affäre verdient Beachtung: Shah
wurde zwar nachgewiesen, dass er sich in der Biovail-Sache auf der
ganzen Linie geirrt hatte. Trotzdem wird er nach wie vor häufig als
Quelle für die Pharmabranche angeführt. Einer Recherche in der On-
line-Ausgabe des *Wall Street Journal* zufolge wurde er 1999 und 2000
in nordamerikanischen Medien 596-mal zitiert. Shah gilt noch immer als verlässlicher Beobachter im Gesundheitssektor.

Anleger sollten aus der Angelegenheit die Lehre ziehen, dass Analysten häufig, genau genommen im Normalfall, den Medien und der
Öffentlichkeit verborgene Ziele verfolgen. Und sie sollten beherzigen,
dass die Medien ein kurzes Gedächtnis haben, denn sie vergleichen
höchst selten die Prognosen oder Kommentare der Analysten mit
den faktischen Ereignissen. Die wichtigste Lehre ist jedoch, dass der
Sirenengesang der Analysten die Privatanleger eher ins Verderben
denn in die Gewinnzone reißt.

Kapitel 2

Eine Branche im Wandel:
Vom Spürhund zum Verkäufer

»Gewöhnlich nannten wir sie customers' men.«
Benjamin F. Edwards III., Vorsitzender von A. G. Edwards & Sons Inc.

Die konservative Börsenmaklerfirma A.G. Edwards & Sons Inc. wurde 1887 in St. Louis gegründet. Der derzeitige Vorsitzende, Benjamin F. Edwards III., führt das Unternehmen in der dritten Generation. Er ist 58 Jahre alt und redet gern von der guten alten Zeit, als das Aktiengeschäft im Grunde noch zum Einzelhandel gehörte und die Broker als Insider galten, als aufgeweckte Kerle in Nadelstreifenanzügen, die den Markt wie ihre Westentasche kannten, ein Netz von Freunden hatten und wussten, wie die Anleger investieren sollten. »Ihr Schreibtisch stand bei A.G. Edwards«, erinnert sich Edwards, »aber sie arbeiteten selbstverständlich für die Kunden. Sie hießen nicht Börsenmakler oder registrierte Vertreter. Man nannte sie ›customers' men‹, denn sie standen im Dienst des Kunden.«[1]

In diesem Wort »customers' men« steckt eine ganze Epoche – die gute alte Zeit, vorbei, doch nicht vergessen. Die großen Wertpapierhäuser, die Investmentfonds und die institutionellen Investoren beherrschen die Wall Street erst seit dem letzten Viertel des 20. Jahrhunderts. Vor dieser Zeit mussten die Analysten nicht fürchten, dass die eigentlichen Profit Center – Investmentbanken und institutionelle Händler mit ihren Großkunden im Kreis der Investmentfonds – das Kriegsbeil ausgruben, sobald ein negativer Bericht erschien.

Damals wurde die landesweite Diskussion auch noch nicht von den Finanzmeldungen dominiert, von der Flut gedruckter oder im Fernsehen gesendeter Finanzmagazine und erst recht nicht von den Kabel-Angeboten und den überall abrufbaren Webseiten. Es war eine Welt, in der die wenigsten Amerikaner Aktien besaßen und in der sich die wenigen Ausnahmen eng um ihre Broker scharten.

Damals konnte sich ein Börsenmakler mit einem soliden »Buch« – sprich: einer Liste loyaler, kaufkräftiger Kunden – keine Mätzchen erlauben. Denn die Brokerhäuser bezogen ihre Gewinne hauptsächlich aus den hohen Gebühren, die der einzelne Anleger selbst für einfachste Transaktionen bezahlen musste. Die Praxis lief auf Wucher hinaus – aber die Kommissionen waren vor dem 1. Mai 1975 gesetzlich festgelegt. Dank dieser glücklichen Lage der Dinge gestaltete sich das Geschäft nicht nur für die Broker äußerst lukrativ, sondern es begünstigte auch Analysten mit Adleraugen.

Da der Wettbewerb nicht über den Preis ausgetragen werden konnte, blieb nur noch der höfliche Verweis auf guten Service und exzellente Beratung. Dies führte unter anderem zu der Entwicklung erstklassiger und im Regelfall unabhängiger Research-Abteilungen, deren Kauf- und Verkaufsempfehlungen für die Kunden des Hauses bares Geld bedeuteten.

Die Wall Street war eine angenehme, wenn auch recht künstliche Welt. Eine Welt, die seit einem schönen Maientag anno domini 1975 der Vergangenheit angehört.

STEPHEN BRYANT WAR EINER VON Tausenden junger Männer, die Anfang der sechziger Jahre förmlich ins Maklergeschäft hineinstolperten. Seine Geschichte ist in vielerlei Hinsicht repräsentativ. Das Ostküstenkind verließ 1960 das heimische Long Island im Staate New York und trieb sich in Südkalifornien herum. Nach einem Bachelor-Abschluss am kleinen, angesehenen Occidental College in Los Angeles arbeitete Stephen Bryant in der Kreditabteilung der ehrwürdigen United California Bank in Downtown L. A. – und erstickte fast an den Zwängen des Bankwesens. »Ich mochte sie nicht, und sie mochten mich nicht«, erinnert er sich. »Die hatten für alles und jedes eine Vorschrift.« Immerhin verdiente er gut und konnte einige Dollar beiseite legen.[2]

Eines Morgens unterbrach Bryant kurz den Weg zur Arbeit und betrat ein Büro der Hayden-Stone Inc., eines der zahlreichen renommierten mittelständischen Maklerunternehmen, die es damals gab. Bryant war 25 Jahre alt, wollte in einen High-Tech-Wert investieren und hoffte, schnell eine Order aufgeben zu können. Man führte ihn in ein adrett eingerichtetes Büro und stellte ihn dem Filialleiter vor, Parker Dale. Dieser bestens gekleidete und wortgewandte Veteran des Aktiengeschäfts hatte sich die Karriereleiter bei Hayden-Stone hochgedient. In jenen vornehmen Tagen trugen viele Angestellte der Börsenbranche Namen wie Parker Dale – Namen, bei denen man Vor- und Nachnamen vertauschen konnte. Eine Firma konnte sich gar eines Robert Edward Howard rühmen.

Jedenfalls schaute sich Dale seinen Besucher an und machte sich nach einigen rasch hingeworfenen Höflichkeiten an die Arbeit – nicht *für*, sondern *an* Bryant. Der lauschte statt den gewünschten Aktientipps gebannt Dales Monolog über die vielfältigen Freuden und Besonderheiten des Maklergeschäfts. »Er redete eine Dreiviertelstunde lang ohne Unterbrechung und spulte einen Grund nach dem anderen herunter, warum ich Broker werden sollte«, erzählt Bryant. »Ich sagte nicht ein Wort, aber als ich ging, dachte ich bei mir: ›Vielleicht hat er Recht.‹«

Bryant wechselte eine Woche später zu Hayden-Stone. Am Anfang hatte er nur »einen Schreibtisch und ein Telefon« – Computerterminals gab es nicht – und starrte mit weit aufgerissenen Augen die recht ordentlich entlohnten älteren Kollegen an. Die Cracks holten damals über eine Million Dollar an Kommissionen herein und nahmen etwa die Hälfte davon mit nach Hause. Selbst ein Durchschnittsbroker verdiente 200 000 Dollar brutto im Jahr – in einer Zeit, als ein stattliches Haus in einem der besseren Viertel von Los Angeles keine 100 000 Dollar kostete.

Um sein »Buch« aufzubauen, stürzte sich Bryant ins gesellschaftliche Leben. Er betrieb das, was man heute »Networking« nennt: Er gab Kurse für Schulklassen, trat einem Country-Club bei, beteiligte sich an karitativen Veranstaltungen, schrieb sich in den Los Angeles Athletic Club ein und wurde Mitglied des Los Angeles Bond Club, was nur auf Einladung möglich war. »Wann immer man Menschen treffen konnte, traf man sie«, sagt er. »Dein Sozialleben war weitgehend darauf ausgerichtet, potenzielle Kunden kennen zu lernen.«

Er hielt Vorträge über die Börse in Schulaulen, Konferenzräumen, wo immer er einen Saal für billiges Geld mieten konnte. »Man verschickte mehrere hundert Einladungen, ungefähr zehn Hörer kamen, und von diesen zehn wurden mit etwas Glück einer oder zwei deine Kunden.« Die finanziellen Ressourcen von mittelständischen, nur regional bedeutsamen Häusern wie Hayden-Stone – dem Gros der Branche, bevor die Konsolidierungswelle zu nationalen Dinosauriern führte – reichten für Kampagnen in den großen Zeitungen nicht aus. Die Börsenmakler waren für die Kundenwerbung zuständig. Ihre Arbeitgeber hätten sich Sendeminuten oder Anzeigenräume in den überregionalen Medien nicht leisten können, und zum Glück galt eine derart aufdringliche Werbung in der vornehmen Branche ohnehin als unfein. Wer gut verdiente – Ärzte und Rechtsanwälte, aber eben auch Makler –, ging damals nicht mit seinem Angebot, vom Gesetzgeber oft genug verboten, hausieren. Was wiederum die Fähigkeit der Broker, Kunden an das Haus zu binden, als unentbehrlich erscheinen lässt.

Nicht lange, und Bryant hatte ein solides Buch und eine angesehene Stellung. Er nahm nicht bloß Aufträge entgegen, er war ein Freund der Familie, ein Ratgeber, dem man vertraute. Diesen Ruf von Rechtschaffenheit und Klugheit hegte und pflegte die Branche mit großer Sorgfalt. Sie erwartete von ihren Mitarbeitern, dass sie den richtigen Clubs beitraten, und bezog exklusive Büros im jeweiligen Bankenviertel, ausgestattet in dem formellen Stil, den Kreditinstitute und Justizgebäude mit ihren Vertrauen erweckenden Marmorsäulen, Pferdebildern und hochnäsigen Sekretärinnen bevorzugen.

Dabei war die Erfahrung, die der jeweilige Broker persönlich ausstrahlte, natürlich Fakt und Übertreibung zugleich. Bryant etwa, dem das Wohlergehen seiner Klienten am Herzen lag und der selbst ein gewiefter Anleger war, bezog die Masse seiner Empfehlungen aus den Berichten der Research-Abteilung von Hayden-Stone. In relativer Abgeschiedenheit arbeiteten die Analysten des Unternehmens allgemeine gesamtwirtschaftliche Trends wie auch das vermutliche Potenzial einzelner Branchen und Aktiengesellschaften heraus. Ihre Erkenntnisse wurden (damals natürlich ausschließlich auf Papier) in regelmäßigen Abständen an die Broker vor Ort weitergeleitet. Freilich – Berichte, die Bryant nicht mochte, bekamen seine Kunden nie zu Gesicht.

Die damaligen Hayden-Stone-Berichte enthielten durchaus heiße Informationen und Einsichten. Man darf nicht vergessen, dass sich die Anleger vor 30 Jahren mit einem dünnen Nachrichtenstrom, eher einem Rinnsal, begnügen mussten. Wer die Kurstabellen in der Abendzeitung – manchmal auf grünem Papier gedruckt und hinter die Sportnachrichten geklemmt – las, galt als avantgardistisch. Wollte ein normaler Anleger wissen, wie sich der Markt entwickelt, so bemühte er sich in ein Maklerbüro, selbst wenn er nur allgemeinste Informationen über eines der 30 größten börsennotierten Unternehmen einholen wollte. In der Regel willigte er spätestens beim zweiten Besuch ein, Kunde des Brokers zu werden. Man konnte sich nicht an den Computer setzen, das Modem einschalten und massenweise Finanzberichte und Nachrichten herunterladen. Man konnte sich nicht rund um die Uhr durch Wirtschafts- und Börsensender zappen. Es gab weder die Website der Motley Fools[3] noch CNBC.

Nicht zuletzt waren die Investmentfonds in den sechziger und siebziger Jahren Feldmäuse im Vergleich zu den Elefanten heutiger Tage. Privatanleger, die sich ein Stück vom Wall-Street-Kuchen abschneiden wollten, investierten über einen Makler.

So kam es, dass Bryants Buch wuchs. Seine Position bei Hayden-Stone wurde sicherer und einträglicher, und bald schon kaufte er ein Haus in San Marino, einem exklusiven Vorort in bequemer Nähe zum Finanzdistrikt in Downtown L. A. Bryant hatte eine gewisse Macht gegenüber seinem Arbeitgeber – wenn er von seinen Chefs nicht anständig behandelt wurde, lief die Firma Gefahr, dass er zu einem anderen Maklerhaus wechselte. Und erfahrungsgemäß würde ihm der Löwenanteil seiner Kunden dorthin folgen.

In vieler, wenn nicht in fast jeder Hinsicht waren von 1950 bis tief in die siebziger Jahre hinein die Broker und nicht die Analysten oder Investment-Banker die Stars der Börse. Die Makler forderten von ihren Häusern eine gute Anlagenauswahl. »Zu viele faule Eier ohne einen zündenden Tipp zum Ausgleich, und ich gehe zur Konkurrenz«, erinnert sich Bryant. Die Filialleiter konnten ihren Brokern bestimmte Ziele oder Mindestumsätze vorschreiben, aber die wirklich guten Mitarbeiter hatten genug Einfluss, um ihr eigenes Ding durchzuziehen.

So sehr Hayden-Stone von den Kommissionen abhängig war, die Bryant hereinbrachte, so sehr war dieser wiederum von qualitativ hochwertigen Berichten aus der Research-Abteilung abhängig. Natürlich schnappte er so manchen Tipp in den Clubs auf und war nicht auf den Kopf gefallen. Aber es gab unzählige Aktiengesellschaften da draußen, und er selbst hatte genug mit den Klienten zu tun, er konnte nicht auch noch Nachforschungen über Unternehmen anstellen. Die Kunden mochten ihn für seine nette Art schätzen, letztlich zählte aber nur das Geld. Bryant benötigte zuverlässige Analysen, und er gab diese Forderung an seinen Vorgesetzten weiter. Bryant formuliert das so: »Zu viele Bomben, und du bist deine Kunden los.«

IN GEWISSER WEISE VERDANKTEN Bryant und seine Kollegen ihre glückliche Existenz einer Gruppe schreiender, schwitzender Männer, die im 18. Jahrhundert unter jener berühmten Platane auf der Südspitze Manhattans Aktien und Rentenpapiere gehandelt hatten. Diese Händler zogen sich häufig auf ein Bierchen und einen Schwatz ins nahe gelegene Corres Hotel zurück. Dort einigten sie sich am 17. Mai 1792 auf ein Abkommen, das als Buttonwood Tree Agreement in die Geschichte einging. In diesem historischen Dokument legten sie unter anderem fest, dass jeder Händler »nicht weniger als das Viertel eines Prozents Kommission für den Kauf oder Verkauf einer öffentlich gehandelten Aktie berechnen soll ...« So verewigt, wurden feststehende Gebühren zu einem Eckpfeiler der US-amerikanischen Börsenwelt.

Wesentlich direkter spürten Bryant und seine Kollegen allerdings die Auswirkungen des größten Traumas der amerikanischen Wirtschaftsgeschichte: Der angenehme Mangel an Konkurrenz resultierte aus dem berüchtigten Crash von 1929 und der nachfolgenden Weltwirtschaftskrise. Geschockt und gezeichnet von den ökonomischen Turbulenzen nach dem Schwarzen Freitag – die Banken meldeten reihenweise Konkurs an, gefälschte Aktien waren beinahe das Normalste der Welt und der Sozialismus erschien fast schon annehmbar –, überzog der mehrheitlich demokratische US-Kongress die amerikanische Finanzbranche mit weitreichenden Beschränkungen und Überwachungsvorschriften. Die Betonung lag auf Sicherheit und Zuverlässigkeit, der Wettbewerb musste hingegen in vielerlei Hinsicht zurückstehen.

Wie sich die Regulierungswut der dreißiger Jahre letztlich ausgewirkt hat, wird immer noch diskutiert. Eine Konsequenz ist jedoch unbestreitbar: Abgesehen von der Unterbindung der schlimmsten Exzesse sorgten die während der Depression eilends verabschiedeten Wirtschaftsgesetze für eine jahrzehntelang fast klösterlich behütete, gedeihliche Existenz der Finanzmakler.

Zunächst verbot der Glass-Steagall Act von 1933 Banken und anderen Finanzinstituten den Handel mit und die Emission von Aktien, Renten- und anderen Wertpapieren. Beides blieb allein den Wertpapierhäusern vorbehalten, weil man das Gefühl hatte, dass allzu viele Banken das Aktiengeschäft mit einem Kasino verwechselt, sich am »stock gambling« beteiligt hatten, so das von Senator Carter Glass geprägte Wort. (Die sich daraus ergebende Balkanisierung der Finanzmärkte, die Glass und andere per Gesetz durchgesetzt hatten, erodierte mit den Jahren und wurde endgültig mit dem Financial Services Modernization Act hinweggefegt, den der US-Kongress im Oktober 1999 verabschiedete. Heute teilen sich Versicherungen, Banken und Finanzmakler den Kuchen, welche Folgen das auch immer haben wird. Klar ist, dass die Lobbyisten der einst geteilten Finanzbranche künftig mit vereinten Kräften ihr Segment vor unerwünschter Aufsicht oder der Wiedereinführung von Beschränkungen bewahren werden.)

Die Unbilden des Wettbewerbs milderten zwei weitere Gesetze, die Securities Acts von 1933 und 1934. Sie verpflichteten einerseits die Wertpapierhäuser, sich bei der Securities and Exchange Commission eine Lizenz abzuholen, andererseits läuteten sie die Tradition der staatlich festgesetzten Kommissionen ein: Die Bundesregierung genehmigte offiziell die von der New York Stock Exchange schon lange gepflegte Praxis, die Transaktionsgebühren ihren Mitgliedsfirmen und damit praktisch der gesamten Branche vorzuschreiben. Kurz und gut, wenn man Aktien kaufen oder verkaufen wollte, musste man zugelassene Händler beauftragen. Und die verlangten alle dieselben Gebühren. Punkt, aus.

Die Betroffenen, weder damals noch heute auf den Kopf gefallen, protestierten mitnichten gegen die Ketten, die ihnen die Regierung anlegte, sondern stürzten sich wie Raubkatzen auf die kartellähnliche Macht, die ihnen der New Deal verschaffte. Handelsgruppen wie die Securities Industry Association eröffneten ein Büro in Washington, D. C., schauten der Legislative auf die Finger, damit keines der netten Arrangements aus jenen sorgenumwölkten Tagen voller Elend und Arbeitslosigkeit gekippt wurde.

Die Lobbyisten leisteten ganze Arbeit. Als die vom Arbeitsdienst der dreißiger Jahre aus Ziegel und Mörtel errichteten Gebäude schon längst in tiefster Vergessenheit verrotteten oder von Bulldozern plattgewalzt wurden, um Platz für Neubauten zu schaffen, hatten die Finanzreformen aus Roosevelts Präsidentschaft noch immer Bestand. Der Branche kam freilich der Wandel der Zeiten entgegen. Große Depression, Zweiter Weltkrieg, Koreakrieg, Kalter Krieg: Die Zeiten der Panik wurde von Zeiten der Prosperität abgelöst, die Wall Street galt längst nicht mehr als nationales Sorgenkind. Ohnehin besaß vor 1975 nur ein Bruchteil der Amerikaner – etwa 10 Prozent – Aktien. (Eine Zahl, die gegen Ende des 20. Jahrhunderts in den USA auf gut 40 Prozent, in Deutschland auf gut 19 Prozent steigen sollte.)[4] So blieb die Branche sich selbst und der Markt der Branche überlassen.

Der Handel mit Aktien für Privatkunden war damals ein mehr als einträgliches Geschäft. Ende der sechziger Jahre richteten sich die Preise nach der Zahl der Anteile und dem Gesamtbetrag der Transaktion. Gewöhnliche Orders konnten zwischen 100 und mehreren 100 Dollar kosten. Noch nach 27 Jahren erinnerte sich ein Broker genau an ein Geschäft, das er 1972 im Dienst von PaineWebber abgewickelt hatte: 100 000 Vorzugsaktien der Northwest Industries ergaben bei einem Kurs von 98 Dollar pro Stück eine Kommission von 28 000 Dollar. Wohlgemerkt: 28 000 Dollar mit der Kaufkraft der frühen siebziger Jahre, die etwa das Fünffache des Wertes Ende der Neunziger betrug. Von dem Lohn für eine einzige Transaktion hätte der Händler ein Jahr lang bequem leben können. Heute würde ein solcher Auftrag selbst bei einem teuren Anbieter mit 500 bis 1000 Dollar berechnet.

Wenn man den Protektionismus vor 1975 bedenkt, überrascht es kaum, dass buchstäblich jedermann verdiente. In einem normalen Jahr, beispielsweise 1967, meldete nur eine der 330 Mitgliedsfirmen der New York Stock Exchange (NYSE) Nettoverluste, und selbst dieser Fall war nicht ganz klar.[5] Der Gesetzgeber wollte, dass Finanzmakler ebenso wenig wie Kreditinstitute fallieren. Auch wenn die kleineren, weniger effizienten Unternehmen gelegentlich auf höhere Gebührensätze drängten, sorgten die jährlichen Zuwächse beim Handelsvolumen und die damit wachsenden Einnahmen für allgemeine Zufriedenheit.

Die Wertpapierhäuser mussten lediglich ihre Broker – und deren Klienten – bei Laune halten, dann floss das große Geld. Der Branche wuchsen die Trauben sozusagen in den Mund. Aber alles hat ein Ende.

WÄHREND DER SECHZIGER JAHRE unternahmen Justizministerium und Börsenaufsicht erste Anstrengungen, um eine Deregulierung des Wertpapierhandels ins Gespräch zu bringen. Sie wurden von den Lobbyisten mühelos abgeschmettert. Anfang der siebziger Jahre wurden die Töne schärfer, obwohl ein der Branche wohlgesonnener Republikaner im Weißen Haus residierte. Das eigentliche Problem aber war, dass die Branche sich dem Wettbewerbsdruck mehr und mehr beugte.

Die exorbitanten Kommissionen, an denen sich die Maklerhäuser
gemästet hatten, wurden von großen institutionellen Investoren un-
terlaufen. Immer mehr Transaktionen wurden an der Börse vorbei
abgewickelt, und aus Angst vor diesem »dritten Markt« reduzierten die
Broker Geschäfte auf Kommission, teilten sich die Gebühren mit
Großkunden wie den Investmentfonds oder gewährten sonstige Er-
mäßigungen. Versuche der Branche und der NYSE, den dritten Markt
auszutrocknen, scheiterten an der Börsenaufsichtsbehörde SEC.

Während Privatanleger die Gebühren noch immer in voller Höhe
zahlen mussten, kamen die Institutionellen mit halbierten Sätzen davon. Branchenfremde – darunter viele Abgeordnete des US-Kongres-
ses – beschlich der Verdacht, dass die Kleinen die Großen subventio-
nieren sollten (auch wenn große Transaktionen natürlich je Anteil
gerechnet für den Händler weniger Aufwand bedeuten als kleine).

Wahrscheinlich jedoch versetzte das triste Schauspiel einer Branche, die permanent das freie Unternehmertum und den Wettbewerb
beschwor, für sich selbst jedoch staatlich sanktionierte Festpreise re-
klamierte, dem Ancien Régime den Todesstoß. Wie konnte die Wall
Street um Schutz vor eben jenem System bitten, das sie rühmte – und
finanzierte?

1974, während die Republikaner an den Folgen von Watergate und
Präsident Nixons Rücktritt laborierten, trat der mehrheitlich demokratische Kongress an, die Preisbindung im Aktienhandel zu verbieten. Zu allem Unglück wurden Prozesse, die sich durch alle Instanzen
gequält hatten, zugunsten der Regulierungsgegner entschieden, ein
Verfahren vor dem US-Bundesberufungsgericht stand kurz davor,
die fixen Kommissionen zu Fall zu bringen. Die SEC fügte sich in das
Unvermeidliche und setzte sich an die Spitze des Zuges: Am 1. Mai
1975 verkündete die Aufsichtsbehörde, dass die NYSE festgesetzte
Tarife nicht länger dulden werde. Künftig regiere der Wettbewerb.

Auch wenn sie Rechtsprechung, Gesetzgebung und Aufsichtsbehörde gegen sich wussten – kampflos gaben die Broker ihren Garten
Eden nicht preis. Ihre Sprecher malten für den Fall, dass allein der
Wettbewerb über die Handelsgebühren entscheide, den Untergang
der freien amerikanischen Wirtschaft an die Wand. Ein Zeuge sagte

auf einer Anhörung der SEC: »Der erste Mai ist in Russland ein hoher Feiertag. Und Russland glaubt, dass die Demokratie nicht bekämpft werden muss, weil sie sich selbst auslöschen wird. Nun, die Kommission spielt mit dem Feuer, und die Zündschnur ist kurz.«

Im April 1975, nur zwei Wochen vor dem Beginn der neuen Ära, zählte SEC-Mitglied John Evans voller Überdruss die apokalyptischen Warnungen auf, die ihm und seinen Kollegen unterbreitet worden waren:

Man prophezeit die Zerstörung der New York Stock Exchange ebenso wie der anderen Börsen des Landes sowie des weltweit größten Finanzkommunikationssystems; man geht davon aus, dass der Aktienmarkt in Chaos und Verwirrung darniederliegen und die Teilnahme von Privatanlegern zurückgehen wird, man schätzt, dass ein ruinöser Wettbewerb viele Wertpapierhäuser in den Konkurs treiben und eine Konzentrationswelle auslösen wird, die nur eine Hand voll Unternehmen überleben wird; man glaubt, dass das Niveau der Branche sinken und die Kontrollmechanismen für den Anlegerschutz geschwächt, Markttiefe und Liquidität leiden werden; man munkelt, viele Aktien würden ihren Markt gänzlich verlieren, die Kapitalbeschaffungsmöglichkeiten deutlich reduziert und nicht zuletzt würde der Kapitalismus selbst zu Fall gebracht.

Die Gefahren waren, wie man kaum betonen muss, etwas übertrieben – obwohl sich eine der vielen Prognosen bewahrheitete: Die Wertpapierhäuser fusionierten und fusionierten und wurden größer und größer; der intime, fast zunftähnliche Charakter der Branche verschwand.

Auch wenn die Anleger durch die niedrigeren Gebühren Milliarden sparten, war die Umstellung auf den freien Wettbewerb nicht kostenlos. Natürlich schröpfte die Preisbindung vor 1975 die Anleger, und sie förderte im höchsten Grade Ineffizienz und archaische, festgefahrene Strukturen. Deswegen kümmerten sich auch die Großen der Branche um die kleinen Investoren, schließlich verdienten sie an ihnen das meiste Geld.

Ein Blick in die Geschäftszahlen von Merrill Lynch zeigt, wie wichtig die einzelnen Broker und deren Kunden in der Ära festgesetzter Kommissionen für das Unternehmen waren: 1967 summierte sich deren Beitrag zu den Geschäftserlösen des heutigen Giganten auf 57 Prozent. Die Gebühren aus dem Investment Banking lagen hingegen unter 10 Prozent, obwohl Merrill Lynch in diesem Bereich besonders exponiert war. Andere Branchenmitglieder hatten, wenn überhaupt, eine wesentlich kleinere Abteilung für die Emission von Aktien und Anleihen. Das gilt natürlich insbesondere für die mittelständischen Unternehmen.

Dann kam jener Mai. Buchstäblich über Nacht verwandelte sich eine der betulichsten Branchen in ein Haifischbecken.

Plötzlich zählten die beeindruckenden Büros, die Vertrauen erweckenden Makler und selbst pfundschwere Unternehmensanalysen nicht mehr so viel wie einst. In der schönen neuen Welt des Wettbewerbs entschied der Preis, und nur er allein. Warum sollte man bei Merrill Lynch 300 bis 400 Dollar für eine Transaktion hinblättern, wenn ein Discount-Broker sie für 36 Dollar ausführte?

Mit den ins Bodenlose fallenden Kommissionen wurde es immer schwieriger, mit der schlichten Orderausführung Gewinn zu erwirtschaften – es sei denn, man agierte wie der allgegenwärtige Charles Schwab & Co: niedrige Gemeinkosten, keine Makler, keine Analysten und keine englischen Landschaften – Öl auf Leinwand – in den Geschäftsräumen.

Die Ökonomen hätten es wohl vorhersagen können: Niedrige Kommissionen führten zu gewaltigen Volumenzuwächsen. Allerdings veränderte sich die Branche wie fast alles an der Wall Street in den achtziger und neunziger Jahren bis zur Unkenntlichkeit. Ende der Sechziger wurden etwa 10 Millionen Anteile pro Tag an der NYSE gehandelt. Ein Jahrzehnt später galten 20 bis 30 Millionen Anteile als normal, an besonders aktiven Tagen wechselten 50 Millionen Anteile den Besitzer.

1982 lag das Handelsvolumen zum ersten Mal über 100 Millionen Anteilen, damals ein viel beachteter Meilenstein. Wenige Jahre später sprach man bei solchen Umsätzen von einem schlechten Tag. 1988 wurden für gewöhnlich 200 Millionen Aktien gehandelt, 1998 regte sich auch bei 900 Millionen Anteilen kein Mensch mehr auf. Am 1. September 1998 gingen über 1,2 Milliarden Wertpapiere über den

Counter, wiederum ein viel beachteter Meilenstein. Die Kommentatoren hätten sich den Atem sparen können. Am 4. Januar 2001 lag das Handelsvolumen an der NYSE bei 2,12 Milliarden Anteilen.

All diese Zahlen betrafen allein die New Yorker Börse. Seit 1975 wuchs neben ihr einer zweiter Umschlagplatz heran, der als Nasdaq bekannte Over-the-Counter- oder OTC-Markt. (Die Abkürzung steht für National Association of Securities Dealers Automatic Quotations System.) Aus unscheinbaren Anfängen entwickelte sich bis 1990 ein Tagesvolumen von 132 Millionen Aktien, das bis 1998 auf 802 Millionen Anteile schnellte. (In diesem Jahr schluckte die Nasdaq die einzige Konkurrenz der New York Stock Exchange, die American Stock Exchange.) An der Technologiebörse werden seither in der Regel höhere Stückzahlen als auf dem Parkett gehandelt, und seit 1999 gilt dasselbe auch hinsichtlich der Summen. Wechselten vor jenem entscheidenden Maitag etwa 10 Millionen Aktien pro Tag den Besitzer, rückten um die Jahrtausendwende 4 Milliarden Anteile pro Tag in den Bereich des Möglichen.

Der gewaltige Volumenzuwachs zwang die Häuser, die ihren Beratungsanspruch nicht aufgaben, wie Hamster im Rädchen der Entwicklung hinterherzurennen. Ständig musste aufgerüstet werden, um die Zahl der Transaktionen zu bewältigen.

Trotzdem ergatterten sie nur deshalb ein Stück vom Kuchen, weil sie die Preise ständig von Neuem senkten. Inflationsbereinigt kürzten sie ihre Kommissionen zwischen 1975 und 1998 um satte 95 Prozent und wurden von den Discount-Brokern noch immer unterboten. Während sie 5 Cent nehmen, wo sie früher einen Dollar berechneten, verdient die Billigkonkurrenz nur einen Cent. Dabei sind die Abschlüsse, die Online-Dienste wie Ameritrade, Datek oder Scottsdale Securities ermöglichen, noch gar nicht berücksichtigt – der zuletzt genannte Anbieter verlangt 7 Dollar pro Transaktion.

Nachdem die üppigen Gewinnmargen der Vergangenheit angehörten, gerieten die großen, auf den Aktienhandel spezialisierten Firmen ins Trudeln oder fielen sich gegenseitig in die Arme, um zu überleben. Einst im ganzen Land bekannte Namen wie Loeb, Rhodes and White oder Weld verschwanden spurlos von der Bildfläche, darunter der Arbeitgeber von Stephen Bryant, Hayden-Stone. Geschichte sind auch A.G. Becker oder Mitchum, Jones, and Burnham. Firmen, die seit Generationen den begriffsstutzigen Söhnen aus gutem Haus (und den aufgeweckten aus normalen Familien) eine Zuflucht geboten hatten, lösten sich in Wohlgefallen auf.

Fusionierte Firmen fusionierten wieder und wieder. Am Ende standen Imperien, die sich von Küste zu Küste erstreckten und zungenbrecherische Namen wie Salomon Smith Barney oder Morgan Stanley Dean Witter trugen. Es war ein ruinöser Wettbewerb: Von den dreißig größten Wertpapierhäusern der USA im Jahr 1971 haben nur zwei mit mehr oder weniger intaktem Namen überlebt – Merrill Lynch (die Investmentbank begann früh mit den Übernahmen) und Bear Stearns.

In diesem Punkt sollten die Kassandras, die die Hölle auf Erden als Folge der Deregulierung an die Wand gemalt hatten, also Recht behalten: Die Konkurrenz bei den Gebühren schuf ein Umfeld, in dem kleinere, weniger effiziente Firmen von größeren, effizienteren Wettbewerbern verdrängt wurden. Die größten Maklerhäuser, die so genannten »wire houses« wie Merrill Lynch und Salomon Smith Barney, wuchsen mit jeder Konsolidierungswelle und beschäftigten schließlich Tausende und Zehntausende von Brokern. 1999 arbeiteten fast 11 000 Aktienhändler für Salomon Smith Barney; Merrill Lynch hatte etwa 13 400 auf der Gehaltsliste stehen. Heute zählt an der Wall Street nur noch Größe.

Viele Veteranen des Gewerbes beschweren sich bitterlich über die neue Rolle, die die Broker bei den Giganten, besonders bei Merrill Lynch, spielen. Merrill Lynch (und zunehmend folgen andere Unternehmen dem Beispiel) zahlt seinen Maklern Provisionen vorzugsweise nicht nach der Zahl der von ihnen getätigten Transaktionen, sondern auf der Basis der verwalteten Gelder, also etwa 1 oder 2 Prozent aller Konten geteilt durch die Zahl der betroffenen Mitarbeiter. (Die Kommissionen streicht Merrill selbst ein.) Das Investmenthaus verfolgt die Strategie, den Kunden eigene Produkte zu verkaufen, Rentenfonds, Investmentfonds, Girokonten, Vermögensverwaltung und Ähnliches mehr.

Erfahrungsgemäß sind solche Kunden treuer – es ist viel schwieriger, auf ein anderes Pferd zu setzen (und Gebühren zu zahlen), wenn Ihr Finanzplan zur Gänze von Merrill Lynch betreut und verwaltet wird. Der Kunde ist an das Investmenthaus gebunden, der Broker wendet nur noch die Formeln der Vermögensstreuung an, preist Merrill-Produkte und ist ersetzbar. Innerhalb von nur einer Generation sind aus Stars der Szene bessere Angestellte geworden.

Doch gleichgültig, wie groß und mächtig die Investmenthäuser geworden sind, und unabhängig von den gehandelten Volumina: Das vertrackte Problem, das die furchtlosen Händler unter den Platanen bereits im Buttonwood Agreement 1792 vorhergesehen hatten, ist geblieben: »Wir sind an die Wall Street gezogen, um Geld zu scheffeln. Aber wie werden wir reich, wenn die Konkurrenz magere 7 Dollar pro Transaktion nimmt?«

Erste negative Vorzeichen

Die Branche reagierte auf die sinkenden Gebühren zunächst mit dem Versuch, an Emissionen zu verdienen, also Aktien und Zinstitel oder andere Anlageinstrumente wie Immobiliengesellschaften zur Platzierung zu zeichnen. Letztere gerieten in den achtziger Jahren zu einem der großen Investment-Debakel. Die Angst nach der Deregulierung habe die von Investmentinstituten an die Börse gebrachten Immobiliengesellschaften hervorgebracht, sagen viele. Warum?

Investmentinstitute können dem Kunden über Emissionsgebühren und andere daran geknüpfte Kommissionen zwischen 15 und 20 Prozent des Marktwertes einer Immobiliengesellschaft berechnen. Eine Gesellschaft für 500 Millionen Dollar (in Anteilswerten an die Anleger verkauft) bedeutet 75 Millionen Dollar Einnahmen durch diverse Gebühren – ein üppiger Futtertrog für die vom Preiskrieg gebeutelte Branche. Der Kunde, der einen Dollar in eine Immobiliengesellschaft investierte, bekam dafür in der Regel einen Besitzanteil von 80 Cent, aber das war gut zwischen den Zeilen des Prospekts

versteckt, in dem stattdessen mit »Garantieerträgen« – das heißt zins-
ähnlichen Dividendenzahlungen – geworben wurde. Die Tatsache,
dass diese »Erträge« häufig nur ein Teil des ursprünglich vom Investor eingezahlten und für Rückzahlungen beiseite gelegten Kapitals
war, erschloss sich nur aus nahezu unverständlichen Formulierungen
im Kleingedruckten.

Der Terminus technicus »Underwriter« bezieht sich auf die Kapi-
talbeschaffungsmaßnahmen, die ein Wertpapierhaus für andere Unternehmen übernimmt. Die Investment-Banker verfassen zusammen
mit hinzugezogenen Rechtsanwälten für dieses Unternehmen einen
Verkaufsprospekt (der im Wesentlichen Geschäftsplan und Finanzberichterstattung enthält), veranlassen dessen Drucklegung, reichen
ihn der Börsenaufsicht ein und leiten ihn anschließend an das eigene
Verkaufspersonal weiter. Die Mitarbeiter vor Ort überreichen ihn
wiederum institutionellen Investoren, etwa Investmentfonds, Geldmanagern, Vermögensverwaltungen von Banken oder Versicherungen, und versuchen die Kunden von dem jeweiligen Papier zu überzeugen. Meist gehört eine »Road Show« dazu, die Broker reisen durch
das Land und treffen sich mit Interessenten. Manchmal, insbesondere bei mittelständischen Maklerhäusern oder im Fall von Immobiliengesellschaften, werden Aktienhändler mit dem Direktverkauf an
Privatanleger beauftragt. Normalerweise jedoch – und ganz sicher bei
den großen Instituten wie Morgan Stanley Dean Witter oder Paine-
Webber (heute von UBS Warburg übernommen) – dürfen die institutionellen Investoren ihre Anteile nach dem Erstangebot (Initial
Public Offering oder IPO) auf dem offenen Markt verkaufen, und
erst dann kann auch der Kleinanleger zugreifen. Faktisch ist er von
Erstemissionen ausgeschlossen.

Ende der siebziger und Anfang der achtziger Jahre provozierte der
Run auf Immobiliengesellschaften eine der hässlichsten Branchen-
pleiten. Die Hast, mit der Investmenthäuser die Grundstücks- und
Gebäudepartnerschaften vorantrieben, war atemberaubend – Prudential-Bache (heute Prudential Securities) lancierte Dutzende von
Immobilien-Deals und wurde später in mehr als 20 Fällen krimineller
ler Machenschaften überführt, wenn auch nur zivilrechtlich belangt.

Die Investoren verloren 95 Cent und mehr je Dollar. Die Pru war sicher nicht die einzige Firma, die solche fadenscheinigen Papiere unters Volk brachte.

Einige dieser Immobiliengeschäfte, etwa der VMS Mortgage Investors Fund, warben mit Garantieerträgen und verglichen die Sicherheit mit Papieren der US-amerikanischen Bundeseinlagensicherungsbehörde – und waren kein Jahr nach der Auflegung bankrott! Zuletzt ging eine von Prudential-Bache für mehr als 8 Milliarden Dollar vertriebene (und von Pru-Brokern nachdrücklich empfohlene) Immobiliengesellschaft in Konkurs und schädigte Rentner, Anleger und nicht zuletzt die Broker, die die Anlage verkauft hatten und hinterher den Klienten ins Gesicht sehen mussten. Die Pru zahlte ein paar Strafen und benannte sich in Prudential Securities um. Keiner der Verantwortlichen musste ins Gefängnis, und die SEC versuchte nie ernsthaft, dem großen Investmenthaus die Betriebserlaubnis zu entziehen oder den dort angestellten Analysten die Flöte wegzunehmen.[6]

Das Gedächtnis der Finanzgemeinde ist kurz, und die Pleiten der Immobiliengesellschaften in den achtziger Jahren sind weitgehend vergessen. Aber die ökonomischen Zwänge, die die Investmenthäuser nach den Einnahmen aus dem Emissionsgeschäft lechzen ließen – und die unbekümmerte Toleranz innerhalb der Branche gegenüber schmutzigen Geschäften – wirken stärker denn je zuvor. Daran sollten die Anleger gelegentlich denken.

DIE WERTPAPIERHÄUSER VERSUCHTEN noch auf anderen Wegen, Geld zu verdienen. Während der zwei Jahrzehnte nach 1975 pressten sie den Aktienkäufern und -verkäufern immer häufiger, wenn auch heimlich, eine Art Ersatz-Kommission ab – den »Spread«, die Marge zwischen Brief und Geld oder Ask und Bid, das heißt zwischen dem Kurs, zu dem ein Angebot vorliegt, und dem Kurs, zu dem eine Nachfrage besteht. Das gilt besonders für Aktien, die an der Nasdaq, also »over the counter« bzw. im Freiverkehr gehandelt wurden. Lag der Briefkurs einer OTC-Aktie etwa bei 5 Dollar, der Geldkurs hingegen bei 5,25 oder 5,5 Dollar, wem gehörte die Differenz? Der Spread kann immerhin bis zu 10 Prozent betragen. Klar – die Investmenthäuser verdienten an der Marge.

Privatanleger können sich immerhin damit trösten, dass die Dinge schon schlimmer lagen. Vor 1996, so behauptet die SEC, hätten die Investmenthäuser bis hinauf zu den Großen der Branche wie Paine-Webber und Merrill Lynch nahezu 20 Jahre lang gemauschelt, um die Spreads für OTC-Aktien künstlich hoch zu halten. Die Vierteldollar-Marge schien für viele, viele Aktien völlig normal zu sein. Wo blieb der fieberhafte Wettbewerb, um den Spread zu senken? Die SEC zwang die National Association of Securities Dealers (NASD), den Markt schärfer zu kontrollieren und die Marge zu reduzieren. Aufgrund dieses Drucks durch die Börsenaufsicht und unablässige Überwachung bewegt sich die Brief-Geld-Differenz seit 1996 zwischen 6 und 12 Cent, immer noch nicht toll, aber wenigstens kein Wucher mehr.

Die Branche verabscheute diesen Eingriff der SEC und hasste das Ergebnis. »Es kann nicht gut sein für uns«, teilte A. B. »Buzzy« Krongard, Sprecher der Securities Industry Association sowie Chairman und CEO der Investmentbank Alex. Brown & Sons Inc., dem *Wall Street Journal* mit. »Es kann höchstens darum gehen, wie stark die negativen Auswirkungen sein werden.«

Sogar der Vorsitzende von A. G. Edwards, Benjamin F. Edwards III., dessen Haus das Image gediegener Integrität und eines für den Mittleren Westen typischen Verantwortungsgefühls für den Kunden kultiviert, war ein Anhänger der Spreads. »Ich glaube, dass die SEC die Tatsachen ignoriert«, sagt Edwards. »Wenn man nur 6 Cent an einer Aktie verdient, lohnt sich der Handel nicht.« Wie vor jenem Maitag prophezeiten die Investmentgiganten im Fall einer Deregulierung sinkende Liquidität. »Wenn Unternehmen den Aktienhandel aufgeben, dann deshalb, weil sie davon ausgehen, dass sich das Geschäft nicht mehr lohnt, und das wird die Liquidität beeinträchtigen.«[7]

Edwards steht mit dieser Meinung nicht allein da. Fred M. Roberts, ehemaliger Vorsitzender der NASD, klagte 1996: »Die Öffentlichkeit versteht die Angelegenheit falsch. Wenn man die Spreads abschafft, werden andere Dienstleistungen, die die Kunden bisher für selbstverständlich hielten, teurer. Die Kommissionen werden steigen.«[8]

Oder, hätte er ergänzen können, die Investmenthäuser müssten sich auf die Suche nach neuen Einnahmequellen begeben, das Emissionsgeschäft etwa.

Investment-Banking und Underwriter

Im Gegensatz zu Roberts Einschätzung sind die Kommissionen keineswegs gestiegen. Mit der zunehmenden Verbreitung des Online-Handels sanken die Kosten pro Transaktion weiter. Der Marktanteil der Discount-Broker wächst: Ihre Provisionseinnahmen vervielfachten sich von 48,1 Millionen Dollar im Jahr 1980 auf 2,05 Milliarden Dollar im Jahr 1997 um den Faktor 43. Die herkömmlichen Broker mussten sich mehr denn je um sprudelnde Gewinne sorgen.

Die Antwort? Mehr und mehr wurde das Investment-Banking zur Haupteinnahmequelle der großen Wertpapierhäuser. Obwohl die Immobiliengesellschaften der achtziger Jahre gescheitert waren, wandten sich die Institute in den neunziger Jahren massiv dem Emissionsgeschäft zu, nahmen IPOs unter Vertrag (und die Aktien vor dem Börsengang ins Depot), wickelten Folgeemissionen oder Anleihen ab, vertrieben und verwalteten Privatplatzierungen und begleiteten Fusionen und Übernahmen.

Die Veränderungen haben der Branche ein neues Gesicht gegeben. Jeffrey M. Schaefer, ehemals Senior Vice President der Securities Industry Association (SIA) und dort für die Research-Abteilung verantwortlich, formuliert es so: »Die Investmentbranche der sechziger Jahre stand dem Wertpapierhandel vom Ende des 18. Jahrhunderts näher als den heutigen Gepflogenheiten.« In der im Januar 1997 erschienenen SIA-Veröffentlichung fährt er fort: In den sechziger Jahren »bewegten sich die Umsätze im Rahmen einstelliger Milliardenbeträge, wobei über 60 Prozent der Einnahmen aus dem Provisionsgeschäft stammten. Heute setzt die Branche mehr als

120 Milliarden Dollar um; Kommissionen tragen nur mit 16 Prozent zum Ergebnis bei.«[9]

Während die Kommissionen zurückgegangen sind, schossen die Einnahmen aus Aktien- und Anleihenemissionen nicht nur durchs Dach, sondern durchs Sonnensystem tief in den freien Weltraum hinein. In den sechziger Jahren verdiente die Branche mit für Dritte platzierten Aktien und Anleihen gut 100 Milliarden Dollar. In den neunziger Jahren erwirtschaftete sie Schaefers Zahlenmaterial zufolge mit dem Emissionsgeschäft *jährlich* zwischen 700 und 2 230 Milliarden Dollar. Der Boom 1999 führte zu einem Gesamt-Emissionsvolumen von 2,238 Billionen Dollar – das ist das 22fache des in den sechziger Jahren insgesamt an der Börse erlösten Kapitals.

Noch ein Vergleich: 1974, ein Jahr vor dem bewussten Tag im Mai, beschafften sich amerikanische Unternehmen nur 42 Milliarden Dollar über die Börse. Das sind weniger als 2 Prozent des Volumens von 1999. Die Einnahmen aus dem Investmentgeschäft haben sich mit anderen Worten für die großen Institute seit 1974 ungefähr verfünfzigfacht, während die Handelskommissionen in den Keller gefallen sind.

Der Underwriter-Boom sorgt für gewaltige Gewinne in der Branche, da die Investmenthäuser zwischen 7 und 9 Prozent des Emissionsvolumens als Gebühr erheben. Außerdem sichern sie sich einen Teil der Anteilsscheine und Optionen an dem Börsenkandidaten, um selbst mit der Aktie zu handeln und um Provisionen oder sogar Gewinnmitnahmen einzustreichen, wenn sie ihren Bestand zu einem höheren Kurs verkaufen können (was leichter fällt, wenn der hauseigene Analyst ein Kaufsignal gibt). Immer häufiger komplettieren satte Margen auf noch nicht börsengehandelte Aktien in einem früheren Stadium der Kapitalbeschaffung das Bild.

Nicht uninteressant für diejenigen, die das Verhalten der Aktienmärkte verfolgen, ist insbesondere die Explosion der Aktienemissionen. Vier Jahre in Folge – 1996, 1997, 1998 und 1999 – wurden jährlich neue Aktien im Wert von mehr als 150 Milliarden Dollar begeben. In den siebziger Jahren war 1976 das »fetteste« Jahr: Damals wurden Aktien für 10,4 Milliarden Dollar an der Börse platziert.

Nicht zu unterschätzen ist die Tatsache, dass die Wertpapierhäuser heute oft Aktien von Gesellschaften, die sie später an die Börse bringen, schon vor dem Börsengang übernehmen. Wenn bestimmte Märkte »heiß« werden, etwa der Telekommunikations-, Medien- und Internetsektor Ende der neunziger Jahre, winken hier riesige Gewinne. Ein Beispiel für eine solche erfolgreiche Emission und den Hype, der den Kurs nach dem Börsengang in die Höhe treibt, ist Global Crossing Ltd., ein Telekommunikationsgigant mit Sitz auf den Bermuda-Inseln. Das Initial Public Offering im August 1998 wurde von CIBC Oppenheimer (heute CIBC World Markets) als Konsortialführer betreut. Vor der Emission erwarb CIBC Oppenheimer Aktien des Unternehmens für 30 Millionen Dollar aus Privatbesitz. Der Ausgabekurs von Global Crossing lag bei 9,50 Dollar, der Kurs schnellte bis Mai 1999 auf 50 Dollar. Nach den SEC-Akten war CIBC Oppenheimers Aktienpaket damals 4,6 Milliarden Dollar wert. Wenn eine Hand voll Investment-Banker mit einem einzigen Deal 4,6 Milliarden Dollar für ein Wertpapierhaus erwirtschaften, ist es da noch ein Wunder, dass die Institute sie aufs Geld ansetzen und Analysten wie Broker ihnen zuarbeiten sollen?

Der Trend zur Übernahme vorbörslicher Papiere hat sich im neuen Jahrtausend beschleunigt. Im Juli 2000 berichtete das *Wall Street Journal:* »Es steht außer Frage, dass die Bedeutung des Risikokapitals an der Wall Street wächst. Nach Umfragen von VentureOne, einer Research-Firma mit Sitz in San Francisco, vergaben die Investmentbanken letztes Jahr in 305 Fällen Risikokapital. 1998 kamen nur 104 Firmen in den Genuss solcher Finanzmittel. Unter diesen Unternehmen sind immer wieder Volltreffer, sodass Risikoinvestments für viele Banken zu einer wichtigen Einnahmequelle geworden sind.« Der Bericht hebt hervor, dass die Goldman-Sachs-Gruppe vor dem Börsengang für 36 Millionen Dollar Aktien der StorageNetworks Inc. erworben hatte. Die Anteile an dem in Boston ansässigen Computer-Dienstleister waren 2000 ungefähr 1,6 Milliarden Dollar wert. Goldman Sachs erwirtschaftete 1999 zwischen 13 und 18 Prozent seines Nettoertrags mit privaten Kapitalbeteiligungen (Private Equity), überwiegend riskante Technologie-Investments. 1998 waren es noch zwischen 4 und 5 Prozent. Das

hat der auf die Wertpapierbranche spezialisierte Analyst Guy Moszkowski von Salomon Smith Barney herausgefunden. Lehman Brothers
Holdings Inc. meldete im ersten Quartal 2000 Gewinnsprünge auf 17
bis 22 Prozent, während der Vorjahreswert bei insgesamt 4 Prozent des
Nettoertrags lag. Der größte Teil des Anstiegs verdankt sich dem Über-
raschungserfolg der VerticalNet Inc. Lehman hatte zunächst Anteile an
dem Business-to-Business-Onlinehändler erworben und das Unternehmen anschließend an die Börse gebracht.

Das *Wall Street Journal* warf im Zusammenhang mit der Risikoka-
pitalfinanzierung durch das Wertpapierhaus Hambrecht & Quist
ernste ethische Fragen auf. Die Chase-Manhattan-Tochter mit Sitz in
San Francisco betreute 1998 den Börsengang von Infospace Inc. aus
Redmond, Virginia. Das Unternehmen stellt Infrastruktur für Webseiten bereit. Hambrecht & Quist erwarb ein großes Aktienpaket des
Börsenkandidaten. Die hauseigenen Analysten empfahlen die Aktie
bis 1999. Nachdem das Wertpapierhaus sein Paket verkauft hatte
(und die Analysten das Kaufsignal aufhoben), brach der Kurs ein.

Ende der neunziger Jahre galt ein Wertpapierhaus, das keine Anteile an IPO-Kunden für einen Bruchteil des später zu erwartenden
Kurses erwarb, als Hinterwäldler. Die großen Investmentinstitute wie
Goldman Sachs oder Donaldson, Lufkin & Jenrette Securities Corp.
(heute Credit Suisse First Boston) gründeten in aller Eile Risikokapi-
tal-Abteilungen – Goldman stellte im August 2000 einen Fonds über
5 Milliarden Dollar dafür bereit –, um Unternehmen auf dem Weg
zur Börse zu finanzieren.

Abgesehen vom Emissionsgeschäft engagieren sich die Investment-
Banker eifriger denn je zuvor bei Fusionen und ziehen daraus für die
Wertpapierhäuser große Gewinne. Auch hier sollte man weniger von
Marktwachstum als vielmehr von einer Explosion des Marktes sprechen. Mergerstat, Tochter der Investmentbank Houlihan, Lokey,
Howard & Zukin, Los Angeles, zählt für 1975 in den USA 2 297 Fusionen mit einem Gesamtvolumen von 11,8 Milliarden Dollar. 1985
waren es 3 001 Unternehmenszusammenschlüsse, deren Volumen bei
179,8 Milliarden Dollar lag, 1995 dann 3 510 Fusionen mit einem Volumen von 356 Milliarden Dollar. 1999 wurden 9 278 derartige Ab-

schlüsse im Wert von 1 428,1 Milliarden Dollar (oder 1,4 Billionen Dollar) gezählt. Seit der Deregulierung im Mai 1975 hat sich das Fusionsvolumen ungefähr um den Faktor 120 erhöht. Die Investment-Banker haben viele dieser Firmenehen arrangiert (meist die Elefanten-hochzeiten) und an den Gebühren oder den Aktien- und Anleihen-emissionen zur Finanzierung der Akquisitionen gut verdient.

Einer der Veteranen der Branche – Tom Weinberger, 57, Präsident von Sutro & Co. – beschreibt die Neuerungen im Wertpapiergeschäft so:»Man könnte sagen, die Branche hat sich verändert. Aber ich denke, es ist nicht mehr dieselbe Branche. Wir sind heute in erster Linie Kapitalbeschaffer und Unternehmensberater und nicht mehr Händler, die Aktienpakete hin- und herschieben.«

Ganz offensichtlich sind Privatanleger für die Underwriter unter den Wertpapierhandelshäusern nicht mehr die Hauptzielgruppe. Ihre Aufmerksamkeit gilt vielmehr Firmenkunden, die ihnen Aufträge für Emissionen, Fusionen und Übernahmen sowie lukrative, vor-börslich erworbene IPO-Aktien verschaffen, aber auch den großen Investmentfonds und anderen institutionellen Anlegern, die die Neuemissionen in ihr Depot nehmen oder Aktienpakete in einträg-lichen Größenordnungen kaufen und verkaufen.

Diese Blickpunktverschiebung hat zahlreiche Folgen. Zu den her-vorstechendsten gehört der für Aktienanalysten unausweichliche In-teressenkonflikt, der im nächsten Kapitel thematisiert wird.

Investmentfonds

Dass die Investmentfonds seit 1975 gewachsen sind, ist sattsam be-kannt und wurde von den Finanzmedien hinreichend ausführlich behandelt (nun ja, Investmentfonds gehören zu den wichtigsten An-zeigenkunden). Trotzdem lohnt es sich, die Geschichte kurz zu reka-pitulieren, denn wie beim Investment-Banking geht es auch hier nicht um bloßes Wachstum, sondern um Vorgänge, die den Charak-ter der Branche verändert haben.

1975 verwalteten Aktienfonds insgesamt 37,5 Milliarden Dollar. Diese Zahl hat das in New York ansässige Investment Company Institute ermittelt. Im Rückblick mag man es kaum glauben, aber die Branche war damals auf dem absteigenden Ast: In den siebziger Jahren standen die Börsen im Zeichen des Bären. Mit dem Bullenmarkt änderte sich die Lage dann, und bis 1985 wuchs die in Fonds angelegte Vermögenssumme auf 116,9 Milliarden Dollar an.

Bei den nächsten Schritten versagen die üblichen Superlative: 1995 waren 1,26 Billionen Dollar in Investmentfonds angelegt, bis 1998 sprang diese Zahl auf 2,98 Billionen Dollar, und Ende 2000 verwalteten die Fondsmanager 4,31 Billionen Dollar in Aktien- oder Mischfonds, verteilt auf ungefähr 3 800 verschiedene Fonds. Das Volumen der Aktienfonds hat sich zwischen 1975 und 2000 auf das *115fache* vergrößert. Rechnet man alle Fondsarten zusammen, also einschließlich Renten- und Geldmarktfonds, geboten die Fonds Ende 2000 über 6,97 Billionen Dollar.

Für den Zweck dieses Buches sind diese Größenordnungen vor allem deshalb interessant, weil ein Aktienanalyst solche Kunden schwerlich verprellen will und darf. Zusammen mit anderen Institutionen wie Versicherungen, Vermögensverwaltungen und Geldmanagern sind Fonds die wichtigsten Aktienbesitzer. Wenn sie handeln, geht es um Stückzahlen von 10 000, 100 000 oder einer Million Anteilen und mehr. Die großen Institutionen sind die bedeutsamsten, häufig auch die einzigen Abnehmer von Erstemissionen, Zweitemissionen und Anleihen. Und sie schätzen Verkaufsempfehlungen, die den Wert des Fondsvermögens schmälern, nicht sonderlich.

Noch ein Blick zurück in die alten Tage

Nicht nur Broker haben die Zeit vor 1975 in guter Erinnerung, auch viele Analysten. Zum Beispiel Stephen Koffler, der seit mehr als 30 Jahren im Umfeld der Börse arbeitet, häufig als Feuerwehrmann im

Dienst einer inzwischen ausgestorbenen Gattung von Wertpapierfirmen: dem »reinen Research-Haus«.

Koffler ist noch immer sportlich-schlank und von urbanem Charme – er verkörpert filmreif den Prototyp eines Investment-Bankers. Der Analyst begann seine Karriere 1968 bei Auerbach, Pollak & Richardson in New York. Das Unternehmen konzentrierte sich auf den Research-Bereich. »Wir gaben dicke, schwarz eingebundene Wälzer heraus, an denen wir monatelang arbeiteten«, erinnert sich Koffler. Er war Spezialist für die Flugzeugindustrie. Mit einem Ph. D. in Materialwissenschaften fiel ihm dieses Gebiet, in dem die Metallurgie eine wichtige Rolle spielte, sozusagen von selbst zu. »Wer unsere Berichte kaufte, bezahlte uns quasi über die Handelsaufträge«, erklärt er. »Die Kommissionen warfen genug ab, um den gesamten Research-Bereich zu tragen.«

Nach der Deregulierung weigerten sich die institutionellen Kunden hartnäckig, Gebühren in einer Höhe zu bezahlen, die die Unternehmensanalysen von Auerbach mit finanziert hätten. Ihnen waren die Berichte über Aktiengesellschaften und Branchen einfach nicht so viel wert, eine Einstellung, die bereits vor dem 1. Mai 1975 immer weiter um sich griff. Eine Umfrage des Magazins *Institutional Investor* kam 1974 zu dem Schluss, dass die institutionellen Aktienbesitzer nur 25 Prozent der Analysen nutzten, die ihnen die Wertpapierhäuser »kostenlos« zur Verfügung stellten, und dass sie weniger als 10 Prozent nutzen würden, wenn sie dafür extra bezahlen müssten.

Der Mangel an Begeisterung spiegelt vermutlich die Tatsache, dass kein noch so intelligenter, objektiver und akribisch arbeitender Analyst mit hinreichender Genauigkeit vorhersagen kann, wie sich der Markt oder eine bestimmte Aktie entwickeln wird. Burton G. Malkiel behauptet in seinem 1973 veröffentlichten Klassiker *A Random Walk Down Wall Street* (2000 auch auf Deutsch unter dem Titel *Börsenerfolg ist kein Zufall* erschienen), im Prinzip sei jede über ein Unternehmen bekannte Tatsache bereits im Kurs enthalten. Das heißt: Die künftige Performance hängt überwiegend von unbekannten Faktoren ab – was wiederum heißt, dass eine Vermutung so gut ist wie die andere, gleichgültig, wer die Vermutung äußert. Deswegen ist es so gut wie unmöglich, Indizes wie den Standard & Poor's 500 zu schlagen, und das ist auch der Grund, warum praktisch kein Investmentfonds oder Investor bisher den Markt auf Dauer übertrumpfen konnte. Malkiel sagt mit einem Schuss Ketzerei: »Nicht einmal der liebe Gott kennt das angemessene Kurs-Gewinn-Verhältnis einer Aktie.« (Was nicht ausschließt, dass südlichere Gottheiten das Geheimnis lüften könnten.)

Aus den verwirrenden Realitäten der Märkte schlossen institutionelle Aktienbesitzer vernünftigerweise, dass die Ausgaben für die Kauf- und Verkaufsempfehlungen der Aktienanalysten nicht gerechtfertigt waren. Ging es ganz konkret um die Auswahl gewinnträchtiger Aktien, lieferten pure Zufallsentscheidungen im Schnitt ebenso gute Ergebnisse. Jedenfalls wanderte das Aktienpublikum nach 1975 geschlossen zu preiswerteren Transaktionsmöglichkeiten ab, und Häuser mit starken Research-Abteilungen wie Auerbach, Pollak & Richardson entsorgten sich selbst auf die Müllhalde der Geschichte. Oder mit den Worten des Vorsitzenden der Securities Industry Association Jeffrey Schaefer: »Der Niedergang des auf Analysen spezialisierten Wertpapierhauses war rapide und unübersehbar.« Wer auf Investment-Banking verzichtete, konnte sich nicht über Wasser halten.

Die schöne neue Welt deregulierter Tarife mit ihrem Akzent auf dem Investment-Banking führte zu neuen – unangenehmen – Ansprüchen gegenüber den »hauseigenen« Aktienanalysten. Als die siebziger Jahre ausgeklungen waren, sahen sich die Research-Mitarbeiter nicht mehr mit dem Zorn oder der Zufriedenheit von Brokern und Anlegern konfrontiert. Stattdessen heizten ihnen die Kollegen vom Investmentbereich ein.

Dort wurde jetzt das große Geld verdient, und wer die Kapelle bezahlt, der bestimmt auch die Musik. Und welche AG würde ihre Börseneinführung einem Haus anvertrauen, dessen Analysten die Aktie mit einem »Verkaufen« oder höchstens mit einem »Halten« bedenken?

Die SEC wurde bereits 1936 von der Sorge über den immanenten Interessenkonflikt zwischen Handels- und Investmentabteilung eines Finanzinstituts umgetrieben. Mit Blick auf den Widerspruch zwischen den Anforderungen der Kapitalbeschaffung für Unternehmen und den Treuhänderpflichten gegenüber den Kunden im Aktienhandel spielte die Kommission sogar mit dem Gedanken, die Wertpapierhäuser vom Emissionsgeschäft auszuschließen. O-Ton 1940: »Der Underwriter ist realistisch betrachtet ein Verkäufer.«[10] Letzten Endes wurde jedoch nichts in diesem Sinn unternommen.

Wenn demnach heute ein bei einem Wertpapierhaus angestellter Analyst ein Unternehmen zurückhaltend bis schlecht bewerten will und über seine Schulter schaut, stehen da nicht Broker und Anleger, sondern Investment-Banker mit ihren hochprofitablen Firmenkunden. Und wenn unser Analyst über die andere Schulter schaut, sieht er die institutionellen Investoren, die ein Verkaufssignal auf Aktien in ihrem Portfolio überhaupt nicht schätzen – und diese Großkunden sind, wie schon gesagt, wichtige Abnehmer für Erst- und Zweitemissionen und Anleihen. Institutionelle wie die Investmentfonds sind in den neunziger Jahren enorm gewachsen, was ihnen Macht über die Wertpapierhäuser verleiht und zu diversen Allianzen geführt hat.

Koffler hat den Absprung in die Investment-Banking-Abteilung gerade rechtzeitig geschafft. »Auf den Analysten lastet heute ein viel stärkerer Druck als vor 1975. Sie sollen sich über ein Unternehmen positiv äußern und Verkaufsempfehlungen meiden, vor allem zu Aktien, die von der Investmentabteilung betreut werden. Die Research-Abteilung ist angeblich unabhängig, aber man kann sich das eigentlich nicht vorstellen.«

Diese alltäglichen Fakten dominieren auch da, wo einst der Schwerpunkt auf dem Wertpapierhandel lag. Nehmen wir A. G. Edwards, heute das viertgrößte Wertpapierhaus der USA mit ungefähr 6 500 angestellten Brokern. Jahrzehntelang galt es als eines der »seriöseren« Unternehmen im Börsengeschäft, nicht zu vergleichen mit den schmierigen Hinterhofbüros und selbst den Giganten wie Prudential oder PaineWebber eine Nasenlänge voraus. Selbst der Firmensitz in St. Louis schien für eine gediegene Distanz zu den Haien aus New York zu sprechen. Es wurde nie als mächtiges Investmenthaus gesehen.

Aber als sich das Jahrhundert neigte und ein neues begann, leitete Rod Essen als Vorstandsvorsitzender die Investment-Banking-Niederlassung von A. G. Edwards in Los Angeles. Zu seinem Job gehört es, an der Westküste Wachstumsunternehmen aufzuspüren, die vielleicht einmal an die Börse wollen – also ein IPO benötigen, das A. G. Edwards für sie abwickeln könnte, mit allen daraus sprudelnden Gebühren und den Gewinnmitnahmen aus vorbörslich erworbenen Papieren. Essen bahnt diese Art von Geschäften an, indem er versucht, möglichst früh einen Fuß in der Tür zu haben, üblicherweise indem er solchen Unternehmen bereits vor dem Börsengang bei der Beschaffung von privatem Beteiligungskapital hilft.

Womit gewinnt Essen ein viel versprechendes junges Unternehmen für A. G. Edwards? Wie überzeugt er institutionelle Investoren, dass sich die Beteiligung an einer Privatplatzierung lohnt? Essen hat einen Trumpf im Ärmel: Er erzählt Firmeninhabern wie Investoren, er könne mehr oder weniger zusichern, dass die Research-Abteilung von A. G. Edwards im Fall eines Börsengangs über das betreffende Unternehmen berichten werde, sprich: Ein Analyst werde seine Erfolge aufzeichnen und regelmäßig Berichte und Empfehlungen für die Aktie herausgeben.

Das ist ein wirksames Versprechen, denn die Analysten der Wall Street beachten nur eine Minderheit der über 8 000 in den Vereinigten Staaten von Amerika börsennotierten Unternehmen. Analystenberichte aber geben den Ausschlag. Ein Unternehmen, über das nicht berichtet wird, ist praktisch nicht existent. Selbst wirklich solide, wenn auch kleine Aktiengesellschaften werden, solange sich kein Analyst ihrer annimmt, zu einem wesentlich niedrigeren Kurs-Gewinn-Verhältnis gehandelt als die Standardwerte. Ende 2000 wurde für diesen häufigen Unternehmenstypus der Begriff »Waisenwert« – *orphan stock* – geprägt.

Essens Versprechen bietet nicht nur den Gründern die Aussicht, dass ihre Mühen am Markt beachtet (und wahrscheinlich belohnt) werden. Darüber hinaus eröffnet es den institutionellen Investoren, die sich an einer Privatplatzierung vor dem Börsengang beteiligen, eine »Ausstiegsstrategie«. Nach dem von A. G. Edwards betreuten

IPO können die Kapitalgeber der ersten Stunde ihren Anteil veräußern. Gewöhnlich bewegt sich der Erlös bei einem Vielfachen des ursprünglich angelegten Geldes. »Ten-Baggers« nennen die Investment-Banker Gewinne von über 1 000 Prozent, angelehnt an den Baseball-Jargon, in dem ein »single« 100 Prozent bringt und ein »home run« 400 Prozent.

Der Analyst kann sich diesen Erwartungen nicht entziehen. Was, wenn ihre oder seine Analyse ergibt, dass das Unternehmen nicht so traumhaft ist, wie es alle gern sehen würden? Dann würde der Bericht die Platzierung der Erstemission torpedieren, das Wertpapierhaus verlöre Millionen Dollar an Einnahmen, die Investment-Banker hätten Zeit und Mühe verschwendet, ganz zu schweigen von den Verlusten der institutionellen Investoren und der Wut der Firmengründer.

Selbst Benjamin Edwards III., Abkömmling der A. G. Edwards-Dynastie, druckst sich um dieses Dilemma herum. »Jeder Analyst tut sich schwer mit der Objektivität, wenn die Klienten im Vordergrund stehen«, gibt er zu. »Wenn es nach ihnen geht, sollten wir stets optimistische Haussiers sein.«

Folge sei, sagt er, dass Edwards-Analysten, die sich in einer solchen Situation querstellen, trotz aller stolz hochgehaltenen Integrität des Hauses um eine Erklärung ihrer Handlungsweise gebeten werden. »Unsere Analysten arbeiten Hand in Hand mit den Investment-Bankern«, erklärt Edwards. »Wir beraumen eine Sitzung an und fragen den Analysten oder die Analystin: ›. . . Sind Sie sicher, dass Sie keine Ressentiments gegen irgendjemanden hegen?‹«

Das nächste Kapitel zeigt, dass sich diese Realität durch die gesamte Branche zieht. Selbst in altehrwürdigen Firmen wie A. G. Edwards sitzen die Investment-Banker am Steuer, während die Börsenmakler – die einstigen ›customers' men‹ – geduldete Beifahrer sind. Das gilt auch für die Aktienanalysten. Sie werden zunehmend in eine Rolle gedrängt, die wenig mit klarsichtigen Urteilen und viel mit dem verklärten Blick des Verkäufers zu tun hat.

Kapitel 3

Unhaltbare Beziehungen

Jahrelang schufteten diese [Aktien-]Analysten mehr oder weniger im Verborgenen, schrieben Berichte über Unternehmen oder Branchen, ermittelten den voraussichtlichen Gewinn und empfahlen Aktien, die Investoren kaufen oder verkaufen sollten.

Für die neunziger Jahre gilt das nicht mehr. Der Aufschwung an der Wall Street – als die Wertpapierhäuser so vielen amerikanischen Unternehmen wie nie zuvor Fusionen oder Börsengänge empfahlen – hat die Rolle der Analysten verändert. Statt Aktien einfach nur zu beurteilen, fiel ihnen immer häufiger die Aufgabe zu, Aktien zu bewerben. Die Versuchung ist groß: Protegiert ein Analyst massiv eine bestimmte Aktie, wachsen die Chancen des Wertpapierhauses auf einen Beratervertrag einschließlich der satten Honorare, die dafür gezahlt werden. Heute stehen Analysten im Rampenlicht und erhalten Boni von mehreren hunderttausend Dollar, wenn sie einen großen Emissionsauftrag hereinholen. Eine negative Beurteilung, und das entsprechende Effektenhaus ist unter Umständen aus dem Rennen.

Ergebnis: Viele Analysten konzentrieren sich auf die Einfädelung von Investment-Banking-Aufträgen. Unabhängige Aktienempfehlungen sind passé. Diese Entwicklung hat sich in den letzten Jahren beschleunigt, denn wenn Aktien nur noch zu steigen scheinen, sinkt der Wert der Fundamentalanalyse. Aktienmarketing heißt die Devise, wenn Analysten den Investment-Bankern assistieren und die Investment-Banker als Cheerleader ihres Hauses Firmenkunden werben.

The Wall Street Journal, 18. Mai 1998

Es gehört zu den großen Ironien der zeitgenössischen Börse: Die Analysten hatten kaum den grünen Augenschirm abgelegt und die Flöte angesetzt, um die Investment-Banker zu begleiten, da wurden sie auch schon berühmt, häufig zitiert, besser bezahlt – und heftig von Aktiengesellschaften oder Unternehmen, die an die Börse wollten, umworben.

Der Wirtschaftssender Bloomberg News beauftragte nicht etwa einen Reporter mit der Berichterstattung über Analystenmeinungen, nein, eine ganze Abteilung verfolgt deren Ratschläge und bereitet sie für die Ausstrahlung auf. Das wirft ein Schlaglicht auf die nackten Tatsachen des spekulativen Marktes Ende der neunziger Jahre: Wachstumsfirmen, Internet-Start-ups und Möchtegern-IPOs wollen oder fordern Anerkennung von den neuen Claqueuren der Wall Street. Bestehende Unternehmen wollen Berichterstattung über und ein Kaufsignal für ihre Aktie. Bereits in den Medien präsente Unternehmen erwarten die Übermittlung neuer Gewinnerwartungen nebst zwei, drei wohlwollenden Worten. Mit Fernsehkanälen, die Analystenempfehlungen als Nachricht vermarkten, TV-Sprechern und -Sprecherinnen, deren Frisuren beim Verlesen der Meldungen anerkennend mitwippen, und dem World Wide Web, das Prognosen im Nu an Millionen Anleger übermittelt, haben die Aktienanalysten einen Einfluss gewonnen, den sie sich wenige Jahre zuvor kaum hätten vorstellen können.

Bloomberg und das auf Analysten spezialisierte Journalistenteam bestätigen eine weitere Tatsache an den Finanzmärkten der neunziger Jahre: Aktienanalysten können im Verbund mit den Handelsabteilungen und den Brokern ihrer Häuser eine Aktie bewegen, wenigstens für eine gewisse Zeit. Normalerweise werden die Investmentfonds informiert, bevor eine Kaufempfehlung über den Äther geht, und deren Manager können rechtzeitig Pakete der protegierten Aktie erwerben. Oder die Handelsabteilung hortet eine bestimmte Aktie, bevor ein angesehener Analyst sie empfiehlt. Die Praxis ist legal und extrem lukrativ und befriedigt als Produkt gefasst eine Kundennachfrage. Wie immer man dazu steht: Analystenäußerungen sind Nachrichten.

»Es ist klar, dass die Investmentfonds vorab einen Tipp bekommen«, sagt Mark Hulbert, Kolumnist der *New York Times* und Gründer von *Hulbert's Financial Digest,* einem in Alexandria, Virginia, erscheinenden Börsenbrief mit Rating-Service. »Der Kurs einer Aktie steigt vor einer großen Kaufempfehlung regelmäßig leicht an, und das bei hohen Stückzahlen pro Order. Es ist ein Marktereignis. Es ist eine Nachricht.«[1]

Die neue Generation

Die Dynamik, die durch die spekulative Börse der späten neunziger Jahre ausgelöst wurde, lässt sich an zwei der »heißesten« Internet-Analysten gut illustrieren: Henry Blodget von Merrill Lynch und Mary Meeker von Morgan Stanley Dean Witter, beide Mitte dreißig, beide Zahlenfresser – oder wäre Traumtänzer eine treffendere Bezeichnung? –, beide in dem Ruf, mit geradezu magischen Kräften eine Aktie auf Erfolg zu polen. John Cassidy schrieb im *New Yorker*, beide hätten die (wie sich herausstellte, flüchtige) Fähigkeit, einen massiv investierten Unternehmer auf dem Weg zur Börse »der Milliardenschwelle« näher zu bringen. Doch weder Blodget noch Meeker glaubten an den Wert vieler Unternehmen, deren Vermögen sie mehrten.

Henry Blodget studierte Geschichte in Yale, schloss 1988 als Undergraduate ab, unterrichtete ein Jahr lang Englisch in Japan, schrieb ein Buch über seine Erfahrungen, das er wohl für bedeutsam hielt, denn er suchte ein halbes Jahr lang erfolglos nach einem Verlag. Dann jobbte er als Reporter bei CNN Business News (ein exzellentes Training, wie sich zeigen sollte) und durchlief 1994 einen Kurs für angehende Investment-Banker bei der Prudential Securities. 1996, nach zwei Jahren Wall Street, wurde er bei CIBC Oppenheimer als Analyst eingestellt. Er hat nie ein Unternehmen geführt, keinen Fonds verwaltet, kein Wirtschaftsprüfer-Diplom, nicht einmal einen MBA. Er hat noch keine Baisse erlebt, nur die Schönwetter-Börse.

Aber das interessierte niemanden. Wie so viele der »neuen« Analysten hatte Blodget ein Händchen für die Medien, und CIBC Oppenheimer war eine gute Adresse. Die Firma mochte nicht zur ersten Garde zählen, war aber mit 630 Brokern und einer angesehenen Investmentabteilung auch keine Klitsche. Rhetorisch geschickt und engagiert, wie er war, erschien Blodget mindestens einmal wöchentlich auf dem Bildschirm, flötete zugunsten dieser oder jener Aktie und plauderte mehr oder weniger täglich mit diesem oder jenem Journalisten. So und nicht anders sieht das Anforderungsprofil eines erfolgreichen Analysten aus.

Im Dezember 1998 hatte Blodget seinen Durchbruch. Er berichtete über den Überflieger unter den Aktien schlechthin, Amazon.com. Damals stand der Online-Buchhändler am Beginn seines langfristigen Vorhabens, neben Gedrucktem auch andere Artikel elektronisch zu verkaufen. Zweifler vermuteten, dass das Kerngeschäft schwach lief und Amazon deswegen in andere Bereiche auswich.

Amazon agierte noch tief in den roten Zahlen, und selbst die optimistischsten Analysten gingen davon aus, dass sich dieser Zustand frühestens binnen fünf Jahren ändern würde. Trotzdem schwebte der Kurs mit 243 Dollar je Anteil in der Stratosphäre und sicherte dem jungen Web-Unternehmen eine Marktkapitalisierung von 27,3 Milliarden Dollar (Zahl der umlaufenden Aktien, multipliziert mit dem Kurs; der Wert, den die Anleger dem Unternehmen beimessen). Diese Zahl löste damals an der Wall Street kaum ein Wimpernzucken aus, obwohl die Ziffern in mehr als einer Hinsicht hätten erstaunen müssen. Amazon schloss 1998 bei einem Umsatz von 610 Millionen Dollar mit einem Verlust von 124,5 Millionen Dollar ab. Die Aktie wurde also mit dem 45fachen des Umsatzes gehandelt; die eigentlich übliche Kennziffer – das x-fache des Gewinns – ließ sich mangels Gewinn nicht angeben. (Das bedeutet, Amazons Marktkapitalisierung von 27,3 Milliarden Dollar entsprach dem 45fachen des Umsatzes. Für Unternehmen der »old economy« war das 15fache des *Gewinns* normal.)

Angesichts dieser Zahlen sah niemand, wirklich niemand voraus, was Blodget am 16. Dezember 1998 sagen würde. Er nahm am allmorgendlichen Ritual teil, bei dem sich die New Yorker Broker von CIBC Oppenheimer im Auditorium versammelten, während die außerhalb der Stadt arbeitenden Makler akustisch zugeschaltet waren, und verkündete den sprachlosen Kollegen, Amazon würde 1999 seiner Einschätzung nach über die 400-Dollar-Marke klettern. Das war kein Flötenton mehr, Blodget griff voll in die Saiten einer E-Gitarre, den Lautstärkeregler bis zum Anschlag aufgedreht.

Aktienmakler sind ein ziemlich blasiertes Volk, vor allem gegenüber den allmorgendlich präsentierten Prognosen. Die alten Hasen haben Tausende von Vorhersagen gehört, und jeder, der länger im Geschäft ist, weiß, dass man solche Einschätzungen nicht für bare Münze zu nehmen hat.

Doch in diesem Fall half das sprichwörtliche Salzkörnchen nicht viel weiter. Zwei Monate zuvor hatte Blodget für Amazon ein Kursziel von 150 Dollar genannt. Jetzt korrigierte er sich um das Dreifache nach oben – und prognostizierte trotz anhaltender Verluste eine Marktkapitalisierung von 45 Milliarden Dollar. »Mein Gott, der geht aber ran«, hörte man einen Broker im CIBC-Auditorium nach Luft schnappen. (Nur zum Vergleich: Die Marktkapitalisierung des zweitgrößten Pkw- und Lkw-Herstellers der Welt, Ford Motor Co., erreichte um diese Zeit nach einem hervorragenden Jahr mit 144,4 Milliarden Dollar Umsatz und einem Nettogewinn von 6,1 Milliarden Dollar den Betrag von 72 Milliarden Dollar.)

Innerhalb von zwei Stunden nach Blodgets berühmtem Weckruf liefen die Drähte mit Berichten von seiner Prognose heiß und die Chat-Räume füllten sich mit Kommentaren. An diesem Tag bekam Blodget über 100 telefonische Anfragen, ein Drittel von Maklern, der Rest von Klienten und Presseleuten – darunter der Wirtschaftsnachrichtensender CNNfn, der ihn live interviewte.

Der Kursanstieg begann fast unmittelbar nach der CICB-Oppenheimer-Morgensitzung in der City. Unaufhaltsam kletterte die Aktie, obwohl Blodget eine Erklärung nachschob, er erwarte den Anstieg auf 400 Dollar innerhalb von zwölf Monaten, nicht innerhalb von zwölf Stunden. Mit der Glocke schloss Amazon bei 301,75 Dollar und damit fast 25 Prozent höher als am Vortag. Die Marktkapitalisierung war um 6,6 Milliarden Dollar gewachsen, ohne dass das Unternehmen irgendetwas unternommen hätte. Die Fundamentaldaten hatten sich nicht geändert, es gab keinen Vorfall, nur Henry Blodgets optimistische Prognose. Blodget war einen Tag lang der 6-Milliarden-Dollar-Mann.

Nicht jeder teilte Blodgets Begeisterung für Amazon. Der prominenteste Skeptiker war Jonathan Cohen, leitender Internet-Analyst bei Merrill Lynch, in vielerlei Hinsicht und besonders in Bezug auf diese spezielle Aktie ein Vertreter der alten Schule. Er wollte wenigstens Anzeichen für schwarze Zahlen sehen, konkrete Hinweise auf Amazons Lebensfähigkeit.

Cohens Ansicht nach konnte sich das trügerische Versprechen künftiger Gewinne schnell zum Albtraum entwickeln – fünf Jahre sind lang. Ende der siebziger Jahre etwa hatten ernsthafte Beobachter prophezeit, der Ölpreis würde von damals 40 Dollar binnen eines Jahrzehnts auf 100 Dollar je Barrel steigen. Stattdessen blieb die Verknappung des Angebots aus, und das schwarze Gold wurde mit 10 Dollar je Barrel gehandelt. (Allerdings stieg der Preis 1999/2000 tatsächlich wieder.)

Oder denken Sie an die Hysterie um das Tele-Shopping, in die sogar Pop-Ikonen wie Diane von Fürstenberg (eine belgisch-amerikanische Modeschöpferin) und der Medienmogul Barry Diller hineingezogen wurden. Die Amerikaner, so hieß es in den achtziger Jahren, würden vor dem Fernseher einem Kaufrausch erliegen; Qualitätsprobleme seien kein Thema, schließlich stünden bekannte Marken hinter den Angeboten.

In Cohens Augen war Amazon.com schon mit 50 Dollar je Anteil überteuert, ganz zu schweigen von 150 oder 300 Dollar. Entsprechend riet er den Anlegern, ihre Bestände zu reduzieren, während das Kurslimit Blodget zufolge nach oben hin offen war. Cohen wagte sich mit dem »Reduzieren« so nahe wie an der Wall Street möglich an das quasi radioaktiv verseuchte Wort »verkaufen« heran.

Cohen und Blodget lagen mit ihren Einschätzungen nicht so weit auseinander, wie es den Anschein hat. Blodget bestritt mitnichten Cohens Argument, Amazon sei noch weit von einem nachgewiesenermaßen lebensfähigen Geschäftsmodell entfernt. An konventionellen Maßstäben gemessen sei Amazon vermutlich um die 30 Dollar je Anteil wert, sagte Blodget im Mai 1999 zu Joseph Nocera, der ihn für *Fortune* interviewte. Im Gegensatz zu Cohen schrieb der blondgelockte Blodget diesem Umstand jedoch nicht allzu viel Bedeutung zu: »Aktien steigen und fallen nicht wegen ihres ›Wertes‹, sondern weil die Anleger sie kaufen oder verkaufen.«

Und Blodget hatte es bis zu einem gewissen Grad in der Hand, was die Anleger kaufen oder verkaufen wollten. Schließlich wusste er ein großes Wertpapierhaus hinter sich, das Hunderte von Milliarden Dollar in Depots verwahrte, eine große Handelsabteilung betrieb und Beziehungen zu riesigen Investmentfonds pflegte.

Nocera hielt Blodget für einen »Dünnbrettbohrer«, einen typischen Vertreter der seichten Einsichten, die die Wall Street während der Dot-com-Manie als Erkenntnisse handelte. »Wenn man genau hinhört«, schrieb Nocera, »sagt Blodget, man müsse Internet-Aktien kaufen, weil andere sie auch kaufen. Mit anderen Worten, Blodgets Analyse ist selbst Teil der Blase.«

Vielleicht, wahrscheinlich, und möglicherweise sogar mit Sicherheit. Aber Blodget rief, und die Aktie kam. Amazon sollte die 400-Dollar-Marke tatsächlich erreichen.

Die Geschichte – oder zumindest die Light-Version der Geschichte – bestätigte Blodget schneller, als er selbst es sich hätte träumen lassen. Am 6. Januar 1999, drei Wochen nach seiner optimistischen Prognose, ließ Amazon, berücksichtigt man den zwischenzeitlich stattgefundenen 3:1-Split, die 400-Dollar-Marke hinter sich und schloss bei 138 Dollar – was 414 Dollar vor dem Split entsprach. Die Buchhandlung erreichte im Cyberspace eine Marktkapitalisierung von 50 Milliarden Dollar. Wer behauptet, die Amerikaner würden keine Bücher lesen? Wall Street jedenfalls nicht. Die Börse verabscheut Neinsager, und wenn ein Neinsager einmal irrt, sitzt er draußen. Nach Amazons dreiwöchigem Sternenritt feuerte Merrill Lynch seinen leitenden Internet-Analysten, Cohen. Der Nachfolger? Henry Blodget.

Warum heuerte Merrill Lynch Blodget an? Es ist nicht zu leugnen, dass seine Prognose stimmte. Mochte Amazon auch die Gesetze der Anlegerphysik verletzen, Tatsache ist Tatsache. Blodgets Kursziel lag näher am Preis für die Aktie als Cohens, wenigstens kurzfristig, und mehr interessiert die Börse nicht. Sirenen haben an der Wall Street von heute gute Karrierechancen, vorausgesetzt, sie bringen die betörten Investoren auf Trab.

Blodgets Amazon-Prognose trieb sein Ansehen in noch luftigere Höhen als den Kurs der Aktie. Seine beherzte Äußerung bewahrheitete sich nicht nur mit unglaublicher Geschwindigkeit, er schien selbst mit einem kleineren Haus wie CIBC Oppenheimer hinter sich den Pep, das Timing und die Ausstrahlung zu haben, um Kurse zu bewegen. Kaum auszudenken, was er im Dienst eines der großen Häuser würde leisten können!

Auf diese Weise wurde Blodget zum Superstar der Wall Street, zu einem der heißesten Internet-Analysten überhaupt. Eine aggressive Kaufempfehlung aus seinem Munde ließ die betreffende Aktie in den Himmel schießen. Er hatte Einfluss, Macht, Muskeln, die große Flöte – exakt das, was Investment-Banker benötigen, die bei den Internet-Firmen auf Kundenfang sind. Für ein Unternehmen, das an der Börse Kapital aufnehmen will, zählt wenig mehr als der positive Bericht eines renommierten Analysten – eines Analysten, dessen Flötenspiel die Kurse in steilen Serpentinen nach oben treibt, unbeschwert von irdischen Sorgen wie Nettogewinn oder Umsatz. Deswegen entschied sich Merrill Lynch für Blodget.

Es gab einen zweiten Grund. Merrill wollte Morgan Stanley Dean Witter etwas entgegensetzen und dem Konkurrenten die Herrschaft über das Internet-Meer entreißen. Bisher war Mary Meeker die Star-Analystin des E-Business, Morgan Stanley brachte dank ihres Ruhms ein Unternehmen nach dem anderen an die Börse. Merrill Lynch wollte sich ein ordentliches Stück von diesem Kuchen abschneiden.

MARY MEEKER IST EIN PAAR JAHRE älter als Blodget, der seine Stelle bei Merrill Lynch mit 33 antrat. Ihre Karriere begann 1986 bei Salomon Bros. als Junior-Analystin für die Computerbranche. Nach einem kurzen Zwischenspiel bei Cowen & Co. kam Mary Meeker 1991 zu Morgan Stanley. Früh vom World Wide Web begeistert, prophezeite sie, das Internet würde Millionen amerikanischer Haushalte und Büros erobern, sobald Bill Gates das neue Spielzeug auch an die Massen verkaufte. Noch heute sprechen Anleger mit Hochachtung von ihrem ersten Bericht über die Zukunft des Internet –

mehrere hundert Seiten stark, eine vor 1975 durchaus übliche Länge, die inzwischen als echte Heldentat galt. Mitte der neunziger Jahre, Hand aufs Herz, beeinflussten ihre Internet-Analysen Wall Street mehr als alles andere.

Mary Meeker hat die prinzipielle Absurdität der Internetaktien nie geleugnet. Im Januar 1999 gab sie einen Bericht mit vorsichtigen Anmerkungen zu diesem Punkt heraus. Der Markt reagierte mit mehrwöchiger Erschütterung – und diese war sowohl Börsengängen als auch den Zeichnern der von Morgan Stanley betreuten Erstemissionen abträglich. Seither beschränkte sich Meeker auf Kaufempfehlungen, getreu der auch von Blodget beherzigten Devise, dass die starke Nachfrage die Internetaktien beständig höher treiben werde. »Der Kurs steigt oder fällt abhängig von Geldströmen viel schneller als aufgrund der Fundamentaldaten«, sagte sie.[2] Will heißen: »Ich habe genug Makler und Beziehungen zu Fondsmanagern, um den Markt zu bewegen. Meine Autorität ist so gut wie jede andere. Wenn ich sage: ›Kaufen‹, dann steigt der Kurs.«

Morgan Stanley wurde – angesichts von Meekers häufigen Kaufempfehlungen im Internetsektor wenig überraschend – zum größten Underwriter für Web-AGs. Bis Mitte 1999 hatte das Wertpapierhaus zwölf Vorhaben dieser Art abgeschlossen und viele weitere in Vorbereitung. Morgan Stanley war die erste Adresse für Internetaktien, und das Internet war das »heißeste«, interessanteste Marktsegment überhaupt – Makler-Nirwana im Stil der Neunziger.

Die Investment-Banker von Morgan Stanley wussten, dass sie ihre beherrschende Stellung im Internet-Segment zum größten Teil der Allianz mit Meeker verdankten. Für kapitalhungrige Unternehmen war die Aussicht, eine derart einflussreiche Analystin »auf ihrer Seite« zu haben, unwiderstehlich. Betrachten wir zum Beispiel die Erstausgabe der Priceline.com-Aktie. Ende 1998 veranstaltete der in Connecticut ansässige Online-Händler für Billigwaren und -dienstleistungen eine Art Misswahl unter den Underwritern. Als erster Preis winkte der Vertragsabschluss über das Initial Public Offering (kurz IPO, den Börsengang) des Unternehmens.

Früher hätten Aktienanalysten bei solchen schlüpfrigen Manövern nichts verloren gehabt. Klienten unter den Wirtschaftsführern zu gewinnen war allein Sache der Investment-Banker, und sie gewannen aufgrund ihres Rufs, Effektenemissionen gut zu organisieren. Analysten spielten keine Rolle. Noch in den achtziger Jahren schauten die Broker stur geradeaus, wenn jemand die »Chinesische Mauer« zwischen Investment-Banking und Aktienhandel überschreiten wollte.

Vorbei, verjährt. Priceline hielt nach der besten Berichterstattung durch Analysten Ausschau, und so kam für sie nur Mary Meeker in Frage. Die Unterhändler wendeten sich keineswegs an die Investmentabteilung von Morgan Stanley, sondern riefen im Sommer 1998 direkt die Analystin an!

Als Priceline Morgan Stanley die Emission anvertraute, stellte das Unternehmen überdeutlich heraus, dass nicht die ehrwürdige Vergangenheit des Hauses, sondern die gefragte Internet-Analystin Meeker den Ausschlag gegeben hatte. »Wir halten Mary einfach für die Beste«, erklärte der CEO von Priceline, Richard Braddock. »Nach diesem Kriterium haben wir uns für Morgan Stanley entschieden.«

Braddocks Vertrauen in Meeker war (kurzfristig jedenfalls) gerechtfertigt. Der Ausgabepreis von Priceline.com lag bei 16 Dollar, 10 Millionen Anteile oder 7 Prozent des Gesamtvolumens wurden emittiert. Mit Aufnahme des Handels schnellte der Kurs auf 85 Dollar, der erste Handelstag ergab eine Marktkapitalisierung von 11 Milliarden Dollar. Priceline.com war weniger als ein Jahr zuvor gegründet worden, schrieb bei Einnahmen von 35 Millionen Dollar 114 Millionen Dollar Verlust und agierte in einem Segment, in dem es vor Wettbewerbern praktisch vollkommen ungeschützt war. Meeker empfahl die Aktie einen Monat nach dem Börsengang zum Kauf; Mitte 1999 steuerte der Kurs auf 170 Dollar zu, was einer Marktkapitalisierung von ungefähr 22 Milliarden Dollar entspricht. Das Unternehmen hat auch 2001 noch keinen Cent verdient.

Mimikri der Moden

Amerikanische Verbraucher lernen von Kindesbeinen an, dass kommerziell erfolgreiche Produkte imitiert werden. Wenn ein bestimmter Jeansschnitt modern wird, können sie Hosen kaufen, die dem Original bis in kleinste Detail nachempfunden sind; zieht ein Film wie *Gladiator* die Massen an, so überfluten wenig später blutrünstige, kraftmeierische Schwert-und-Sandalen-Streifen den Markt fürs Kabelfernsehen.

Die Wall Street zeigte Ende der neunziger Jahre Hollywood und den Modemachern, was eine Harke ist: Weniger renommierte Analysten aus zweitklassigen Wertpapierhäusern betätigten sich ebenfalls als Marktschreier für die Aktien, die die zugehörige Investmentabteilung an die Börse brachte, immer hübsch in den Fußstapfen von Blodget und Meeker.

Thomas Bock, 28 Jahre, gelernter Fernmeldetechniker, nun Internet-Analyst für SG Cowen, London, sah das Kursziel von QXL.com zum Beispiel binnen zwei Jahren bei 333 Dollar. SG Cowen hatte den Börsengang von QXL.com betreut, die Aktie dümpelte um die 20 Dollar, bis Bock seine Mutmaßungen publizierte.

Bocks Prognose war bewundernswert effizient: Der Kurs schnellte innerhalb eines Tages auf über 117 Dollar. Gewinnmitnahmen drückten ihn wieder auf 52 Dollar. Nachrichten von QXL.com hatte es, abgesehen von Bocks Aussage, an diesem Tag nicht gegeben.

Erwähnenswertes Detail: Es war Bocks erste Empfehlung, seit er einen Monat zuvor bei SG Cowen eingestellt worden war. Bis dahin hatte er in Amherst im Hauptfach Politik studiert. QXL.com würde in Europa ähnlich erfolgreich sein wie der Online-Auktionator eBay in Amerika, sagte Bock. »Wir sehen uns im Moment nicht den Gewinn oder den Umsatz an«, erläuterte er dem *Wall Street Journal*. »Wir schauen nur auf den Markt und den möglichen Marktanteil.« Der damals aktuelle Quartalsbericht von QXL.com bezifferte den Umsatz auf 2,5 Millionen Dollar und die Verluste auf 61,4 Millionen Dollar vor Steuern. Vor 2003 würde das Unternehmen nicht die Gewinnzone erreichen, schätzte Bock, und das stimmte höchstens im günstigsten Fall. Bock verwies zum Beweis auf seinen »ausführlichen« 28-seitigen Unternehmensbericht: Die Marktkapitalisierung von eBay lag schließlich bei 25 Milliarden Dollar, warum sollte QXL.com das nicht auch schaffen?

Das *Wall Street Journal* kommentierte: »Besonders gefreut hat sich sicher eine Gruppe über den Anstieg: die Altaktionäre von QXL. Nächste Woche läuft die im Emissionsvertrag festgehaltene Verkaufssperre aus, die Risikokapitalgeber dürfen dann ihre Anteile verkaufen ...«

Scott Sipperelle, Mitgründer von Midtown Research in New York, sagte dem Blatt: »Aggressive Kursziele werden beachtet und erweisen sich mitunter als sich selbst erfüllende Prophezeiungen ... Bleibt die Frage, warum die Anleger darauf hören.«

Leben und Sterben am Gängelband des Stars

Natürlich schlägt das System der Stars im Investment-Banking mitunter zurück. Es genügt nicht, wenn der Underwriter dem Firmenkunden lediglich verspricht, dass der Analyst die Aktie in gewohnt himmelstürmender Weise bewerten werde. Der Analyst muss dann auch spuren.

Eine Erfahrung, die Morgan Stanley im Mai 1999 zuteil wurde: Es war wenige Tage, bevor die obligatorische Road Show beginnen sollte, bei der die Manager des Unternehmens Nextcard Inc. kreuz und quer durch die Staaten reisen würden, um Investoren für ihr Unternehmen zu begeistern. Mitten in den Verhandlungen über den 65 Millionen Dollar schweren Börsengang des Online-Kreditkartenanbieters wurde Morgan Stanley als Konsortialführer eiskalt abserviert und durch Donaldson, Lufkin & Jenrette Securities Corp. ersetzt. Es lag nicht an der mangelnden Überzeugungskraft der Investment-Banker, die Preisspanne stimmte und auch die Gebühren hielten sich im Rahmen. Nein, die Investmentabteilung von Morgan Stanley traf keine Schuld.

Nextcard hatte vielmehr das Gefühl, dass Mary Meeker nicht ausreichend in das Verfahren einbezogen wurde. Sie fehle bei Meetings, beschwerte man sich, sie gehöre nicht zum inneren Zirkel der Entscheidungsträger. Deswegen ließ man Morgan Stanley fallen. »Morgan hat das zugesagte Leistungsniveau nicht eingehalten«, vertraute eine Nextcard-Quelle damals einem Journalisten an. Morgan Stanley verlor satte Emissionsgebühren und noch sattere Margen durch den Verkauf der zu emittierenden Aktien vor dem offiziellen Börsengang.[3]

Abgesehen von dem Seitenhieb, dass man Underwriter ebenso schnell wechseln kann, wie man von einem Taxi ins andere umsteigt, war die Botschaft von Nextcards wütender Reaktion vollkommen klar: Wer uns an die Börse bringen will, sollte seinen Analysten Beine machen, damit sie uns die nötige Aufmerksamkeit und die entsprechend wohlwollende Berichterstattung angedeihen lassen.

NATÜRLICH SIND AN DER WALL STREET nicht immer die Effektenhäuser die Düpierten und die Investoren die Geneppten. Gelegentlich, vielleicht auch regelmäßig haben die Underwriter die Oberhand – und schlagen nach denselben Regeln unbarmherzig zu. Wie bereits gesagt, beobachten die Research-Abteilungen nur einen Bruchteil der unzähligen Aktiengesellschaften, die an der Börse notiert sind und in den Kapitalmärkten der Nation um Aufmerksamkeit buhlen. Die überwältigende Mehrheit, zumeist kleine Unternehmen (das heißt im überhitzten Markt der jüngsten Zeit: mit einer Marktkapitalisierung von unter 350 Millionen Dollar, einige Beobachter sagen sogar von unter einer Milliarde Dollar), wird schlicht übergangen. Einige Glückliche werden hie und da mit sporadischen Berichten bedacht.

Das ist ein gravierendes Problem, denn an der Börse ist Unbekanntheit kein Segen. Wer nie von einem Unternehmen gehört hat, wird dort kaum sein Geld anlegen. Und der durchschnittliche Anleger hat fast noch nie von Small Caps gehört und noch viel seltener von den kleinen AGs, die kein Analyst je erwähnt.

Disponenten und Fondsmanager mit eigener Forschungsabteilung meiden Small Caps aus einem anderen Grund: mangelnde Liquidität.

Wer einen Fonds mit beispielsweise 10 Milliarden Dollar Einlagen leitet, kauft Aktien am liebsten in größeren Paketen und wird selten eine Einzeltransaktion unter 20 Millionen Dollar abwickeln. Käufe in dieser Größenordnung bedeuten bei kleinen Unternehmen jedoch einen signifikanten Anteil an den umlaufenden Aktien und damit des Unternehmenskapitals. Zumindest würde der Kurs in astronomische Höhen katapultiert, schlimmstenfalls würde der Fondsmanager (gewöhnlich ein eher scheuer Mensch) zum beherrschenden Gesellschafter mit sehr viel mehr Verantwortung für das Unternehmen, als ihm oder ihr lieb ist.

Da sowohl Privatanleger als auch die großen Fonds Small Caps meiden, stehen die Führungskräfte kleiner Aktiengesellschaften vor einem ständig wiederkehrenden Problem: Nur Berichterstattung sorgt für Akzeptanz an der Börse.

Das ist natürlich leichter gesagt als erreicht, denn nur einige wenige erlesene Small Caps können bieten, was das Interesse der Analysten erregt – und das sind insbesondere überdimensionale Gebühren für das Mutterhaus. Leider ist das Unternehmen bereits am Markt, ein lukrativer Börsengang hinfällig. Für eine zweite Emission sind diese Gesellschaften normalerweise zu klein. Bei ihnen ist mithin nichts zu holen, und so werden denn Small Caps regelmäßig abgewiesen, wenn sie bei den Aktienanalysten vorstellig werden.

Fred Roberts, Investment-Banker in Los Angeles, formuliert: »Im Prinzip heißt es: Kein Deal, keine Berichterstattung.« Der frühere Vorsitzende der National Association of Securities Dealers wurde in den neunziger Jahren mit verschiedenen Abschlüssen für kleine Unternehmen bekannt, die den Wert für ihre Anteilseigner (Shareholder-Value) substanziell steigerten. Für dieses Ziel musste er jedoch jedes Mal eine Fusion seiner kleinen Klienten mit größeren Unternehmen arrangieren.

Ohne die Aussicht auf Investment-Banking-Gebühren, so erfuhr Roberts damals, schenken Aktienanalysten selbst den aussichtsreichsten Small Caps keine Beachtung. »Einer meiner Klienten war absolut fantastisch«, sagt er, »wirklich ein fantastisches Unternehmen. Bei jedem Wertpapierhaus dieselbe Auskunft: ›Wenn für uns ein Deal herausspringt, können wir über euch berichten.‹« Leider hatte dieser Klient keinen Deal zu bieten – er wurde trotz seines Potenzials ignoriert. Eine Fusion blieb als Ausweg.

Die Aufmerksamkeit, die Aktienanalysten den großen Werten schenken und die sie normalerweise nicht auf die kleineren Werte ausdehnen, scheint auch die wachsende – und anders nicht zu erklärende – Zweigleisigkeit im Verlauf des letzten Jahrzehnts mit verursacht zu haben, die noch immer fortdauert. Die im Standard & Poor's 500, dem Index der 500 größten amerikanischen Unternehmen (auch Blue Chips genannt), erfassten Aktien haben eine Performance hinter sich, mit der der Russell 2000 nicht mithalten kann. Zwischen 1990 und 1999 stiegen die Blue Chips nach dem Jahresdurchschnitt des S & P 500 um 345 Prozent. (Bemerkenswert: Das durchschnittliche Kurs-Gewinn-Verhältnis der S & P-500-Werte lag für die Jahre 1998, 1999 und 2000 über 30. Nie zuvor hat sich das KGV mehrere Jahre auf einem so hohen Niveau gehalten.) Der Russell 2000, in dem die 2 000 größten Unternehmen nach den 1 000 allergrößten vertreten sind, stieg im selben Zeitraum nur um 232 Prozent.

Aus einem anderen Blickwinkel gesehen, verzeichneten die 200 größten amerikanischen Aktienwerte (gemessen an der Marktkapitalisierung) in den zehn Jahren bis Mitte August 2000 jährliche Wachstumsraten von gemittelt 18,49 Prozent, die 2 000 im Russell zusammengefassten Unternehmen jedoch nur von 13,59 Prozent.

Der größte Teil dieses Anstiegs geht sicher auf die boomenden Investmentfonds zurück, die sich wieder und wieder Blue Chips ins Depot legten und legen und die mit jeder Order Hunderte von Millionen Dollar bewegen. Es wäre angesichts der Milliarden, die ein Fondsmanager investieren muss, einfach zu teuer, Dutzende oder gar Hunderte kleiner Gesellschaften unter die Lupe zu nehmen – ganze Kompanien von Analysten wären nötig, und deren Empfehlungen würden wahrscheinlich doch nicht den Marktdurchschnitt schlagen. Warum sollte man auch Small Caps durchleuchten, wenn die Blue Chips den Zweck mühelos erfüllen?

Man kann getrost darauf wetten, dass Aktienanalysten im Verbund mit der Investment-Banking- und der Handelsabteilung des jeweiligen Hauses mit Investmentfonds und institutionellen Investoren eine Symbiose eingegangen sind, bei der eine Hand die andere wäscht und alle gemeinsam für satte Kurse und Raketenstarts bei den Börsenneulingen sorgen.

MITTLERE UND GROSSE UNTERNEHMEN mit immer neuen Kapitalbedürfnissen können sich im Gegensatz zu den Winzlingen über mangelnde Aufmerksamkeit seitens der Branche nicht beklagen; sie werden von vorauseilend tätigen Investment-Bankern regelmäßig angerufen. »Man kann nicht warten, bis ein Unternehmen hier anruft«, erklärt Mark Lanigan, Leiter der Abteilung Unternehmensfinanzierung von Donaldson, Lufkin & Jenrette (gehört inzwischen zu Credit Suisse First Boston). »Man muss das Management von sich aus ansprechen und Akquisitionen oder Finanzierungsmöglichkeiten vorschlagen. Sonst kommen einem andere Banker zuvor.«[4]

Diese umworbenen Unternehmen ziehen nicht nur die Analysten an, sie schreiben auch die Erfolgsgeschichten, mit denen die Rattenfänger der Wall Street hausieren gehen. In den neunziger Jahren konnten Blue Chips und Internetfirmen ihre Muskeln spielen lassen, um es milde auszudrücken. Die Effektenhäuser prügelten sich förmlich um die Aufträge solcher Klienten, und entsprechend verschnupft reagierten diese auf jeden Bericht, der sie nicht in höchsten Tönen lobte. Offene Kritik vertrugen sie schon gar nicht.

Wie stark sich derartige Verteidigungsmechanismen durchsetzten, zeigt sich an solch alltäglichen Fällen wie dem von Bell South. Salomon Bros. (heute Salomon Smith Barney) hatte immer schon Anleihen des Unternehmens als Konsortialführer auf dem Markt untergebracht. 1994 suchte sich Bell South ein anderes Haus für diese Aufgabe – ein Salomon-Analyst hatte den Telefonanbieter als das am schlechtesten geführte Unternehmen der sieben aus der Zerschlagung von Bell hervorgegangenen »Baby Bells« bezeichnet. In einem vergleichbaren Fall gab Kidder Peabody 1991 zum wiederholten Male eine Verkaufsempfehlung (ein Signal, das nur noch ganz vereinzelt gegeben wurde) für die Aktien der Nationsbank. Daraufhin wies die riesige Holding ihren Treuhänder an, keinerlei Wertpapierorders über diese Firma mehr abzuwickeln.

In einigen wenigen Fällen gingen verärgerte Unternehmensführer noch weiter. Der vielleicht berühmteste Fall betraf Marvin Roffman. Der angesehene Aktienanalyst und bekennende Börsen-Junkie beging den schwerwiegenden Fehler, Donald Trump über den Weg zu laufen.

1990 beobachtete Roffman die Glücksspielbranche für Janney Montgomery Scott, ein angesehenes mittelständisches Effektenhaus mit Sitz in Philadelphia. Er war fünfzig Jahre alt und seit 30 Jahren im Geschäft, die letzten 16 davon für Janney Montgomery. Unter anderem fiel Donald Trumps Kasino in Atlantic City, das Taj Mahal, in seinen Zuständigkeitsbereich.

Roffman wurde nach seinem Bericht über das »Taj«, wie es landläufig genannt wurde, zum menschlichen Punching-Ball: Der Wett-Palast am Meer sei, so schloss er, zu riskant, wenn schon nicht für die Spieler, so auf jeden Fall für Anleger. Der cholerische Trump, stocksauer, von einem dahergelaufenen Analysten aus einem zweitrangigen Haus zur Rechenschaft gezogen zu werden, forderte von Janney Montgomery, den unbotmäßigen Mitarbeiter sofort zu entlassen, und drohte mit einer Klage vor Gericht.

Janney Montgomery hüllte sich einige Tage in Schweigen und schickte Roffman dann heim. 16 Jahre Dienst zählten wenig. Arbeitslos geworden, wusste er nicht, wie er die Krankenversicherung bezahlen sollte, und erzählte Journalisten, dass er schon als kleiner Junge mit seiner Mutter die Wirtschaftsnachrichten studiert und sich immer gewünscht hatte, Analyst zu werden. Und jetzt war er in den besten Jahren ohne Job und für die Wall Street so interessant wie eine heiße Kartoffel. Roffmans Skepsis erwies sich indes als nur allzu berechtigt. Das Taj soff in roter Tinte ab und beantragte ein Jahr später Konkurs.

Inzwischen ist Roffman zu einer Art Volksheld für Anleger und Insider geworden, die um den Druck auf die Analysten wissen. Sowohl er als auch die Finanzblätter, die sich mit dem Fall befassten, erhielten Hunderte bewundernder Briefe. »Wir dürfen die absolut unglaubliche Vorgehensweise von Janney Montgomery Scott niemals vergessen«, lautet ein typischer Satz (abgedruckt in *Barron's*).

Zum Glück wurde Roffman nicht nur vom Verlauf der Ereignisse bestätigt. Mit Trump, den er auf Verleumdung verklagte, einigte er sich außergerichtlich gegen Zahlung einer unbekannten Summe. Roffman strengte außerdem ein Verfahren gegen seinen ehemaligen Arbeitgeber an. Janney Montgomery wurde schließlich von der Schiedsstelle der New York Stock Exchange aufgefordert, 750 000 Dollar Schadensersatz zu zahlen. Bedenkt man, dass das Branchengremium tendenziell zugunsten der Mitgliedsfirmen entscheidet, ist Roffmans Sieg doppelt bedeutsam.

Trotzdem arbeitete er nie mehr für ein Wertpapierhaus, sondern gründete seine eigene Firma, Roffman Miller Associates. Von 1990 an bis ins neue Jahrtausend sei der Druck auf die Analysten nur schlimmer geworden, sagt Roffman: »Die Research-Abteilungen erwirtschaften keinen Gewinn. Das Geld wird mit Investment-Banking und Unternehmensfinanzierungen verdient. Da darf ein Analyst nicht querschießen.«[5]

Die wachsende Konzentration des Gewerbes führt außerdem dazu, dass es immer weniger gute Stellen für Analysten gibt, selbst in Boomphasen. »Durch die ganzen Fusionen sind viele Stellen für Analysten weggefallen. Sogar in guten Zeiten nimmt der Bedarf ab. Sehen Sie sich den Buy-out von Donaldson, Lufkin & Jenrette durch Credit Suisse First Boston [im August 2000] an«, kommentiert Roffman. »Nach der Zusammenlegung war für die Donaldson-Analysten kein Platz mehr.«

Er vermutet, dass Interessenkonflikte durch den Trend zu Finanzkonglomeraten – Zusammenschlüssen von Banken, Wertpapierhäusern und Versicherungen – überhand nehmen werden. Die Verkaufsempfehlung eines Analysten könnte Firmenkunden der Bank so verärgern, dass sie ihre Finanzgeschäfte über ein anderes Institut abwickeln. Insofern kann man eigentlich darauf wetten, dass Klienten einer Bank, zu der auch ein Wertpapierhaus gehört, von dessen Analysten nicht als »Verkauf« eingestuft werden.

Nach Roffman sind die Aussichten für aufrichtige Analysen heut-

zutage »trüber denn je zuvor. Und sie waren schon ziemlich trübe.«
Der leidenschaftliche Analyst ist inzwischen Liquiditätsmanager und
verwaltet ungefähr 150 Millionen Dollar. »Jetzt darf ich die Wahrheit
sagen«, seufzt er.

Der Fall Roffman/Trump wurde von Roffmans Kollegen aufmerksam verfolgt, aber falls einer die Pointe verpasst haben sollte: Keine
zwei Jahre nach Trumps Wutausbruch geriet ein anderer aufrechter
Analyst aus mehr oder weniger denselben Gründen in einen ähnlichen Schlamassel. Richard Lilly, der für JW Charles Securities in Boca
Raton, Florida, arbeitete, bewies womöglich noch mehr Verstand als
Roffman, denn er enthüllte in detektivischer Kleinarbeit einen Betrug. So viel Initiative findet man in diesem Gewerbe, dessen Mitglieder sich zumeist auf die offiziellen, vom Unternehmen selbst heraus-
gegebenen Informationen stützen, nur noch selten.

1992 nahm Lilly eine Aktie, die er zuvor empfohlen hatte, genauer
unter die Lupe. Cascade International Inc., eine Kette für Damen-
oberbekleidung, war zwei Jahre zuvor der Überflieger gewesen: Kostete eine Aktie 1990 noch 2 Dollar, stieg der Preis je Anteil bis Herbst
1991 auf 11 Dollar. Der beeindruckende Kursgewinn ging vor allem
auf drei Faktoren zurück: Cascades gute Ergebnisberichte, Lillys
Empfehlung und die 500 Broker von JW Charles (die die Aktie jedem, der es hören wollte, aufgrund der hausinternen Analystenmei-
nung ans Herz legten).

Im Juni 1991 beschlich Lilly ein Verdacht. Er gehörte noch zu der
alten Schule, deren Vertreter mit Unternehmensangehörigen auch
unterhalb der Führungsebene redeten, und erfuhr Dinge, die ihn an
der Seriosität des Unternehmens zweifeln ließen. Der dickste Hund
war, dass Cascade 181 Filialen angab, Lilly jedoch nur 81 finden
konnte. Zusammen mit David Brown, Analyst bei *Overpriced Stock
Service* in San Francisco, telefonierte sich Lilly durch jedes Ortsnetz
der USA auf der Suche nach den fehlenden 100 Verkaufsräumen und
kam schließlich zu der Einsicht, dass das Unternehmen absichtlich
eine zu hohe Zahl genannt hatte. Angewidert bereitete er eine Verkaufsempfehlung mit detaillierten Angaben zu dem Betrug vor.

Lilly war sich der Risiken eines solchen Schritts sehr wohl bewusst.

»Wenn du ›Betrug!‹ schreist und falsch liegst, ist das das Ende deiner Karriere«, sagte er damals. »Du bist unter Umständen vorbestraft. Wenn ich etwas als Betrug darstelle, fällt der Aktienkurs, und wenn es sich als falsch herausstellt? Dann können die Regressforderungen gewaltig sein . . .« Trotzdem war er fest entschlossen, weiterzumachen.

Alarmiert über Lillys Vorhaben, trat Cascade an JW Charles heran und kündigte eine 50-Millionen-Dollar-Klage an, falls der Analyst seinen Bericht in Umlauf brächte. Die Drohung wirkte – jedenfalls bis zu einem gewissen Punkt. Lilly erhielt Weisung, seine Erkenntnisse für sich zu behalten. Aber der Analyst ließ sich keinen Maulkorb umbinden. Überzeugt davon, dass die Öffentlichkeit getäuscht wurde, setzte er sich über seine Vorgesetzten hinweg und informierte Medien und Cascade-Anleger brieflich über die Vorwürfe. JW Charles setzte ihn an die Luft.

Kurze Zeit später tauchte der Cascade-Gründer unter und die Firma brach zusammen. Lilly wurde ebenso wie Roffman nicht wieder eingestellt. Trotzdem ist er mit dieser Wendung der Dinge irgendwie zufrieden. »Es gibt Momente im Leben«, sagt er, »da ist die Moral wichtiger als alles andere.«

Andere, weniger scharf konturierte Fälle zirkulieren in Analystenkreisen. Tom Brown beobachtete Mitte der neunziger Jahre für Donaldson, Lufkin & Jenrette Kreditinstitute. 1997 besuchte er mit institutionellen Klienten im Schlepptau den Hauptsitz von Wells Fargo in San Francisco. Er wollte hinter die Zahlen schauen und ein Gefühl für das Management des Bankriesen bekommen. Das rare Ansinnen geriet zum Fiasko.

Brown war von den seiner Meinung nach schwachen, widerwilligen Antworten, die ihm die Unternehmensvertreter hinwarfen, entsetzt – man fuhr ihm vor seinen Klienten über den Mund. Er hatte besorgt gefragt, ob Wells Fargo die letzte Akquisition gut bekommen sei – die ehemals in Los Angeles ansässige First Interstate war schließlich ebenfalls eine sehr große Bank. Seine Fragen zu potenziellen Unverträglichkeiten und vielen anderen Punkten wurden entweder ignoriert oder als irrelevant abgeschmettert. Brown fühlte sich vor seinen Klienten gedemütigt. Kollegen erzählte er, ihm käme Wells

Fargo wie ein führerloses Schiff vor, oder eins, in dem mehrere Kapitäne das Ruder ständig herumreißen.

Zurück in New York gab der niedergeschlagene Brown keineswegs eine Verkaufsempfehlung heraus – so etwas wollte er nicht vor dem Hintergrund persönlicher Ressentiments entscheiden. Allerdings schrieb er Klienten, Wells Fargo sei seiner Überzeugung nach geschwächt. Browns Bedenken waren durchaus gerechtfertigt, die Quartalszahlen des Bankkonzerns ließen in der Folgezeit zu wünschen übrig.

Wiederum nutzte es wenig, Recht gehabt zu haben. Brown hatte eine große Bank, einen großen Kunden schlecht geredet, DLJ-intern hieß es, er liege mit Wells Fargo »im Clinch«. Der leichtfüßige Ton seines Schreibens an die Klienten zählte nicht. 1998 wechselte Brown von DLJ zu Tiger Management in New York, später dann zu dem Hedge-Fund Second Curve Capital. Erst zu diesem Zeitpunkt erzählte er Journalisten, dass ein Analyst zu seiner Zeit bei DLJ 250 000 Dollar Bonus erhielt, wenn das Effektenhaus durch ihn mit einer mittleren Bank mit 10 Milliarden Dollar Umsatz ins Geschäft kam.[6]

Wie tückisch das Setzen von Kauf- und Verkaufssignalen sein kann, erfuhr George Salem kurz vor seiner Pensionierung 1999. Auch er war Analyst für das Kreditgewerbe, arbeitete bei Prudential Securities, später dann für Gerard Klauer Mattison & Co, New York, und galt als »Analyst's Analyst« – andere Analysten änderten nicht selten ihre Empfehlungen oder Ausblicke, nachdem sie seine Meinung über das betreffende Unternehmen erfahren hatten. Salem verfasste 1992 eine Reihe negativer Berichte über Citicorp, und plötzlich sah sich Prudential als Konsortialführer für Citicorp-Anleihen abserviert. Die Bank ließ wissen, das sei eine Reaktion auf Salem. Unbeeindruckt senkte Salem wenig später sein Rating der Banc One, eines großen Kreditinstituts mit Sitz in Columbus, Ohio. Banc One schränkte daraufhin das über Prudential abgewickelte Anleihen-Handelsvolumen ein. Anschließend verließ Salem Prudential und sagte dem *Wall Street Journal*, der Druck auf die Analysten des Bankensektors sei extrem hoch: »Man muss einfach sehen, dass ein Kreditinstitut ein größeres

Einschüchterungspotenzial hat als etwa das Speditionsgewerbe. Da ist einfach mehr Masse dahinter.«

Aber das konnte Salem vielleicht nur deshalb sagen, weil er nie für Industrieunternehmen zuständig gewesen war. Sehen wir uns den Fall von David Snyder an. Er untersuchte für DLJ Ende der neunziger Jahre unter anderem den Hersteller landwirtschaftlicher Geräte Agco Corp. Das Unternehmen steckte in der Krise. 1996 hatte man versucht, den Absatz im Ausland anzukurbeln, und verfehlte seither bei insgesamt schwachen Zahlen regelmäßig die Gewinnerwartungen. Darunter litt die Aktie. Im ersten Halbjahr 1998 verlor sie fast ein Drittel an Wert.

Snyder missfiel diese Entwicklung, und er strich Agco am 30. Mai 1998 von der Empfehlungsliste. Angesichts der Vergangenheit des Unternehmens, schrieb er, »hätten die Anleger wenig Geduld bei weiteren Enttäuschungen«. Mit offenen Worten entschuldigte er sich bei den Klienten, dass DLJ das Papier überhaupt empfohlen hatte: »Wir haben uns in den zurückliegenden beiden Jahren hinsichtlich der Agco-Aktie grundlegend geirrt.«

Fehler zuzugeben gehört nicht unbedingt zum Selbstverständnis der Wall Street. Und dass ein Firmenkunde der Investment-Banking-Abteilung sich als Niete herausstellt, hängt man ungern an die große Glocke. DLJ hatte 1996 und 1997 Agco-Emissionen betreut. Wie würden institutionelle Investoren reagieren, die der Empfehlung von DLJ gefolgt waren? Wie konnten sie ihre Positionen liquidieren? Snyders Karriere bei DLJ endete kurze Zeit, nachdem er seinen kritischen Bericht herausgebracht hatte.

Auch im neuen Jahrtausend schlugen die Analysten keine neue Seite auf, obwohl die Finanzpresse deren Moral ebenso wie die Zitierfähigkeit ihrer Aussagen hinterfragte. In einer sensationell offenen Titelgeschichte in der Juli-Ausgabe von *Bloomberg Markets* sagt Stephen Balog, ehemaliger Research-Director bei Lehman Bros. und Furman Selz. in einem Interview mit dem Journalisten Faith Keenan: »Ein Analyst ist nur ein Banker, der Berichte schreibt ... Niemand gibt vor, dass diese unabhängig sind.«

Noch unverblümter äußerte sich der Ex-Banken-Analyst von Bear Stearns, Sean Ryan, gegenüber demselben Magazin: 1999 habe er

NetBank mit Sitz in Alpharetta, Georgia, empfohlen, obwohl er die Internet-Bank für ein windiges Unternehmen hielt: »Ich setzte die Aktie auf ›Kaufen‹, weil NetBank dafür bezahlt hat.«

Bear Stearns betreute für NetBank zwei Aktien- und eine Anleihenemission im Wert von insgesamt 307 Millionen Dollar – allein die Gebühren beliefen sich bereits auf 25 Millionen Dollar, dazu kommen Bezugsrechte, Optionen und andere Kapitalbeteiligungen des Underwriters sowie die Geschäfte der Handelsabteilung mit den NetBank-Effekten. Ryan signalisierte den Privatanlegern grünes Licht, rief jedoch seine institutionellen Großkunden an und schenkte ihnen reinen Wein ein: »Ich sagte, wir hätten NetBank gerade empfohlen, weil sie es sich mit zwei Emissionen redlich erkauft hätten.«

Zu dumm für Otto Normalverbraucher, der in der Kaufempfehlung aus einem großen Effektenhaus wie Bear Stearns mehr als konzentrierten Bockmist vermutete. Der Kurs der NetBank-Aktie brach von hochgejubelten 78 Dollar im April 1999 auf 9,80 Dollar Anfang 2001 ein.

Solche abschreckenden Geschichten können die alten Hasen nicht mehr überraschen. Charles »Chuck« Hill etwa hält sie für branchentypisch. Er hat über 30 Jahre für Kidder Peabody und Bache Securities (die vor langer Zeit zu Prudential Securities fusionierten) als Analyst gearbeitet und erinnert sich gut an die siebziger und frühen achtziger Jahre, als die Chinesische Mauer zum Schutz der unabhängigen Research-Abteilungen mehr als nur eine Fiktion war. »Damals gab es keinen Druck, ich habe ihn nie zu spüren bekommen«, versichert Hill.

Inzwischen ist er Research Director bei First Call/Thomson Financial in Boston, einer Agentur, die Analystenempfehlungen aufzeichnet. Gefragt nach den Veränderungen, zögert Hill keine Sekunde: »Heutzutage muss man dem Investment-Banking des Hauses zuarbeiten, um die Kosten für die Untersuchung zu rechtfertigen«, antwortet er ohne Umschweife. »Analysten beziehen mit steigender Tendenz Investment-Banking und Firmenkunden in ihre Überlegungen mit ein.«

Und was bedeutet das in der Praxis? Okay, von den Analysten wird erwartet, dass sie die Einnahmen aus dem Investment-Banking fördern. Aber Analysten sind in der Regel hervorragend ausgebildet – da wäre es doch immerhin denkbar, dass sie die Sache geschickt einfädeln und sowohl die Investment-Banker zufrieden stellen als auch nur tatsächlich aussichtsreiche Aktien empfehlen. Leider sprechen die Zahlen eine andere Sprache. Die Berufsgruppe insgesamt liegt mit ihren Gewinnerwartungen zu optimistisch, und ihre Kaufempfehlungen liefern seit Jahren eine schlechtere Performance als der Markt – ein niederschmetternder Befund.

Die Dreman-Studie und andere Untersuchungen

Zusammen mit Michael Berry, Professor für Wirtschaftswissenschaften an der James Madison University, führte David Dreman Mitte der neunziger Jahre die vermutlich umfassendste Untersuchung von Analystenempfehlungen durch. Dreman ist Finanzkolumnist und *der* Neinsager der Wall Street (1980 veröffentlichte er *Contrarian Investment Strategies: The Psychology of Stock Market Success*). Eine erste Fassung seiner Gemeinschaftsarbeit mit Berry wurde 1995 in dem angesehenen Branchenblatt *The Financial Analysts Journal* veröffentlicht und für die Buchfassung – *Contrarian Investment Strategies: The Next Generation*, erschienen 1998 – aktualisiert. Darin werden 94 251 Analystenprognosen aus den Jahren 1971 bis 1996 zu mehr als 1 500 an NYSE, Amex (American Stock Exchange) und Nasdaq gelisteten Aktien untersucht. Das Ergebnis ist entmutigend. Dreman: »Die Vorhersagen weichen kontinuierlich von den tatsächlich erreichten Zahlen ab.« Der gewählte Zeitraum ist lang genug, um den Einfluss unvorhersehbarer Ereignisse wie den Golfkrieg oder den Rücktritt eines US-Präsidenten auszugleichen.

Insbesondere fanden Dreman und Berry heraus, dass die Gewinnerwartungen der Analysten um 42 Prozent von den letztlich ermittelten Zahlen abwichen.

Heute stehen der Branche natürlich wesentlich mehr und wesentlich ausgefeiltere Instrumente zum Kaffeesatzlesen zur Verfügung als ihren Kollegen in den siebziger und achtziger Jahren. Dank Internet und der Vielzahl unablässig aktualisierter institutseigener Datenbanken weiß jede(r) Analyst(in) heute im Prinzip sofort, was die Kollegen über dieses oder jenes Unternehmen denken. Dazu kommt eine Flut von Finanzberichten, Unternehmensmitteilungen, Wirtschaftsstatistiken und Zeitungsartikeln, die sich allesamt herunterladen und in hoch entwickelte Computersimulationen einspeisen lassen. Was die verfügbaren Informationen betrifft, könnte der Gegensatz zu der Epoche vor 1975 kaum größer sein, sowohl für die Analysten wie für die Privatanleger.

Trotzdem sind die Vorhersagen der künftigen Performance nicht besser geworden. Im Gegenteil. Dreman hält fest: »... trotz der Informationsrevolution haben sich die Schätzungen eher verschlechtert denn verbessert ...« Insbesondere bei den Gewinnen nähert sich die Abweichung zwischen Erwartung und Realität in den letzten acht Jahren (1989 bis 1996) der 50-Prozent-Marke, während sie für den untersuchten Gesamtzeitraum (1971 bis 1996) bei 42 Prozent lag.

Natürlich könnte man einwenden, dass die Zahl schlimmer klingt, als sie in Wirklichkeit ist. Viele Unternehmen nennen in ihren Quartalsberichten Gewinne von einigen Cent je Anteil. Verschätzt sich der Analyst bei einem Gewinn von fünf Cent je Aktie um nur einen Cent, geht das mit 20 Prozent in die Fehlerquote ein. Deswegen eliminierten Dreman und Berry alle Unternehmen, die weniger als 10 Cent Verlust oder Gewinn angaben, aus ihrer Datenbasis. Die Ergebnisse verbesserten sich dadurch nicht durchschlagend: Für den Zeitraum zwischen 1971 bis 1996 verfehlten die Prognosen die Wirklichkeit noch immer um 23 Prozent.

Nicht nur das Ausmaß, nein, vor allem auch die Richtung des typischen Irrtums ist auffällig und gibt Anlass zur Sorge: Gewöhnlich verschätzen sich Analysten zugunsten der Aktie. In Dreivierteln der Fälle sind ihre Prognosen eher übertrieben optimistisch denn ungebührlich pessimistisch.

Tatsächlich kann diese einseitige Verzerrung noch größere Dimensionen annehmen, als diese Zahlen vermuten lassen. Seit Anfang der neunziger Jahre hat es sich eingebürgert, dass Hightech- ebenso wie Blue-Chips-Unternehmen die Analysten um die Herausgabe von Gewinnerwartungen leicht unter dem eigentlich erwarteten Niveau bitten – Dauergag bei Microsoft, dem Unternehmen, das die Gewinnerwartung immer »schlägt«. Hätte sich nicht die Vorstellung von superdynamischen Unternehmen durchgesetzt, deren brodelnde Geschäfte dauernd überkochen und selbst optimistische Vorhersagen übertreffen, wäre die Differenz zwischen Analystenprognose und Wirklichkeit noch gravierender.

Auf jeden Fall bestätigen Dremans und Berrys Daten den beunruhigenden Trend, dass in den Wertpapierhäusern der Druck auf die Finanzanalysten wächst: Sie sollen dem Investment-Banking zuarbeiten und Aktien, von denen institutionelle Investoren große Stückzahlen halten, nicht schädigen. Ein solches Szenario lässt allgemein sinkende Sorgfalt mit einer Tendenz, sich nach oben zu verschätzen, erwarten. Und *genau das* belegt die Dreman-Studie.

Dreman schließt daraus, dass man Analystentipps als Negativfolie verstehen und exakt das Gegenteil tun sollte. Er rät Anlegern (unter anderem), in Ungnade gefallene Aktien von guter Qualität zu kaufen, für die sich kein Analyst stark macht, und sie langfristig zu halten.

Seine Studie deckt zwar einen bewundernswerten Umfang ab, ist aber natürlich nicht der einzige wissenschaftliche Blick auf die Analysten der Wall Street. Allerdings kommen alle Untersuchungen zu ähnlichen Schlussfolgerungen. Roni Michaely, Cornell University, und Kent Womack, der in Dartmouth unterrichtet, schreiben in ihrer im Februar 1999 veröffentlichten Studie unter anderem: »Üblicherweise berechnet sich ein erheblicher Teil der Vergütung von Analysten nach der ›Hilfestellung‹, die sie den Kollegen in der Unternehmensfinanzierung leisten.« Die Autoren zitieren aus einem internen Papier von Morgan Stanley aus dem Jahr 1992: »Unser Ziel . . . ist eine vom ganzen Unternehmen einschließlich der Research-Abteilung gänzlich getragene Politik, nach der eine vernünftige Geschäftspraxis die Verbreitung negativer oder kritischer Äußerungen über Klienten verbietet.«

Die Studie unter dem Titel *Interessenkonflikte und die Glaubwürdigkeit von Empfehlungen der bei einem Emissionshaus beschäftigten Analysten* (Conflict of Interest and the Credibility of Underwriter Analyst Recommendations) merkt an dieser Stelle an:»Früher hatten die Abteilungen für Unternehmensfinanzierung eigene Fachleute, die jeden Börsenkandidaten einer sorgfältigen Prüfung unterzogen. Die Due Diligence wurde nicht den Mitarbeitern in der Abteilung Aktienanalyse übertragen. Erst nach Abschluss des Angebots bat der Underwriter einen Analysten, über die neue Aktie zu berichten. In den letzten zwei Jahrzehnten hat sich indessen der Trend durchgesetzt, Aktienanalysten bereits bei Due Diligence und Vermarktung einzubinden.«

In der von Akademikern bevorzugten vorsichtigen Ausdrucksweise formulieren Womack und Michaely abschließend:»Wir kommen zu dem Schluss, dass die Empfehlungen von bei Investmentbanken angestellten Analysten deutliche Hinweise auf Verzerrungen erkennen lassen. Wir konnten weiterhin zeigen, dass die Märkte das Ausmaß dieser Verzerrungen nicht zur Gänze wahrnehmen. Das Ergebnis legt die Annahme eines potenziellen Interessenkonflikts zwischen den verschiedenen Aufgaben nahe, die eine Investmentbank erfüllt.«

Womack und Michaely fanden auch heraus, dass Kaufempfehlungen aus den Wertpapierhäusern die entsprechenden Aktienkurse für einen gewissen Zeitraum (zwischen einigen Tagen bis zu fünf Monaten) aufblähten. Die Zeitspanne reicht institutionellen Investoren für Gewinnmitnahmen. Lustig wurde es nach sechs Monaten: Da verlor die Flötenmelodie ihre bezaubernde Wirkung, und die Aktien schwebten nicht mehr über dem Marktdurchschnitt, sondern fielen zwölf Monate lang tief und tiefer unter den Mittelwert. Das Phänomen passt zu der Vorstellung, dass die Kaufempfehlung eines Analysten – durch Legionen von Brokern an die Privatkunden weitergegeben, durch Indiskretion an institutionelle Klienten, noch bevor die Nachricht über den Ticker geht – eine Aktie in die Höhe treiben kann, einfach durch die Kaufkraft. Irgendwann wächst der Verkaufsdruck, und die Fundamentaldaten rücken wieder in den Blick. Die Analysten sind inzwischen schon beim nächsten Geschäft, dem nächsten zur Börseneinführung anstehenden Unternehmen, der nächsten heißen Aktie, von der die Handelsabteilung ein großes Paket erworben hat.

Ein Arbeitspapier der Harvard Business School aus dem Jahr 1997 mit dem Titel *Die Beziehung zwischen langfristigen Gewinnvorhersagen von Analysten und der Kursentwicklung nach Aktienemissionen* (The Relation Between Analysts' Long-Term Earnings Forecasts and Stock Price Performance Following Equity Offerings) belegt, dass Banken, die an den Emissionen beteiligt sind, wesentlich optimistischere Schätzungen abgeben als unbeteiligte Analysten und dass die im Vergleich zu den Fundamentaldaten am stärksten überteuerten Aktien jene waren, die von Analysten des entsprechenden Wertpapierhauses betreut wurden.

Auch das *Journal of Financial Analysis* veröffentlichte in seiner Ausgabe vom November/Dezember 1998 eine Untersuchung unter dem Titel: »Warum so viele Irrtümer in den Gewinnprognosen der Analysten?« (Why So Much Error in Analysts' Earnings Forecasts?). Sogar in der robusten Ökonomie der neunziger Jahre lagen die Gewinnerwartungen für das laufende Jahr am Anfang desselben ungefähr 12 Prozent über den tatsächlich erreichten Zahlen. Der Autor, Vijay Kumar Chopra, geht davon aus, dass die Abweichung wesentlich größer gewesen wäre, hätte nicht die unerwartet und nachhaltig starke Konjunktur – die wahrscheinlich beste der gesamten Nachkriegsjahre – die passende Untermalung für die optimistischen Lieder der Analysten geliefert. Trotzdem lagen ihre Schätzungen zu hoch.

OKAY, AKTIENANALYSTEN VERSCHÄTZEN SICH bei ihren Gewinnerwartungen, sie sind – vermutlich aufgrund der Interessenkonflikte durch Investment-Banking und andere Beziehungen – zu optimistisch. Wen kümmert das? Wichtiger sind ihre Empfehlungen, Kaufen oder Verkaufen, das ist es, was den Investor interessiert. Nichts anderes zählt, letztlich läuft alles darauf hinaus. Es geht ums Geld: Können Privatanleger den Markt schlagen, wenn sie sich nach den Analystenempfehlungen aus den Wertpapierhäusern richten?

Leider (und wenig überraschend) versagen die Analysten bei der

Aktienauswahl ebenfalls. Das ergaben jedenfalls die Nachforschungen des unermüdlichen Dreman. Der bekannte »Contrarian« durchforstete Dutzende von Übersichten, von der Jahresübersicht des *Wall Street Journal* (in der Hemant Shah überragend gut abschnitt) bis zu den Cowles Polls von 1929 bis 1932: Analysten liegen mit ihren Lieblingsaktien 75 Prozent (!) unter dem Marktdurchschnitt.

Würde man mit Dart-Pfeilen auf die Kurstabellen werfen oder Münzen werfen, stünden die Chancen 50:50. Dreman erinnert an Burton Malkiels »Zufallsweg« und die im Prinzip nicht vorhersagbare Entwicklung von Aktienkursen. Gemessen daran ist es eine Leistung eigener Art, kontinuierlich hinter dem Markt zurückzubleiben. Diese Aufgabe ist im Grunde genauso anspruchsvoll wie die, aus Viererlaktien ein »Gewinner-Portfolio« zusammenzustellen. Trotzdem gelingt es den Analysten irgendwie.

Dreman fasst die Lage in seinem Buch mit einem Zitat zusammen, einer Aussage des ehemaligen Mitarbeiters und Analysten der UBS AG Peter Siris: »Es ist ein Spiel. Die meisten Leute lassen sich nicht von den Prognosen täuschen ... sie wissen, dass Analysten nur Lockvögel sind. Aber die armen [Klein-]Anleger – denen müsste man reinen Wein einschenken.«

Der nachhaltig miserable Durchschnitt, den die Analysten über Jahre und Jahrzehnte erreichen, wurde von den Wissenschaftlern festgehalten und empirisch nachgewiesen. Aber noch niemand hat die Tatsache zu einer eleganten Theorie verarbeitet, noch nicht einmal im rein akademischen Bereich. In einem halbwegs ordentlichen Markt sollte das Phänomen nicht auftreten.

Eine Erklärung, die weitere Forschungen verdient hätte und sowohl mit der empirischen Beobachtung als auch mit dem Verhalten der Branche vereinbar ist, wäre die folgende: Die Analysten informieren die Handelsabteilung des eigenen Hauses und große institutionelle Klienten, dass sie eine Kaufempfehlung veröffentlichen werden. Bei Neuemissionen versteht sich das natürlich von selbst. Die »Insider« akkumulieren die Aktie, sodass der Kurs steigt, bis die Empfehlung publik wird. Dieses Muster wurde von Branchenkennern und Wissenschaftlern tatsächlich beobachtet.

Da jedoch alle relevanten Fakten zu dieser Aktie bereits bekannt waren, geht der Anstieg auf eine elegante, künstliche Manipulation zurück. Die Aktie ist zum Zeitpunkt der Empfehlung faktisch überbewertet, wenn sich die Fundamentaldaten nicht geändert haben. Dann steigt der Kurs noch ein bisschen, die Analysten singen in den Finanzmedien ein Loblied auf die Aktie, und die Anlageberater geben ihre Empfehlung an die Kunden vor Ort weiter. Sobald die Umtriebigkeit nachlässt, pendelt sich der Kurs wieder auf seinem normalen Niveau ein. Zynisch gesagt: Die Handelsabteilung des Investmenthauses und institutionelle Investoren stoßen die Aktie ab, während die Privatanleger auf den schlechten Kursen sitzen bleiben.

Ohne starkes institutionelles Engagement sinkt der Kurs. Die Analystenempfehlung taugt für ein paar Monate, auf ein ganzes Jahr gesehen ist sie schlecht (im Vergleich zum Marktdurchschnitt). Das korreliert 100-prozentig mit den Daten von Michaely und Womack. Zudem wird das Muster von Mitarbeitern der Investmenthäuser bestätigt, wenn auch nicht in offiziellen Interviews: Sie wären im Handumdrehen arbeitslos.

Noch eine Studie: Zacks Investment Research verfolgte die »beste Wahl« der Aktienanalysten und fand heraus, dass deren Empfehlungen 1998 um 11,5 Prozent verloren, während der Small-Cap-Index Russell 2000 lediglich 8,2 Prozent abgab und der S & P 500 um 28 Prozent stieg. 1999 fielen die von Analysten protegierten Aktien um weitere 12 Prozent, der Russell 2000 legte hingegen 7,6 Prozent, der S & P 500 21 Prozent zu. Jeder Feld-Wald- und Wiesen-Indexfonds für Blue Chips hätte in dem von Zacks untersuchten Zeitraum die Analystenempfehlungen locker übertroffen.

Sämtliche Studien führen zu demselben Ergebnis: Von Analysten empfohlene Werte entwickeln sich schlechter als der Markt insgesamt. Anleger, die ein paar Dart-Pfeile zu Hause haben, erzielen fast immer eine bessere Performance als Aktienanalysten mit ihren Flöten.

Kommen wir zur Sache

Selbst ein so nüchterner Beobachter wie der Vorsitzende der US-amerikanischen Notenbank Alan Greenspan – der die Inflation mit Adleraugen überwacht und die Börse 1996 des »irrationalen Überschwangs« bezichtigte – ließ sich zumindest zeitweise von der Partylaune der Analysten betören. In der Rede anlässlich einer von der Fed am 5. Mai 1999 organisierten Konferenz in Chicago nannte er ihre positiven Gewinnprognosen ein wichtiges Indiz dafür, dass die Inflation doch nicht so schlimm ausfallen werde. Da die Analysten »gut über die Unternehmen, die sie betreuen, informiert« sein sollten, betonte Greenspan, ließen deren immer optimistischere Vorhersagen nur eine Auslegung zu: Die Unternehmensproduktivität »beschleunige« sich, und damit würde die Inflation verlangsamt.

(Greenspan selbst drückte sich sehr viel verschlungener aus: »Es besteht wenig Anlass, zu bezweifeln, dass sich in den wiederholten Heraufstufungen der Analystenwertungen Zahlen über eine bessere Kostenkontrolle spiegeln, die die Unternehmen an die Analysten berichten und die sich auf konsolidierter Basis für die Gesamtwirtschaft zu einer beschleunigten Produktivität aufsummieren«, sagte er. Da »die Unternehmen offensichtlich den Analysten mitteilen, dass sie keine Einschränkung ihrer Erwartungen an eine steigende Produktivität sehen«, schloss Greenspan, dass die Inflation weniger bedrohlich sei, als es sonst der Fall sein könnte.)

Aber treffender wäre wohl die Interpretation gewesen, dass sich die immer höher geschraubten Gewinnprognosen der Analysten einem Markt verdankten, der bei dem 30fachen der Einnahmen gehandelt wurde – mithin bei ungefähr dem Doppelten des historischen Durchschnittsniveaus –, und es allmählich schwierig wurde, Anleger ohne eine gewisse Theatralik zum Einsteigen zu überreden.

Es tröstet ein wenig, dass der oberste Währungshüter im weiteren Verlauf des Jahres 1999 Analystenprognosen in seinem Wirtschaftsausblick keinen Platz mehr einräumte. Man kann nur hoffen, dass Greenspan, Mitte siebzig und Zeit seines Erwachsenenlebens mit der Wall Street verbandelt, einen Maitag lang im Mittleren Westen Reminiszenzen an eine Epoche mit fünf Zentimeter dicken Branchenberichten und unabhängigen Aktienanalysten nachhing. Nehmen wir einfach an, dass er aufgrund dieser nostalgischen Gedanken die Gewinnprognosen der Analysten in seine Überlegungen einbezog. Wahrscheinlich ist Greenspan bei seiner Rückkehr nach Manhattan aufgewacht.

»Die Privatanleger stehen wieder einmal im Regen«

Natürlich schlug das alles auf die Henry Blodgets und Mary Meekers dieser Welt zurück, auf die Internetaktien, die sie mit so viel Inbrunst gepriesen hatten, und auf die Anleger, die ihrem Sirenengesang erlegen waren. Bei dem spektakulären Frühjahrsputz an der Wall Street zwischen Februar und April 2000 verloren Internetaktien die Hälfte, drei Viertel oder ihren gesamten Wert. Als sich die Baseball-Fans auf den Höhepunkt der Saison im Juli einstimmten, hatte ein Internet-Aktienindex nahezu die Hälfte seines Höchststandes abgegeben. Mitte 2000 fragten sich die Investoren endlich, ob E-Aktien jemals schwarze Zahlen schreiben würden.

Die satirische Nachrichtenseite unter www.fuckedcompany.com wurde mit ihrer Nachäffung wohlbekannter Internet-Wirtschaftsmagazine ganz im Zeichen der Zeit berühmt – und ironischerweise sogar rentabel. Im Wesentlichen läutete sie täglich (plump und bösartig) die Glocke für eine der Dot-com-Bomben in dem Hightech-Grab, zu dem sich die Wall Street entwickelt hatte. Es gab viel zu tun, kein Tag, an dem nicht fünf bis zehn Internetaktien beerdigt wurden, unter heftigem Fluchen und wiederholten Ausrufen eines gewissen Schimpfwortes, das das Schicksal der Anleger oder die Fähigkeiten und Ernsthaftigkeit von Dot-com-Managern und deren ursprünglichen Geldgebern (sprich: der Investmenthäuser, die sie an die Börse brachten) gut zu beschreiben schien: Sch...

Das Bild hatte sich bis zum Sommer so sehr eingetrübt, dass der sagenhafte Prinz des Web-Landes, der stattliche Henry Blodget, in der ersten Augustwoche 2000 elf von 29 E-Aktien herabstufte. Vielleicht hat er gewartet, bis alle in Urlaub waren; man kann gut verstehen, dass er seinen Irrtum lieber während der Hundstage eingestand. Aktien wie Pets.com und Buy.com waren um 90 Prozent gefallen, eToys lag 95 Prozent unter ihrem Höchststand. Amazon.com, der Besitztitel, durch den Blodget zu dem geworden war, der er war, hatte einen Absturz um 71,1 Prozent hinter sich, iVillage, eine Website, auf der Frauen Cyberhändchen halten konnten, unterbot die Spitze mit 87,5 Prozent.

Letzten Endes kam Blodget gegen den unablässigen Abwärtstrend nicht an. Während der vorhergehenden sieben Monate seit Beginn des Jahres 2000 hatte er die eben genannten und 21 weitere Aktien als »Kauf« eingestuft. Im Juli 2000 ließ er die Welt wissen, er habe bei 29 Internetwerten Bedenken. Er setzte die Aktien nicht auf »Verkaufen«. Aber er senkte eine Reihe von Ratings, wie oben gesagt, und vergab sogar zweimal »Halten«. (Damals ging der Witz um, es gebe keine E-Aktien mehr, nur noch »Sch. . .-Aktien«.)

Festzuhalten bleibt, dass Blodget nicht allein war. Insbesondere eine von Meekers Empfehlungen, die bereits erwähnte Priceline.com, taumelte von der ätherischen Höhe der fast 170 Dollar je Anteil, auf die sie Marys Sporen Mitte 1999 getrieben hatten, bis August 2000 auf läppische 25 Dollar. Meekers sonstige Empfehlungen litten ähnlich stark.

Vergessen wir Thomas Bock nicht, das 28-jährige Wunderkind, dessen Werbung für das in London beheimatete Online-Auktionshaus QXL.com (»das eBay der Alten Welt«) die Aktie in weniger als einem Tag von 20 auf 117 Dollar hochkatapultiert hatte. Im September 2001 stand QXL.com nicht bei den von Bock vorhergesagten 333 Dollar, sondern kostete wenig mehr als einen Dollar je Anteil. Bock lag um schlappe 99,7 Prozent daneben, obwohl man natürlich der Fairness halber zugeben muss, dass die Prognose auf zwei Jahre angelegt war, von denen noch 12 Monate ausstehen.

Es sei dem, wie es sei, aber warnte Blodget, das ungekrönte Haupt der Schar der Internet-Staranalysten, nicht eine Idee zu spät?»Wenn man sich nur die Performance der Aktien ansieht, auf jeden Fall«, gesteht Blodget gegenüber dem *Wall Street Journal* freimütig.»Wir hätten sie vermutlich Anfang des Jahres bereits herabstufen sollen.« Ach, wirklich!?

Blodgets Kommentar ist womöglich noch nicht einmal der ärgerlichste. Die Internet-Analystin Lise Buyer, die früher für Credit Suisse First Boston arbeitete, erwähnte gegenüber *Fortune* im Juni 2000, sie könne sich»nicht daran erinnern, wann ich das letzte Mal einen Geschäftsbericht sorgfältig studiert habe.« Warum nicht?»Es hat niemanden interessiert«, antwortete sie.

Buyer sagte zu ihrer Verteidigung, sie habe deswegen CSFB verlassen und sei zu einer Risikokapital-Firma im Silicon Valley gewechselt, und sie beschwerte sich über den Mangel an integren Persönlichkeiten in dem Gewerbe und den Druck auf die Analysten, stimmungsvolle Hintergrundmusik für die Investment-Banker zu liefern. Was wurde von ihr als Analystin wirklich verlangt?»Es ging nur darum, wer den größten Lärm veranstaltete«, sagte Buyer.

Kapitel 4

Rattenfänger mit goldenen Flöten

Man nimmt kaum noch Notiz davon, so selbstverständlich ist diese profane Wirklichkeit geworden: Wertpapieranalysten benutzen praktisch kaum noch das Wort »Verkaufen«. Unter insgesamt 33 169 Empfehlungen waren nach den von Zacks Investment Research für 1999 zusammengestellten Zahlen nur 125 reine Verkaufsempfehlungen, das sind ganze 0,3 Prozent. Weitere 224 Empfehlungen (0,7 Prozent) kann man als Verkaufsempfehlung interpretieren, wachsweiche Einschätzungen wie etwa »Entwickelt sich schlechter als der Markt«.

Natürlich stand das Börsenjahr 1999 wie schon die Jahre zuvor im Zeichen des Bullen. Aber die Zahl der verkaufswürdigen Aktien muss höher als ein Prozent gelegen haben. Es muss eine Reihe von Papieren gegeben haben, deren Kurs explodierte, obwohl sich die Fundamentaldaten nicht geändert hatten, oder deren Kurs über das von den Analysten gesetzte Ziel hinausgeschossen war. Und bestimmt gab es ein paar Unternehmen, die schlicht und ergreifend vor die Hunde gingen.

Aber nein. Betrachten wir die Empfehlungen der Internet-Staranalysten wie Mary Meeker oder Henry Blodget: Auch eine Aktie, deren Kurs über jedes vernünftige oder anderweitige Maß hinaus gestiegen war, galt weiterhin als Kauf – eher gingen die Fundamentaldaten über Bord als diese Empfehlung. »Beinahe jeder signalisiert ... ›Kaufen‹ oder ... ›Halten‹«, erklärte Bruce Mandel Ende 2000. Er verwaltet in Los Angeles Aktien im Wert von 220 Millionen Dollar.

»Sie sagen nie … ›Verkaufen‹. Wenn sie es täten, könnten sie nie mehr mit dem Management des Unternehmens sprechen.« Vielleicht auch nie mehr mit der eigenen Investmentabteilung. Oder mit den großen institutionellen Kunden. Oder mit der eigenen Handelsabteilung.

Mit anderen Worten: Analysten sind dazu verdammt, das Anlegerpublikum mit lyrischen Ergüssen über höhere und immer höhere Anteilspreise und entsprechend fette Kapitalgewinne zu becircen. Sie sollen nicht die Spieler auf dem Feld kritisieren, sondern Investoren anlocken und blenden, sie animieren, wiederzukommen und noch mehr Geld anzulegen und auf eine neue Chance im Millenniums-Jackpot namens Wall Street zu setzen – Analysten als Marktschreier, als Anwerber, so wie jene, die vor den schmierigeren der Kasinos in Las Vegas stehen.

In den letzten Jahren mit ihrer Flut von Neuemissionen und dem Knick in der KGV-Kurve haben die Analysten schneller und verführerischer denn je zuvor gespielt. IPOs wurden nicht nur als rentable, künftig börsennotierte Unternehmen hingestellt, sondern als wahre Goldminen mit weltweit tragfähigen oder überall im Internet greifenden Konzepten.

Die Restaurantkette Planet Hollywood wurde nach diesem Modell geschaffen. Sie war schwerlich die dickste Bombe, die über der Wall Street niederging, und ihr Status als Rohrkrepierer par excellence wird von den Kandidaten der Internet-Implosion täglich herausgefordert, etwa von Pets.com oder eToys.com.

Nichtsdestoweniger kann Planet Hollywood durchaus mit gewissen Filmszenarien mithalten – man denke nur an *Waterworld* oder *Ishtar*. Es war ein grandioser Reinfall und ist eine durchaus unterhaltsame Geschichte – falls man nicht zu den Unglücklichen gehört, die sich in den Wall-Street-Hallodri eingekauft hatten.

Planet Hollywood, das Wiegenlied

Auf den ersten Blick wirkt die Idee hinter der Restaurantkette nicht
so unausgegoren. Da Film und Fernsehen zu den Eckpfeilern einer
Kultur geworden sind, die von den Anforderungen des modernen
Lebens ausgehöhlt wurde, hatte die Nation – und mit ihr die ganze
Welt – einen wachsenden, unstillbaren Appetit auf alles, was aus Hollywood kam. Warum sollte ein Restaurant als Hommage an das Zel-
luloid nicht in die Manie der Themenparks und Fresstempel Mitte
der neunziger Jahre passen? Warum nicht von Küste zu Küste eine
Kette überdimensionaler Kino-Restaurants, in denen 600 Leute
gleichzeitig essen konnten? Würden nicht die Massen, ausgehungert
nach dem Glamour der Traumfabrik, echtes Geld für ein Dinner im
falschen Hollywood-Ambiente – und den anschließenden Kauf von
Souvenirs – ausgeben?

Doch tatsächlich hätte selbst eine halbherzige Untersuchung potenzielle Investoren und die befassten Analysten abschrecken müssen. Erstens essen Menschen offenbar ein-, höchstens zweimal in einem derartigen Etablissement. Schon das bedeutet in der Regel das
vorzeitige Aus; die Umsätze in Themenrestaurants, die länger als ein,
zwei Jahre bestehen, sind meistens rückläufig. Zweitens hatte nur eine Hand voll Touristenstädte in der ganzen Welt die nötige Größe,
um die gewaltigen Kapazitäten von Planet-Hollywood-Niederlassun-
gen rentabel zu nutzen.

Diese Planungsfehler belasteten Planet Hollywood von Anfang
an, wurden allerdings von dem Trubel um den Start 1992 überdeckt.
Die Werbetrommel rührten der Gründer und Chairman, der Film-
produzent Keith Barish, sowie der CEO des Unternehmens, Robert
Earl. Er war von einer Spitzenposition in der erfolgreichen Restaurantkette Hard Rock Café zu Planet Hollywood gewechselt. Die beiden wirbelten mit ihren Schlegeln so geschickt auf dem Resonanz-
fell, dass die Zelluloid-Kantine richtig sexy wirkte, wenigstens bis
zum zweiten Gang.

Sicher, in den Lokalen ging es sehr lebhaft zu – weniger gnädige
Zeitgenossen würden sie wohl eher laut nennen –, dank aufgedrehter

Musikanlage, Geschirrklappern sowie brüllender Kellner und Gäste, die gegen den Lärm ankämpften. Manche sprachen von »Eater-tainment«. Das Unternehmen selbst bezeichnete die Atmosphäre in den Lokalen als »hochenergetisches Umfeld«.

Die Wände der Restaurants waren mit Film- und TV-Reliquien gespickt: Filmplakate aus den vierziger Jahren, Sharon Stones Eispickel aus *Basic Instinct,* die Matrosenkappe, die Bob Denver in der Fernsehserie *Gilligan's Island* getragen hatte. Ausschnitte aus alten Filmen flimmerten über die im Raum verteilten Bildschirme, meistens Musicals, deren Soundtrack gegen die »hochenergetische« Hausmusik (in der Regel auf verlorenem Posten) ankämpfte.

Zum Konzept gehörten die Berühmtheiten. Um die Horde der Analysten anzulocken, leisten sich die meisten Trend-Restaurants einen bekannten Mimen, eine attraktive Schauspielerin oder andere Prominente, die bei ihnen kostenlos bewirtet werden. Chairman Barish übernahm diese Politik der kalkulierten Freigebigkeit und trieb sie auf die Spitze: Er überredete zwei Dutzend Hollywood-Stars, noch vor dem Börsengang in die Kette zu investieren. Arnold Schwarzenegger, Whoopi Goldberg, Sylvester Stallone, Bruce Willis, Demi Moore, Cindy Crawford und ähnlich bekannte Gesichter kauften zusammen 18 Prozent der Aktien – zu Schleuderpreisen als Gegenleistung für ihren Auftritt bei den bombastischen Eröffnungsfeiern der einzelnen Filialen. Es war ein genialer Schachzug. Die geballte Ansammlung von Hollywood-Größen stärkte nicht nur das Image als Vorposten der Traumfabrik, sondern sorgte auch für eine ebenso geballte, fast sklavische Medienpräsenz. Das Presseecho zu jeder Eröffnung bot eine so fantastische kostenlose Werbung, dass so mancher Restaurantbesitzer dafür liebend gern eine Fleischvergiftung in Kauf genommen hätte.

Das Ganze war natürlich trotzdem ziemlich teuer. Der Börsenprospekt von Planet Hollywood belegt, dass die Kosten für die Öffentlichkeitsarbeit mit hauseigenen und freien PR-Spezialisten weit über dem Branchendurchschnitt lagen und die Filialen sehr viel Personal beschäftigten. Die meisten Gäste fanden das Essen ein bisschen zu teuer – eine korrekte Beobachtung, schließlich waren aus den Einnahmen gewaltige Gemeinkosten zu decken. Als noch nicht börsennotierte Firma hatte die Planet-Hollywood-Kette 126 Millionen Dollar für die Anschubfinanzierungen aufgenommen und weitere Millionen ausgegeben, die über den Verkauf von Anteilen vor dem Börsengang (so genannte Private-Equity-Finanzierung) hereingekommen waren.

Drei Jahre lang watete das Unternehmen in roter Tinte. 1995 endlich schrieb die Kette schwarze Zahlen und warf bei einem Umsatz von 270,6 Millionen Dollar einen Gewinn von 20,7 Millionen Dollar ab. Planet Hollywood stand im Zenit – und die Pflichtmitteilungen zeigen deutlich, dass das Management Bescheid wusste oder zumindest Bescheid hätte wissen müssen.

Erstens fielen die Umsätze der einzelnen Filialen in sich zusammen wie ein Soufflé, das ein kalter Windhauch streift. 1996 fielen sie um 5 Prozent, innerhalb der darauf folgenden drei Jahre um 40 Prozent. Zweitens gab es zum Zeitpunkt des Börsengangs weltweit etwa 30 Planet-Hollywood-Restaurants, aber die Hälfte der Einnahmen stammte aus vier Niederlassungen (Orlando, Las Vegas, Paris und London). Mit anderen Worten, die übrigen 26 Filialen waren Totgeburten.

Besonderen Anlass zur Sorge gab, dass die Kette auf den erstklassigen Märkten bereits präsent war – mit Neueröffnungen mithin höchstens mäßig rentable Sekundärmärkte zu erschließen waren. Anders als Denny oder McDonald's, die in einer Stadt durchaus mehrere Restaurants betreiben können, sind Gastro-Tempel à la Planet Hollywood so groß dimensioniert, dass sich selbst in Megastädten nur eine Niederlassung lohnt – eine Tatsache, die der Jahresabschluss nicht verschweigt. Aber die lukrativen Standorte waren bereits abgegrast.

Welche Maßnahme ergriffen Barish und Earl angesichts sinkender Umsätze in den bestehenden Filialen und der Aussicht, dass Neueröffnungen nur den Gewinn unter dem Strich wieder auffressen würden? Was beschlossen sie angesichts übersättigter Märkte und eines zu teuren Geschäftsmodells?

Was wohl? Sie brachten Planet Hollywood an die Börse. Sie engagierten Bear Stearns & Co. und ließen die Ansprüche ihrer Risikokapitalgeber mit der Erstemission befriedigen.

In den Tagen vor dem Internet-Boom galt Planet Hollywood als »heiße« Emission. Mit einem etablierten Wertpapierhaus
als Konsortialführer, der Verbindung zu Glanz und Glitter Holly-
woods und einer weltumspannenden Strategie machte die Restaurantkette etwas her.

»Das wird die Aktie des Jahres 1996«, begeisterte sich David Menlow, Präsident der IPO Financial Network Corp. »Die Anleger werden sie hervorragend aufnehmen.«[1]

»Die Aktie wird im Orbit landen«, echote die Analystin Linda Kil-
lian von Renaissance Capital Corp. »Der Name trägt.«[2]

Der Herausgeber und Verleger des Magazins *IPO Maven* verriet
vielleicht mehr, als ihm lieb sein konnte: »Planet Hollywood wird
eine extrem erfolgreiche Emission, weil sich viele Kleinanleger dafür
interessieren werden.«[3]

Aus einer denkwürdigen Symbiose heraus sagte Greg Novello,
Portfolio-Manager des Smith Barney Special Equities Fund – Smith
Barney gehörte zum Planet-Hollywood-Konsortium – gegenüber der
New York Times einige Wochen vor dem Börsengang, er werde die
Aktie in sein Portfolio nehmen. »Das wird schon wegen des Medien-
interesses und der Publicity ein Geschäft«, erklärte er. Bei dem gan-
zen »Rummel« müsse die Emission ein Erfolg werden.[4]

Wenn ein in seinen Entscheidungen nicht völlig unabhängiger
Fondsmanager für den nächsten IPO-Kandidaten wirbt und die Aktie dann auch noch kauft, kann das dem Underwriter eigentlich nur
recht sein. Das ist ganz nach dem Geschmack der Wall Street. Schwer
zu sagen, wer die PR-Trommel für Planet Hollywood kreativer rühr-
te: Chairman Barish und seine Truppen aus der Traumfabrik oder
das Konsortium unter Führung von Bear Stearns.

Der Börsenprospekt von Planet Hollywood ventilierte Zuversicht
hinsichtlich der Eroberung von attraktiven Städten wie Tel Aviv, Boston, Tokio, Bangkok, Seattle, San Antonio, Sydney, Taipeh, Singapur,
Shanghai, Berlin, Amsterdam und Oberhausen (!) – hübsche, berü-
ckende, glamouröse Aussichten. Und die Unternehmensleitung
sprach von einer zweiten »Eater-tainment«-Kette zum Thema Sport:
den Official All-Star Cafés. Trikots, Basketbälle und andere Insignien

von Athleten sollten dort an den Wänden hängen, Sportler die Stars und Investoren sein. Planet Hollywood plante sogar Comic-Restaurants, die Marvel Mania heißen sollten.

Als der Vorposten der Traumfabrik am 22. April 1996 endlich öffentlich gehandelt wurde, erreichte der Markt den Siedepunkt – aufgeheizt von einer ausgeklügelten PR, den wohlwollenden Äußerungen einiger Fondsmanager (die überwiegend für die Mitglieder des Konsortiums arbeiteten) und einer fantastischen Roadshow, durchgeführt von Bear Stearns. (Michael Tarnopol, Vorstandsvorsitzender und Chairman der Investmentabteilung von Bear Stearns, saß zuletzt im Board von Planet Hollywood.)

Der Ausgabepreis wurde zunächst bei 15 Dollar festgesetzt. Kurz vor dem Emissionstermin erhöhte man auf 18 Dollar. Die Aktie verhielt sich wie Popcorn: Am ersten Handelstag explodierte der Kurs auf 31 Dollar, und das war's dann. Welcher Anlegertyp war bereit, 72 Prozent Aufschlag gegenüber dem Ausgabepreis zu zahlen – für einen Wert, bei dem man die Reaktion des Marktes überhaupt noch nicht abschätzen konnte? Bear Stearns leitete den Handel, behauptet aber, man wisse nicht, wer die Aktie gekauft habe.

Es spricht für sich, dass die Institutionen ihre Anteile gleich am ersten Handelstag wieder abstießen. Mit der Schlussglocke notierte Planet Hollywood bei 26,875 Dollar. Das war einiges unter dem Höchstkurs, aber immer noch Schwindel erregende 50 Prozent über dem Ausgabepreis (vor dem Internet-Boom galten 50 Prozent Aufschlag durchaus noch als Schwindel erregend). Das Handelsvolumen war enorm, 22,6 Millionen Anteile wechselten den Besitzer, damals ein Rekord für eine Neuemission an der Nasdaq. Und ein klares Zeichen, dass die Institutionellen verkauften, denn nur sie ergattern Aktien von heißen IPOs. Wenn große Mengen auf den Markt geworfen werden, dann haben sie per definitionem die Hände im Spiel.

Gemessen an den Kennziffern, wurden Planet-Hollywood-Aktien zum 140fachen der (Vorjahres-)Gewinne und zum ungefähr 70fachen der für 1996 geschätzten Gewinne gehandelt. Die Marktkapitalisierung belief sich auf 2,9 Milliarden Dollar oder ungefähr 100 Millionen Dollar für jedes der 30 Restaurants, die damals zu der Kette gehörten. Im Durchschnitt hatte Planet Hollywood für den Bau und die Eröffnung jeder Niederlassung 7,3 Millionen Dollar ausgegeben, eine rekordverdächtige Summe. In den Unterlagen zum Börsengang legte Bear Stearns dem anlegenden Publikum dar, jedes Restaurant der Kette sei 66 Millionen Dollar, ungefähr das Zehnfache der Investitionskosten, wert. Am Ende des ersten Handelstages behauptete Wall Street also, sie seien 100 Millionen Dollar wert.

Zweifellos ein süßer Nachschlag für die Hollywood-Größen, die vor dem Börsengang Anteile hielten. Insgesamt summierte sich ihr Anteil an Planet Hollywood auf 537 Millionen Dollar – ein Dauerlutscher für die Meister der Geschwätzigkeit in unzähligen Talkshows.

Der Börsengang belohnte auch die frühen institutionellen Geldgeber von Planet Hollywood, denn sie konnten sich mit satten Gewinnen aus ihrem Engagement zurückziehen. Von den 197 Millionen Dollar, die durch die Emission hereinkamen, dienten 66 Millionen Dollar der Ablösung eines Schuldscheins auf den Namen des Unternehmenschefs und weitere 60 Millionen Dollar der Abzahlung von Altschulden bei Institutionen. Außerdem verkauften institutionelle Altaktionäre von Planet Hollywood wie Lincoln National Life Insurance, First Britannia Mezzanine Capital NV, Planetco Ventures Ltd. und Electra Investment Trust PLC ihre Anteile während des IPO und strichen gewaltige Gewinne ein.

Viele institutionelle Investoren, die für einen Ausgabekurs von 18 Dollar plädierten, stiegen schneller wieder aus, als ein weich zu kochendes Ei aus brodelnden Wasser genommen werden muss. Der Sprecher der Numeric Investors, Boston, gab Journalisten gegenüber zu, seine Firma habe das Aktienpaket von Planet Hollywood quasi mit einem Fingerschnippen verkauft.

In den USA verfügt die Börsenaufsicht eine »Stillhalteperiode« von 25 Tagen vor und nach dem Börsengang. In dieser Zeit sind öffentliche Äußerungen von Vertretern des Unternehmens oder der beteiligten Banken – einschließlich der Analysten – nicht gestattet. Kraft Gesetzes waren die Analysten also zum Schweigen verpflichtet. Doch kaum waren die 25 Tage um, sprangen sie auf die Bühne und ließen Trompeten erschallen.

Am 14. Mai 1996 gaben vier Wertpapierhäuser – die allesamt dem Konsortium im IPO von Planet Hollywood angehörten – Empfehlungen aus: »Kaufen«, »Outperformer« oder »attraktiv«. Es war das Analysten-Äquivalent zum Big-Band-Sound. Smith Barney (heute Salomon Smith Barney), Montgomery Securities (gehört heute zur Banc of America Securities), Schroder Wertheim & Co. und natürlich Konsortialführer Bear Stearns & Co. übertrafen sich gegenseitig mit Lobeshymnen auf ihre Glamour-Aktie Planet Hollywood und deren vielzitierten CEO, Robert Earl.

Als Erster setzte Joseph T. Buckley seine Flöte an die Lippen. Der Restaurant-Spezialist von Bear Stearns untertitelte seine Hymne auf das Unternehmen mit »Planet Hollywood: Eine Wachstumsmaschine mit großen Zuwachsraten«.[5] Als Buckley seinen 19-seitigen Bericht herausgab, notierte die Aktie bei 26 Dollar, 51 Prozent über dem Ausgabepreis, den die Investment-Banker und Buchhalter mit 18 Dollar für Management und Aktionäre als »angemessen« festgesetzt hatten.

Trotzdem nannte Buckley die Aktie »attraktiv« (was einer Kaufempfehlung entspricht). Er pries die Chancen von Planet Hollywood, nicht nur beim Essen, sondern auch im Merchandising gut abzuschneiden, und er schätzte, dass »innerhalb der nächsten Jahre« die Hälfte der Gesamteinnahmen aus solchen Umsätzen generiert würde. Keine Restaurantkette hatte bisher besonders gut an Klamotten und Schnickschnack verdient, aber das scherte Buckley wenig.

Auch wenn der Analyst selbst zugab, dass die Anziehungskraft von Themenrestaurants insgesamt so schnell nachlässt wie diejenige der Hits von gestern, erklärte er Planet Hollywood zur großen Ausnahme, die den Trend aushebeln würde. »Planet Hollywood hat mehr Stehvermögen als die meisten Neueinsteiger«, schrieb er. »Die Themen Kino und Sport haben eine breitenwirksame Anziehungskraft, beide sind fester Bestandteil der amerikanischen Popkultur, und ihre Beliebtheit zeigt keine Ermüdungserscheinungen. Wir denken zudem, dass die Stars großen Anteil an der Attraktivität von Planet Hollywood und den All-Star Cafés haben und berühmte Anteilseigner dem Markennamen auf lange Sicht zum Erfolg verhelfen werden ...«

Unter den Gründen, die nach Buckleys Ansicht einen Preis von 26 Dollar und mehr für eine Planet-Hollywood-Aktie rechtfertigten, findet sich mehr als eine Chimäre. So schreibt er: »[Planet Hollywood] arbeitet außerdem an einem Themenrestaurant ... ›Küchenchefs der Welt‹, das dann wieder als Sprungbrett für andere Geschäftszweige dienen kann (etwa eine eigene TV-Show oder eine Produktlinie aus Gourmet-Kochgeschirr). Wir erwarten vom Management ein kostengünstiges Lizenzgeschäft, aus dem zusätzliche ergiebige Einnahmeströme fließen. Diese Lizenzbemühungen eröffnen unserer Auffassung nach solide Wachstumspotenziale, denn sie erfordern wenig Kapital und stärken den Markennamen.«

Buckley plapperte hier Earls etwas kauzige Vision von einer Bevölkerung nach, die viele, viele verschiedene Artikel unter dem Markennamen Planet Hollywood kaufen wird, weil sie diesen mit dem von der Restaurantkette inspirierten Lebensstil identifizieren würde. Aber warum die Konsumenten Grillzangen oder teure Lederjacken von Planet Hollywood und nicht von einem anerkannten Küchengeräte- oder Konfektionshersteller erwerben sollten, das wurde nie erklärt.

Dabei kannte Buckley die Probleme im Paradies. Auf Seite 7 vermerkt er, in den bestehenden Filialen seien die Umsätze »im ersten Quartal 1996 um 4,6 Prozent gesunken«. Man sollte glauben, dass ein gewiefter Analyst angesichts fallender Umsätze die Zeit gekommen sieht, sich zurückzulehnen und die Mahlzeit zu inspizieren. Ein knallharter Vertreter der Zunft hätte womöglich geschrieben: »Die Anteile werden, ohne dass sich an den Fundamentaldaten etwas geändert hätte, bereits 50 Prozent über dem Ausgabepreis gehandelt. Jetzt fließen die Einnahmen der älteren Filialen nur schwach, genau genommen sind sie rückläufig. Man sollte die weitere Entwicklung erst einmal abwarten.«

Nicht so Buckley. Stattdessen schrieb er die schlechteren Umsätze dem schlechten Wetter zu. Wie sich schlechtes Wetter auf eine Restaurantkette mit Niederlassungen in 30 Städten auf verschiedenen Kontinenten auswirken konnte, verriet er nicht. (Die Ausrede lan-

cierte das Management von Planet Hollywood: Die ungünstigen me-
teorologischen Verhältnisse beeinträchtigten so viele Filialen, dass
der Gesamtumsatz darunter leide.)

Buckley schaute in eine Langstrecken-Kristallkugel, als er die Zukunft von Planet Hollywood weissagte. Obwohl bisher nur ein einzi-
ges der geplanten All-Stars Cafés – die laut Buckley wachstumsent-
scheidend waren – eröffnet war, ging der Analyst von einer Gewinn-
steigerung um 83 Prozent im Jahr 1996 und nochmals 57 Prozent im
Jahr 1997 aus. Danach würde sich das Wachstum zwischen 30 und 35
Prozent jährlich einpendeln.

Im Wesentlichen repräsentiert Buckleys Bericht eine Light-Version
des Börsenprospektes, den Planet Hollywood und Bear Stearns der
SEC eingereicht hatten. (Das Management börsennotierter Unternehmen kann nach Recht und Börsenaufsicht nicht in blauäugigen
Plänen schwelgen. Es gehört zu den Kuriosa der bestehenden Aufsichtsregeln, dass Analysten trotz ihrer engen Anbindung an die Investment-Banking-Abteilung nach wie vor Sicherheitsbestimmun-
gen unterliegen – ein sicherer Hafen, der noch aus der Zeit stammt,
als Analysten von der Unternehmensfinanzierung durch eine Chinesische Mauer getrennt waren.)

Buckleys Bericht hinterfragte die Zahlen nicht, enthielt keinerlei
Überlegungen, ob das Management Trends und Ereignisse zu optimistisch einschätzte, und keine Anzeichen für selbstständige Nachforschungen. Falls Buckley je in einem Planet-Hollywood-Restaurant
gegessen und das Dinner aus eigener Tasche bezahlt haben sollte, ließ
er es sich jedenfalls nicht anmerken.

Auffällig genug: In den 19 Seiten über die Kette fehlt jeder Hinweis
auf die Tatsache, dass in den Restaurants mit ihrem großen Personal-
aufwand, der teuren Ausstattung und dem geschäftigen Traumfa-
brik-Dekor erheblich höhere Kosten anfielen als bei vergleichbaren
Konkurrenten. Das ging klar aus dem Börsenprospekt hervor. Buckley verschwieg auch, dass sich einige Großaktionäre mit dem IPO
vollständig von ihrem Anteil an Planet Hollywood getrennt hatten
und dass der Löwenanteil des beim Börsengang erlösten Geldes zur
Schuldentilgung verwendet worden war. Und Buckley erwähnte tun-

lichst nicht, dass das hohe Handelsvolumen des ersten Börsentages dem Ausverkauf durch institutionelle Anleger geschuldet war.

Seltsamerweise unterstreicht Buckleys Bericht trotzdem die fragile Natur von Planet Hollywood aus Anlegersicht. Irgendwo in der Mitte konstatiert er nonchalant, dass seine Gewinnprognose auf der erfolgreichen und rentablen Einführung der All-Star Cafés beruhe. (Auf nichts anderem?) Anders gesagt, er sah nicht in den Planet-Hollywood-Restaurants selbst den Gewinntreiber, sondern in einem Geschäftskonzept, dessen Bewährung noch ausstand.

Buckley befand sich mit seinem Loblied auf einen Klienten seines Wertpapierhauses in guter Gesellschaft. John J. Rohs, damals Analyst bei der im Konsortium vertretenen Firma Schroder Wertheim & Co., stimmte in den positiven Tenor ein (»Outperformer«) und untermalte seine Empfehlung mit denselben Tugenden, die auch Buckley auswalzte. Vielleicht hatte er sich die Kristallkugel seines Kollegen ausgeliehen, ging doch auch er von jährlichen Wachstumsraten um 35 Prozent aus. Woher diese magische Zahl stammt, bleibt geheimnisumwittert. Als hätten sich Buckley und Rohs in die Augen geschaut und dann ihre Flöten im himmelstürmenden Crescendo vereint.

Als Rohs' Bericht am 22. Mai 1996 herauskam, wurde die Aktie von Planet Hollywood zum 60fachen der geschätzten Jahresgewinne gehandelt. In seinem heroischen Bemühen, dieses gigantische KGV zu rechtfertigen, verglich der Analyst die angeschlagene Restaurantkette mit Einzelhandelsriesen wie Home Depot, PetsMart oder Bed Bath and Beyond. Selbst diese so genannten »category killers«, die alles beherrschenden Markennamen des amerikanischen Einzelhandels, wechselten »nur« zum 46fachen des Gewinns den Besitzer – deftig genug, aber konkurrenzlos abgeschlagen hinter Planet Hollywood.[6]

Wie Buckley konzedierte Rohs rückläufige Umsätze in den Restaurants, die seit mehr als 18 Monaten bestanden. Und wie Buckley schrieb er diese Tatsache dem »schlechten Wetter« zu.

Die Anleger sollten bald schon entdecken, dass es auf der ganzen Welt Tag und Nacht regnete und regnete, wenigstens immer dort, wo ein Planet-Hollywood-Restaurant stand.

WAS WAR AN PLANET HOLLYWOOD dran, dass die Analysten so schrill in ihre Pfeifen bliesen? Bei einigen mag eine Rolle gespielt haben, dass die Investment-Banking-Abteilung ihres Arbeitgebers das Unternehmen an die Börse begleitet hatte. Andere, deren Firmen keine derart offensichtlichen Beziehungen zu Planet Hollywood pflegten, wollten sich vielleicht für die Zukunft empfehlen oder ihren institutionellen Handelskunden beim Ausstieg aus der Aktie helfen. Und der eine oder andere ließ sich möglicherweise auch nur von dem Starrummel blenden.

CEO Earl setzte seinen wachsenden Star-Tross geschickt ein. Nicht nur bei Neueröffnungen, um die Medien zu bedienen, sondern auch bei Briefings mit den Analysten ließ er Prominenz aufmarschieren. Ein solches Treffen fand zum Beispiel an einem heißen Junitag in Las Vegas statt. Kein Geringerer als Megastar Arnold Schwarzenegger trat vor die Analysten, um die Vorteile der Restaurants mit ihren Kinosouvenirs herauszustreichen. Die Branchenspezialisten waren offenbar tief beeindruckt, denn kurze Zeit später empfahlen Salomon Bros., Paine-Webber und Cowen & Co. Planet-Hollywood-Aktien als »Kauf«.

Doch die Analysten interessierten sich nicht allein für Arnolds männlichen Charme. Tatsache war, dass es viel zu gewinnen gab, wenn man sich mit dem Management von Planet Hollywood gut stellte. Wollte die Kette expandieren, würde sie weitere finanzielle Mittel benötigen, das heißt, weitere Emissionen waren erforderlich, Anleihen würden begeben, vielleicht ließe sich gar eine lukrative Fusion arrangieren. Und falls der Vorposten der Traumfabrik Schlagseite bekommen sollte, konnte man immer noch an Sanierungsplänen und Anleihen verdienen.

In den Monaten nach dem Börsengang begannen Earl und die Analysten mit der Repositionierung von Planet Hollywood. Vielleicht wurde ihnen der Boden angesichts des aufgeblähten Kurses zu heiß. Planet Hollywood sei viel mehr als eine Restaurantkette, es sei vielmehr ein Unternehmen, das in den nächsten Jahren mit seinem Markennamen auf einer Wellenlänge mit den Konsumenten liegen würde. Plötzlich war die Rede vom Planet-Hollywood-Lifestyle. Klar, der entsteht nicht von heute auf morgen. So etwas benötigt Zeit.

Der neue Dreh legte die Emphase auf die Zukunft und auf Merchandising-Umsätze, die bis zu 40 Prozent der Gesamteinnahmen betragen würden. »Wir wollen eine Marke aufbauen«, erklärte Earl und schilderte Pläne, T-Shirts, Eiskrem, Brettspiele und Parfüm zu vermarkten. Andere spekulierten über eine Zusammenarbeit mit Visa-Kreditkarten und einer Gameshow im Fernsehen: *Planet Hollywood Squares.*[7]

Obwohl weitere Planet-Hollywood-Restaurants offensichtlich keine Lösung waren – die ertragreichsten Standorte waren bereits bedacht, das Geschäftsmodell funktionierte in der Mehrzahl der Niederlassungen nicht –, gründete die Kette neue Filialen und hielt entschlossen wie ein Zombie an Konzepten aus stürmischeren Tagen fest. Im Oktober 1996 unterhielt sie 45 Restaurants. Während so neue Verlustquellen entstanden – und für den Standort Chicago Morris the Cat's Food Bowl erworben wurde –, streifte die Unternehmensleitung auf der Suche nach rentableren Projekten durch die Geschäftslandschaft. Nach der (publizistisch geschickt inszenierten) Ankündigung eines geplanten 3 200-Zimmer-Hotels nebst Kasino auf einem 13,8 Hektar großen Gelände in unmittelbarer Nachbarschaft zum ITT Desert Inn Casino am Strip von Las Vegas sowie eines kleineren Hotels (1 000 Räume) mit Glücksspiel-Bereich an der Uferpromenade von Atlantic City stieg der Kurs der Aktie kurzfristig. ITT sollte der Geschäftspartner dieser Unternehmungen sein. »Das geht über Essen und Trinken hinaus«, verkündete Earl. »Dadurch wird unser Markenname berühmt.«[8]

Man versteht nur zu gut, warum das Management praktisch überhaupt nicht über das Kerngeschäft von Planet Hollywood sprach – Essen in Restaurants verkaufen, erinnern Sie sich? Denn das Kerngeschäft vergammelte allmählich, es roch schon unappetitlich. Die Umsätze stiegen zwar im zweiten Quartal 1996 von 65,8 Millionen Dollar auf 85,4 Millionen Dollar, aber die Erträge stürzten ab, von 9,2 Millionen Dollar auf 721 000 Dollar. Fairerweise sei erwähnt, dass die Erträge in diesem zweiten Quartal von einer schwer durchschaubaren einmaligen Belastung um 10 Millionen Dollar gedrückt wurden. Skeptiker glauben an unsaubere Tricks, aber selbst wenn man die

Belastung für bare Münze nimmt, kann man die Erträge nur als schwach und rückläufig im Verhältnis zum Umsatz bezeichnen. Mehr Restaurants bedeuteten eben nicht mehr Gewinn. (Ein Unternehmensinsider behauptet, dass die Zahlen in den ersten Quartalen frisiert wurden, um den Schein zu wahren. Ausgaben seien zurückgestellt und Einnahmen vorgezogen worden. Das habe den meisten institutionellen Käufern der Erstemission die Gelegenheit verschafft, ihre Positionen zu schließen.)[9]

Bedeutsamer noch und leider von den Anlegern noch weniger beachtet: Die Umsätze in den bestehenden Filialen sanken weiter, und auch der prozentuale Anteil des Non-Food-Bereichs am Umsatz ging zurück.

Man sollte denken, dass diese niederschmetternden Zahlen – offen gelegt in dem aufsichtsrechtlich geforderten Quartalsbericht wenige Monate nach dem Börsengang – einige Fragen von Seiten der Analysten provoziert hätten, etwa: »Warum sinken die Umsätze der Restaurants?«, oder: »Ich dachte, Planet Hollywood unterscheide sich durch die Umsätze im Non-Food-Bereich von anderen Ketten. Warum fallen sie?« Wer glaubt, derartige Fragen seien zumindest von den Analysten der Konsortialbanken gestellt worden, der irrt. Sie sahen mehr oder minder über die Zahlen hinweg und folgten der Ansicht des Managements, die spektakulären Neueröffnungen führten eben zunächst zu Rückgängen, die sich jedoch im Lauf der Zeit ausgleichen würden. Buckley und Rohs rieten unverändert: »Kaufen.«

Die Analysten waren wie verhext von Earls Plänen, »Hunderte« von »Cool Planet«-Eisdielen und »Sound Republic«-Lokalen mit Live-Musik zu eröffnen, und sie verließen sich auf Earls Fähigkeit, Anleger zu betören. Im Dezember 1996 erzählte Earl dem Magazin *Fortune*, sein Unternehmen könne nachhaltig ein Wachstum von 35 Prozent pro Jahr erreichen. Obwohl er damit noch über den optimistischsten Schätzungen der Analysten lag, regte sich unter den Börsianern kein Widerspruch.

Die Anteilseigner hatten allerdings ein Problem mit den großen Würfen und den grandiosen Prognosen: Aus keinem der Pläne wurde etwas, und die Geschäftsgrundlagen lösten sich zusehends auf.

Während das Geld im Gully verschwand, reichte es weder für die Investitionen in die Kasino-Hotels noch für die Anschubfinanzierung der Official All-Star Cafés oder für Dinners im Marvel-Comic-Look. Es gab keine Geschirr- oder Besteck- oder Kochgeräte-Serie mit dem Label von Planet Hollywood und keine »Chefs of the World«-Restaurants. Die Kinopaläste blieben ungebaut, die Eisdielen verkauften kein Eis unter dem Markennamen Planet Hollywood. Nicht ein Ton über die »Sound Republic-Idee«, geplant auf über hundert Lokale. Weder Brettspiele noch eine TV-Show trugen den Namen Planet Hollywood in die Welt. Große Investitionspartner wie ITT Corp. bekamen offenbar regelmäßig kalte Füße, wenn das Joint-Venture konkret wurde.

Am schlimmsten für die Anleger waren jedoch die Umsätze der Restaurants, die zum Himmel stanken. Die Gäste kamen einmal und nie wieder. Die Umsätze bestehender Lokale sanken 1997 um 11 Prozent, 1998 um 18 Prozent. Die Umsätze aus dem Merchandising schrumpften 1998 auf ein Fünftel der Gesamteinnahmen; die Verbraucher weigerten sich, 400 Dollar für eine Lederjacke von Planet Hollywood auf den Ladentisch zu legen.

Zugegeben, Ende 1998 hatte ein Analyst die Schnauze voll. Für die meisten Anleger kam die Einsicht zu spät. Paul Marsh von SG Cowen ließ im Oktober endlich die Cheerleader-Attitüde fahren. In einem messerscharfen Bericht bezeichnete er Planet Hollywood als »Anti-Marke«: »Es ist eine Geschichte über schlechtes Essen. Und keiner der Stars schaute nach der feierlichen Eröffnung ein zweites Mal vorbei.« Vielleicht wollten sie nicht mit der Innenausstattung verwechselt werden. Jedenfalls bekannte Marsh, seine frühere Kaufempfehlung sei der größte Fehler seiner Laufbahn gewesen.[10]

Nach 1998 fielen die Gewinne recht bescheiden aus. 1999 meldete das Unternehmen im ersten Quartal erstaunliche 22 Prozent Rückgang im Vergleich zum miserablen Vorjahresquartal. Zu diesem Zeitpunkt zählte ein typisches Planet-Hollywood-Restaurant (wenn es überhaupt noch arbeitete) nur noch 60 Prozent der Besucher, die es 1995 hatte bedienen dürfen. Inzwischen gab es 78 Filialen, eine wirklich verblüffende Zahl, da sich das Konzept, abgesehen von großen

Touristenstädten, überall als unrentabel erwiesen hatte. Planet Hollywood eröffnete Restaurants an Orten wie Gurnee Mills, Illinois, oder in dem Einkaufszentrum Mall of America bei Minneapolis.

Für den nächsten Gang, serviert im März 1999, benötigten die Anleger einen robusten Magen: 1998 erwirtschaftete Planet Hollywood bei einem Umsatz von 387 Millionen Dollar netto einen Fehlbetrag von 238 Millionen Dollar.

Für Privatanleger, die die Aktie nach dem Börsengang gekauft hatten, war Planet Hollywood eine Katastrophe. Gewinn zogen aus diesem Wert buchstäblich nur die Anteilseigner, die ihr Geld vor dem Börsengang in das Unternehmen gesteckt hatten, und die Institutionellen, die die Emission zum Ausgabepreis erworben und in den ersten Tagen des Handels wieder abgestoßen hatten. Seit diesem Zeitpunkt sank der Kurs drei Jahre in Folge, nur gelegentlich von verhohlener Kritik begleitet, die gewöhnlich dann laut wurde, wenn wieder einmal von neuen Kasinos die Rede war.

Am 22. Januar 1999 wurde die Aktie für 3 Dollar das Stück gehandelt. Buckley, noch immer bei Bear Stearns, packte seine Flöte ein, kletterte von der Bühne und stufte Planet Hollywood von »Kaufen« auf »Neutral« herunter. Selbst das war noch zu positiv, denn der Kurs fiel kurz danach auf einen Dollar. Und wer kann gegenüber einer Aktiengesellschaft, die mit Volldampf in den Bankrott rauscht, neutral bleiben? Im richtigen Leben wäre so etwas ein »Verkaufen« wert. Noch in demselben Jahr erklärte sich die Kette für zahlungsunfähig und meldete Konkurs an. Im Dämmerlicht stritten sich die Kreditgeber um die verwertbaren Überreste.

Pleiten, Pech und Playboy

Die Methode, eine Aktie erst aufzublasen, damit die Privatanleger sie kaufen, und die Luft herauszulassen, sobald sich Insider und Paketbesitzer aus dem Wert verabschiedet haben, ist nicht auf Neuemissionen beschränkt. Manchmal werden abgehalfterte Aktien zurück ins

Rampenlicht gezerrt – insbesondere im Gefolge guter Nachrichten, etwa Ölaktien nach einem Anstieg der Ölpreise – und dann verprügelt. Die Analysten lassen gegenüber großen Klienten die Tendenz des nächsten Berichts durchblicken, die Fondsmanager kaufen und bestätigen damit die Prognose der Analysten, die Aktie würde steigen. Anschließend spielen die Analysten das Spiel mit den Medien und jubeln die betreffende Aktie in die Höhe. Nach einer hübschen kleinen Rally wenden sich die großen Jungs dem Ausgang zu.

Bei Zweitemissionen, also wenn die zweite Tranche einer bereits an der Börse notierten Aktie am Markt »untergebracht« wird, erreicht dieses Muster seinen Höhepunkt. Paradebeispiel für einen solchen Hype war die Platzierung von weiteren 2,875 Millionen Anteilsscheinen an Playboy Enterprises Inc., Chicago.

Der *Playboy*, ein Magazin, das die meisten Amerikaner in den besten Jahren besser kennen, als sie zugeben würden, war in den fünfziger und frühen sechziger Jahren brandaktuell. Der Gründer, Verleger und Herausgeber Hugh Hefner riss Mauern ein, die heutzutage recht spießig wirken, und die Art, in der er seine Abbrucharbeiten erledigte, galt damals als ausgesprochen urban.

Aber in den siebziger Jahren schmolzen die Auflagen zusammen. Das Unternehmen trudelte durch die Achtziger. 1988 übergab Hefner das Ruder an seine Tochter Christie, Sprössling eines Playboy-Häschens. Die Rendite bewegte sich unter ihrer Führung keinen Millimeter, Wall Street war nicht beeindruckt, und der Kurs dümpelte flach wie ein Brett immer hübsch um die 10-Dollar-Marke. Warum ertrugen die Anteilseigner so viel Mittelmäßigkeit, nicht jahre-, sondern jahrzehntelang? Wie wir später noch genauer erklären werden, hielt der alte Fuchs die Mehrheit der Stammaktien, sodass die Minderheitsaktionäre zur Passivität verdammt waren.

Nachdem die Aktie jedenfalls fast eine Generation lang an der NYSE ein Schattendasein geführt hatte, zeigte der Kurs Ende 1998, Anfang 1999 interessante Zuckungen, zur Abwechslung mal nach oben. Warum? Die Wertpapierhäuser Credit Suisse First Boston und ING Barings Furman Selz LLC protegierten sie, um die Zweitplatzierung von 2,875 Millionen Häschen-Scheinen am 11. Mai vorzubereiten. Hefner brauchte Geld und beschloss, einen Bruchteil seiner Mehrheit abzuzwacken. Nur einen Bruchteil, beileibe nicht so viel, dass ihm jemand hätte reinreden können.

Während der ersten Monate des Jahres 1999 stieg der Kurs, obwohl sich die Fundamentaldaten des Hochglanz-Softporno-Imperiums keineswegs zum Besseren entwickelten. Dann liefen (komischerweise) Gerüchte um: Falls Hefner – damals 73, eifrig Viagra schluckend und beinahe viermal so alt wie seine »Freundinnen« – stürbe und sein Aktienpaket veräußert würde, käme es zu einem Austausch des Managements.

Die zweite Tranche der Playboy-Anteile war ein voller Erfolg, der Kurs mit erstaunlichen 30 Dollar gut dreimal so hoch wie im Vorjahr und höher als je zuvor. Credit Suisse First Boston scheute sich nicht, den Kursausschlag seinem Wirken zuzurechnen. Vor der zweiten Emission schickte die Bank ihre Truppen durch die Lande, damit sie die Vorteile des Playboy gegenüber institutionellen Investoren und den wichtigeren unter den Börsenmaklern ausposaunten. »Die Kombination [unserer] zwölftägigen Roadshow durch 16 Städte mit den 2,875 Millionen Anteilen, die zusätzlich in den Handel kamen, entzündete ein neues Interesse am Playboy«, schrieb der CSFB-Analyst Steven Barlow am 24. Mai 1999 und empfahl die Aktie trotz eines Kurses um die 31 Dollar »unbedingt« zum Kauf. Seine 44-seitige Ode an das Land der Wohlversorgten trug den Titel »Playboy – über den Aufstieg des einzigen globalen multimedialen Männer-Markennamens zu mehr Cash-Flow und Vermögenswerten«[11].

Stewart Halpern, Analyst beim Konsortialmitglied ING Barings, schmuste sich regelrecht durch seinen 15-seitigen Bericht über den Playboy, der natürlich ebenfalls in einer »starken« Kaufempfehlung kulminierte. Halpern nannte das Edelschmuddelblatt am 12. Mai 1999 eine »ideale Gelegenheit, in die Unterhaltungsinhalte des 21. Jahrhunderts zu investieren«, und ein »seltenes, fast reines Spiel mit dem globalen Wachstum der digitalen Unterhaltung«[12].

Auf ihren 16 Zirkusvorstellungen erzählten die Mannen von Credit Suisse und ING Barings den institutionellen Klienten und Börsenhändlern, die Underwriter schätzten das Potenzial extrem optimistisch ein, und die Analysten liebten die Aktie auch – oder anders gesagt: Nach dem Börsengang treiben wir sie nach oben, unsere Makler vor Ort werden sie den Privatanlegern empfehlen. Auf Wall-Streetesisch heißt das »institutionelles Sponsoring«.

Noch vor der zweiten Emission erwarben Institutionen Anteile am Playboy, darunter Fidelity Research & Management, Alliance Capital Management und Wanger Asset Management. Das geht aus den Unterlagen der SEC hervor. Fidelity kaufte besonders aggressiv und hielt schließlich 12,97 Prozent der Aktien. Institutionen erwarben zudem große Pakete aus der zweiten Tranche, die sie in den folgenden Wochen weitgehend wieder verkauften. Das Handelsvolumen der Playboy-Aktien nach der Folgeemission schlug alle Rekorde – ein ziemlich sicheres Zeichen, dass die Institutionen ihre Bestände ausverkauften. Kein Analyst verlor darüber ein Wort.

ABER WIE SO VIELE 1999 emittierte Aktien konnte man die neckischen Häschen aufgrund der Fundamentaldaten schwerlich mögen – genau genommen erscheint es im Licht der zugrunde liegenden Zahlen sündhaft, Playboy-Aktien auf den Markt zu bringen.

Die Erlöse des Sex-Magazins waren seit Jahren ein Trauerspiel, die Gewinne bestenfalls mager. 1998 erwirtschaftete das Unternehmen bei einem Umsatz von 317,7 Millionen Dollar bescheidene 4,3 Millionen Dollar Nettogewinn, nicht gerade prickelnd, wenn man die Zahlen von 1980 dagegen hält: 13 Millionen Dollar Jahresüberschuss bei 363 Millionen Dollar Umsatz. Seit 18 Jahren schleppte sich der Kurs seitwärts, während der Hefner-Clan die Mehrheit der Stammaktien besaß und die Geschäfte leitete.

Der Ausgabepreis der Zweitemission von 30 Dollar je Aktie im Mai 1999 entsprach ungefähr dem Hundertfachen der für dieses Geschäftsjahr geschätzten 31 Cent Gewinn je Aktie (geschätzt von wohlwollend gesinnten Analysten). Das Hundertfache des Gewinns eines Unternehmens, dessen Kerngeschäft – Softporno-Fotos von nackten Frauen – tausendfach im Internet und in Videoverleihen überall in den USA mit historisch beispielloser Gründlichkeit kopiert wurde.

1999 war es für die Amerikaner wahrscheinlich einfacher, richtige Pornos zu kaufen als die bis in die letzte Einzelheit arrangierten Ausgaben des *Playboy* und einiger anderer Vertreter des »sauberen Schmutzes«. Und das Hundertfache des Gewinns eines Unternehmens, das 1980 besser verdient hatte als 1999. Eins muss man Credit Suisse First Boston und ING Barings lassen: Für Hefner und den Playboy haben sie ganze Arbeit geleistet.

Doch zeichnete sich zur Zeit der Folgeemission eine Explosion der Einnahmen des Playboy ab? Auch wenn sich Barlow und Halpern mit der Einräumung zahlreicher Möglichkeiten (»wenn . . ., dann . . .«) um eine optimistische Haltung bemühten und den Gewinn je Aktie für 2000 auf 38 Cent schätzten, hätte das immer noch bedeutet, dass die Aktie bei einem Kurs von 30 Dollar mit dem 80fachen des Gewinns gehandelt würde. Das lag weit über dem historischen Höchstwert dieser Kennziffer für den S & P 500, der 1999 das 30fache des Gewinns erreichte. Feld-Wald- und Wiesen-Aktien gingen normalerweise zum zehn- bis 15fachen des Gewinns über den Tisch. Ein Kandidat, dessen Börsenkurs seit Jahren dümpelte, hätte mit guten Gründen unter diesem Niveau gehandelt werden müssen.

Im Vergleich zum Zielkurs, den die Analysten der Underwriter ausgaben, wirken die festgestellten 30 Dollar jedoch geradezu bescheiden: 50 Dollar seien innerhalb von zwölf Monaten möglich, erklärte Barlow, also ein Kurs, der beim 138fachen des für 2000 geschätzten Gewinns liegen würde. Dabei war der Playboy weder ein neues noch ein Wachstumsunternehmen, sondern trat seit zwei Jahrzehnten auf der Stelle.

Noch unerklärlicher wirkt, dass Barlow und Halpern gerade zu einer Zeit ihre Lorbeerkränze flochten, als das Flaggschiff des Unternehmens finanziell ins Trudeln geriet und sogar der Untergang nicht mehr ausgeschlossen war. Mitte 1999 zählte das Blatt zwar 3,15 Millionen Leser, aber die Auslieferungskosten explodierten wegen der Konsolidierung im Einzelhandel. Außerdem wurde das Papier teurer, während die Anzeigeneinnahmen auch in gut geführten Zeitungen und Zeitschriften 1999 im Vergleich zu 1997 und 1998 praktisch stagnierten. Im Gegensatz zu anspruchsloseren Konkurrenzprodukten leistete sich das Unternehmen eine aufwändige Gestaltung und förderte begabte Fotografen; das Magazin war darum doppelt so teuer.

Schlimmer noch: Der Abonnementsservice des *Playboy*, über den die Mehrzahl der Neukunden gewonnen wurde, erhöhte 1998 drastisch die Preise und reduzierte gleichzeitig die Mailing-Aktionen (»Sie haben 10 Millionen gewonnen!«). Was sollte also den von Barlow und Halpern vorhergesagten Aufwärtstrend der Aktie stützen?

Nicht der *Playboy* selbst, das gaben beide zu, die Bunnys jedoch, sagten sie, würden das Image aufrechterhalten. Wenn es gut lief, könnte das Magazin mit verminderter Abonnentenzahl und erhöhten Abonnementspreisen den geordneten Rückzug antreten.

Die Analysten räumten dem Playboy-Konzern hingegen Chancen auf dem Markt für Erwachsenen-Kabel-TV und – wie könnte es im ausgehenden 20. Jahrhundert anders sein? – im Internet ein. Außerdem hatte das Unternehmen kürzlich ein Kasino auf der Mittelmeerinsel Rhodos eröffnet (das längst geschlossene Playboy-Kasino in Atlantic City verschwiegen Barlow und Halpern geflissentlich).

Im gelobten Land des Kabelfernsehens erwarb Playboy TV 1998 zwei Kabel-TV-Formate, Spice und Spice Hot, nach Ansicht der Analysten eine Konzentration, die gleichbleibende Herstellungskosten bei größerem Absatzmarkt und damit höhere Margen versprach. Die Analysten übersahen bei ihrer Prognose, dass offenherzigere Videos als die TV-Shows von Playboy in ganz Amerika für einen Dollar pro Nacht verliehen wurden (und die Verleiher angesichts des Überangebots ein älteres Video kostenlos dazupackten). Pornovideos verstopfen das Internet geradezu, mit steigender Tendenz. Barlow und Halpern behaupteten, dass sich *Playboy* mit seinem »netten« Nacktbilder-Image aus der Masse abheben würde. Mag sein, aber 1999 war die Sex-Ecke ziemlich überlaufen und das Magazin mit den Häschen nur sehr verhalten präsent. 1998 setzte die Branche laut Branchenanalyst Mark Hardie, Forrester Research Inc., mit Internet-Pornografie eine Milliarde Dollar um. Playboy Online nahm einschließlich Warenumsatz im ersten Halbjahr 1999 3,1 Millionen Dollar ein.

Einige Stellen in Barlows Bericht über die Vorzüge von Playboy

Online entbehren nicht einer unfreiwilligen Komik. Mit exaltiertem Blick auf den typischen Playboy-Cyber-Kunden schreibt er: »Der Cyber-Club von Playboy hat derzeit 30 000 zahlende Teilnehmer, die für 60 Dollar Jahresbeitrag Fotos abrufen, live chatten und interaktive Videos betrachten können.« Live chatten? Interaktive Videos? Man denkt an einsame Männer im Mittleren Westen, die sich in kalten Winternächten am Computer online wärmen. Das soll der Stoff sein, aus dem sich ein NYSE-Kurs beim 138fachen des Gewinns rechtfertigt?

Tatsache war, dass Playboy es selbst nach fünf Jahren nicht geschafft hatte, mehr als 30 000 Subskribenten für den Cyber-Club zu gewinnen. Das entspricht noch nicht einmal einem Prozent der durchschnittlich verkauften Auflage der Print-Ausgabe. Der Playboy punktete im Internet nicht, trotz fünfjähriger Gehversuche. Warum sollte gerade jetzt der Durchbruch gelingen? Die Analysten schweigen sich aus.

Beim Erwachsenen-TV hätte Playboy besser abschneiden können. Die wenigsten Kabelsender wünschten ein Sex-Angebot, das offensiver vorging als das Skandalblatt aus den fünfziger Jahren. Nach heutigen Maßstäben ist der *Playboy* so zahm, dass selbst das Pentagon Ende der neunziger Jahre den Verkauf im PX, den Shops für die Soldaten und Soldatinnen, zuließ: Das Material verstieß nicht gegen die Vorschriften in Bezug auf sexuelle Diskriminierung – Pinups mit dem Segen der Regierung. 1999 verkaufte Playboy die eben erst erworbene Spice-Hot-Show – zu roh. Hier blitzt in Barlows Bericht wieder ein Stück unfreiwilligen Humors auf. Spice Hot wurde nicht gegen Cash abgestoßen, sondern für künftige »Zahlungen außer Konkurrenz«. Klingt fast wie schöngeredete Lizenzgebühren, aber was soll's. Ein börsennotiertes Unternehmen kann einfach nicht als Hardcore-Porno-Verkäufer auftreten, auch wenn genau damit das große Geld verdient wird.

WAS DIE ANALYSTEN ABER vor allem verschwiegen: Firmensitz des Playboy-Konzerns war Chicago, aber die Fäden liefen eigentlich in Los Angeles zusammen. Dort hatte sich Hugh Hefner in unnachahmlicher Manier mit 70 Bediensteten, einer kleinen Schar von Schönheiten, 70 Prozent der Stammaktien und dem offiziellen Titel eines Chefredakteurs verschanzt. Er schwang das Zepter, und die Playboy-Aktionäre hatten das Nachsehen. 1998 betrug der Jahresüberschuss 4,3 Millionen Dollar, und dieser Betrag wurde für die Unterhaltung des berühmten Playboy-Anwesens ausgegeben, in dem Hefner residierte. Den alten Herrn kümmerten Gewinne herzlich wenig.

Kurz gesagt, Playboy könnte seine Gewinne verdoppeln, wenn das Anwesen verkauft würde und Hefner allein mit seinen zuletzt 868 916 Dollar Jahreseinkommen zurechtkommen müsste. Das würde bei sonst unveränderten Voraussetzungen eine Verdoppelung des Playboy-Kurses rechtfertigen – und genau das haben Minderheitsaktionäre bei den Vollversammlungen gesagt.

Schlimmer noch für die Minderheitsaktionäre: Im Juni 1999 erklärte Hefner dem *New Yorker,* die eigentliche Antriebskraft hinter dem Playboy habe »nichts mit Geld zu tun«. Er sei »mit dem Herzen« dabei. Und mit seiner Tochter Christie, 47 Jahre alt, als Vorsitzender und Geschäftsführerin blieb er trotz des unerfreulichen, seit mehr als einem Jahrzehnt anhaltenden Nullwachstums nicht nur seinen Prinzipien, sondern auch seinem Wort treu.

Was aber war an jenen Gerüchten dran, Hefner senior würde eines vielleicht nicht so fernen Tages das Zeitliche segnen? Man munkelte, aus der Erbmasse würde die Aktienmehrheit verkauft und die alternde Christie stilvoll auf den Vorsitz verzichten – welche Fünfzigjährige wollte schließlich ein Magazin wie den *Playboy* leiten? Sie war reich genug, um ihr Leben zu genießen, ohne sich ständig jüngere, hübschere Nackedeis anzuschauen. Und mit einer zupackenden neuen Leitung – eventuell befreit vom Playboy-Anwesen – würde der Name wieder zu seiner alten Zugkraft zurückfinden. Ein hübsches kleines Gerücht im Vorfeld der Zweitemission.

Der *New Yorker* ventilierte die Idee, der Kurs könne sich unter einem neuen Management *vervierfachen.* Namen wurden genannt: Rupert Murdoch von News Corp. könnte das Wunder wahr werden lassen. Doch kaum war die zweite Tranche komplett am Markt untergebracht, kaum hatte Hefner 2 Millionen Anteile mit einem Wert von 60 Millionen Dollar verkauft, gab der Patriarch bekannt, er werde seine Anteile den neun und sieben Jahre alten Söhnen (ebenfalls von einer seiner Gespielinnen geboren) hinterlassen und seine Tochter als lebenslange Verwalterin seines Erbes einsetzen. Christie konnte mithin in alle Ewigkeit Vorsitzende und Geschäftsführerin vom Playboy-Konzern bleiben.

Der Playboy mit dem ums Überleben kämpfenden Magazin, der dünnen, lendenlahmen Internetpräsenz, der Softporno-Fernseh-Produktion und nicht zu vergessen dem Kasino in griechischen Gewässern würde also für die nächsten fünfzig Jahre von Christie und ihren jüngeren Stiefbrüdern geführt, wenn die Drei es so wollten.

Und wie um die Lage zu unterstreichen, meldete Playboy im August 1999 – wenige Monate nach der glühenden Kaufempfehlung freundlich gesinnter Analysten – bei einem Umsatz von 78,1 Millionen Dollar einen Verlust von 3 Millionen Dollar. Die Vergleichszahlen des Vorjahres: 77,8 Millionen Dollar Umsatz, 2,1 Millionen Dollar Gewinn. Mit anderen Worten, die Umsätze führten zu nichts, aus Schwarz wurde Rot.

Wenig überraschend, fragten sich die Anleger, ob der alternde Bunny je an der Wall Street gesehen wurde. Natürlich, Hefner sorgte Anfang 1999 für ein gewisses Rauschen im Blätterwald. Er trat auf dem Filmfestival von Cannes mit vier Schönheiten im Schlepptau auf, darüber wurde berichtet (und spekuliert, ob die vier wenigstens zusammen älter waren als er selbst). Die Unterhaltungsmedien mit ihren riesigen Sendeplätzen, die täglich gefüllt werden mussten, brachten ein paar Storys über diesen oder jenen Hollywood-Neuling, der auf dem Playboy-Anwesen gesichtet wurde. Auch die Finanzmedien ließen sich den Fall nicht entgehen. Aber Hype heißt nicht Profit.

Im September 1999 stand die Playboy-Aktie bei 20 Dollar. CSFB-Analyst Barlow gab sich nicht geschlagen, zumindest wahrte er den Schein. Er veröffentlichte einen Bericht, dessen Tenor eine gewisse Ähnlichkeit zu der Replik einer beleidigten Diva auf missgünstige Presseberichte aufwies: »Man kann lange suchen, um einen besseren Kabel- und Satellitenkanal für 20 Dollar als den Playboy zu finden. Wir sind überzeugt, dass die Verkäufe nicht gerechtfertigt sind und 20 Dollar nicht den Wert der Aktie spiegeln.«

Stimmt. 20 Dollar spiegelten in der Tat nicht den Wert der Aktie wider. Nur die Richtung, die Barlow suggerierte, traf nicht zu. Die Aktie war völlig überbewertet. Quartal für Quartal meldete Playboy Verluste, die Internetstrategie erwies sich als unrentabel, und der Kurs lag Anfang 2001 bei 11,61 Dollar. Die 10-Dollar-Marke hatte die Aktie wieder, ein den Börsianern jahrzehntelang vertrauter Anblick. Der Aufschwung verdankte sich allein dem Engagement von Credit Suisse First Boston und ING Barings.

An der Wall Street – mit der Hochstimmung der neunziger Jahre, dem Glauben an den Bullen, den Internetaktien zu Mondkursen und den soliden Unternehmen auf Rekordjagd – galt die Playboy-Geschichte als trockene Kost. Aber erst nachdem die Wertpapierhäuser ihre Schäfchen im Trockenen und die Investmentfonds den Kurs in die Höhe gejubelt und dann ihre Anteile auf den Markt geworfen hatten.

Jack Grubman

Kein Name löst mehr Bewunderung aus. Unter Analysten und Maklern ist der Telekom-Spezialist von Salomon Smith Barney ein großer, mit Ehrfurcht ausgesprochener Name. »Grubman hat 25 Millionen Dollar in einem Jahr verdient«, sagt ein Salomon-Makler. »Er hat ein paar Mal schlechte Empfehlungen gegeben, aber offensichtlich bringt er der Firma etwas, sonst würden sie ihn nicht so hoch bezahlen.«

Was »brachte« Grubman in 1998, dem Jahr, in dem er eine so erstaunliche Summe kassierte? Schlugen seine Kaufempfehlungen alle Rekorde? Warnte er vor dem Einbruch im Sommer, sah er die Südostasien-Krise voraus? Hat er Salomon Smith Barney vor katastrophalen Kunden bewahrt?

Keineswegs. »Grubman sahnt ab, weil er zu den begehrtesten ›Superanalysten‹ der Wall Street zählt, das sind hochrangige Analysten, die große Investmentbank-Deals einfädeln«, schrieb *BusinessWeek*. Er *fädelt die großen Deals ein*. Dafür werden heute Analysten bezahlt.

Fragt sich nur, ob man Grubman zu den bestbezahlten Analysten oder zu den mittelmäßig bezahlten Investment-Bankern rechnen soll. Grubman ist bekannt für die Geschäfte, die Salomon Smith Barney durch seine Vermittlung abwickelte, große Volumina – und dafür, dass er bei der Abwicklung assistierte –, während er in der Öffentlichkeit als Analyst auftrat.

Seiner Freundschaft mit Bernard C. Ebbers, dem Präsidenten und CEO von WorldCom, soll sein Arbeitgeber die Fusion von WorldCom mit MCI verdanken, bei der es um 35 Milliarden Dollar ging. Grubman mischte auch mit, als der Beratervertrag mit SBC Communications über die geplante Fusion mit Ameritech zur Debatte stand, ein Volumen von immerhin 62 Milliarden Dollar. Grubman hatte seine Finger bei dem 53-Milliarden-Dollar-Coup im Spiel, dem Bell Atlantics Ambitionen auf GTE Corp. zugrunde lagen. Man sagt, das Investmenthaus habe mit diesen Fusionen 200 Millionen Dollar an Gebühren verdient, von Folgegeschäften und Kommissionsgebühren ganz zu schweigen. Und Grubman trug entscheidend dazu bei, dass Salomon Smith Barney den Zuschlag bekam.

Jack Grubman segelt nicht nur im Windschatten der Investment-Banker seines Hauses, er nimmt aktiv an deren Geschäftsabschlüssen teil, so aktiv, dass ihn die *New York Times* deswegen als »Investment-Analyst« titulierte. Im Mai 1999 scheiterte der Deal zwischen MCI WorldCom und Nextel Communications. Grubman war offensichtlich an den Verhandlungen beteiligt. Es gab eine undichte Stelle, wahrscheinlich sickerten bei Nextel Informationen durch, die Fusion platzte. Grubman nahm es persönlich, verstand die Angelegenheit als Affront, beschwerte sich gegenüber der Presse. »Wenn die andere Seite Stillschweigen bewahrt hätte, wäre die Sache normal gelaufen.«[13] Wenn es nach ihm gegangen wäre, hätte der Deal durchgezogen gehört.

Als sich ein zweiter Analyst unterstand, eine eigene Meinung zu der Fusion zu äußern, erklärte Grubman ihm den Krieg. Der Stein des Anstoßes? Walter Piecyk, ehemaliger Nextel-Mitarbeiter und jetzt Analyst bei PaineWebber, mutmaßte öffentlich, der gescheiterte Deal könne wieder gekittet werden. »Die Fusion ist tot«, behauptete Grubman in der *Times*, zerriss die Äußerungen seines Kollegen und griff Piecyk persönlich an. Er, Grubman, habe an den Verhandlungen teilgenommen, nicht Piecyk.

So weit war es also gekommen: In den neunziger Jahren zuckten selbst Fondsmanager höchstens mit den Schultern, wenn es um Grubmans Doppelfunktion als Analyst und Investment-Banker ging. »Er ist umgänglich, gut informiert und meiner Meinung nach nicht über Gebühr vom Investmentgeschäft beeinflusst«, sagte Brian Hayward, Manager der Invesco Funds Group, gegenüber *BusinessWeek*. »Alle bekannten Analysten haben Verbindungen zum Investment-Banking, und wir auf der Gegenseite müssen das in unseren Überlegungen berücksichtigen.«[14] Andere Fondsmanager geben sich nicht weniger abgeklärt. Grubman sei sehr »am Investmentgeschäft orientiert«, urteilt Eric Efron. Das *Wall Street Journal* zitiert den Portfolio-Manager des USAA Aggressive Growth Fund: »Wann immer er über ein Unternehmen berichtet, geht er vermutlich davon aus, dass eine Finanzierung ansteht.« Warum sich darüber aufregen? Viele Analysten arbeiten so, sagte Efron.

Grubman verschafft seinem Arbeitgeber nicht nur die großen Aufträge, er ist ein ausgesprochen medienwirksamer Mann – und 25 Millionen Dollar pro Jahr wohl wert, angesichts der Werbung, die er für Salomon Smith Barney betreibt. Wie hoch soll man den Preis veranschlagen, wenn Grubman als Stargast in Louis Rukeysers Sendung *Wall Street Week* auftritt? Grubman war im Juni 1998 bei Rukeyser und erzählte nebenbei, er sei nicht so optimistisch, was die Telekomwerte betreffe – »da tummeln sich so viele Neulinge am Markt, wissen Sie«. Welche Aktien er bevorzuge?

»Ich würde den ganzen Tag lang WorldCom kaufen«, antwortete Grubman. Die Firma seines Freundes, der Klient seines Arbeitgebers. Den normalsterblichen Anlegern vor ihren Bildschirmen zu Hause sei verziehen, dass sie dem äußerst charismatischen Rukeyser gute Gründe unterstellten, Grubman einzuladen. Wahrscheinlich, weil Grubman sehr gut war – natürlich, warum sonst würde jemand im Fernsehen reden dürfen? Aber war Grubman wirklich ein guter Analyst?

Im Verlauf der Sendung verriet Grubman Rukeyser und Millionen
Zuschauern, dass der Wachstumsmarkt für drahtlose Telefonie
enorm zulegen würde und mit ihm ein Unternehmen namens Iridium LLC. Das waren die einzigen Empfehlungen während der Sendung. Rukeyser wies nicht darauf hin, dass beide Unternehmen Sa-
lomon-Klienten waren.

Iridium steckte damals mitten in einem ambitionierten Programm.
Das Unternehmen wollte 66 Satelliten in den Orbit schießen und einen weltweiten Mobilfunkdienst anbieten, der auch in völlig unterent-
wickelten Regionen funktioniert. Wie die meisten neu gegründeten
Telekom-Unternehmen fraß Iridium Geld. Die Verlegung von Kabeln,
die Satelliten, die Heerscharen von Ingenieuren, die die Anlagen plan-
ten und konstruierten, die Kanzleien, die mit der juristischen Absiche-
rung und den Verhandlungen über Eigentumsrechte mit Privatperso-
nen und Regierungen beschäftigt waren – die Finanzierung von Tele-
kommunikationseinrichtungen verschlingt Unsummen. Das heißt:
Anleihen begeben, Aktien emittieren. Wall Street war heiß darauf. Lo-
gisch: Salomon hatte 1997 den Börsengang von Iridium begleitet.

Grubmans TV-Tipp stellte sich allerdings als Bärendienst heraus:
Damals stand die Iridium-Aktie bei 60 Dollar, doch im folgenden
Jahr meldete die Satellitenfirma Konkurs an. Wie sich herausstellte
und vielen Branchenkennern schon vorher klar gewesen war, kamen
die klobigen Iridium-Telefone beim Verbraucher nicht gut an: Sie
funktionierten kaum in Innenräumen, und die Rechnungen waren
ebenfalls unübersichtlich und überdimensioniert. Anstelle von
50 000 Neukunden pro Monat entschieden sich weniger als 10 000
Menschen für das Angebot.

Nach der Mitte August 1999 erklärten Zahlungsunfähigkeit fiel die
Aktie auf 3 Dollar. Vermutlich hatten die Anleger nicht begriffen, dass
ihre Ansprüche bei einem Bankrott zuletzt befriedigt werden, sie also
in der Regel leer ausgehen. Grubman hielt seine Kaufempfehlung fast
bis zum bitteren Ende aufrecht. Im April 1999, als die Probleme zutage traten und der Kurs auf einen Bruchteil der vormaligen 60 Dollar gefallen war, setzte der Analyst die Aktie auf »neutral«. Nicht auf
»Verkaufen«.

Fragen stellen sich auch im Zusammenhang mit Zeitpunkt und Absicht von Grubmans Kaufempfehlungen. Am 18. Februar 1999 empfahl er die Aktie des börsennotierten Glasfaser-Unternehmens Level 3 Communications Inc. zum Kauf und setzte das Kursziel von 54 auf 70 Dollar hoch. An *demselben Tag* kündigte das Unternehmen eine Folgeemission mit 20 Millionen Aktien an (nach damaligen Marktverhältnissen eine Milliarde Dollar wert). Als Konsortialführer wurde Salomon Smith Barney genannt.

Vier Tage später gab Grubman einen 44-seitigen Bericht über den Glasfaser-Carrier heraus. Das Unternehmen sei optimal für die schöne neue Welt der internationalen Datenübertragung via Internet gerüstet und verfüge über kostengünstige Übertragungswege. Ob Grubmans Flöte nun half oder nicht, die Nachfrage war gewaltig, die Emission wurde um 5 Millionen Anteile aufgestockt und ging am 4. März für 54 Dollar je Stück über die Bühne. Quasi nebenbei spülte sie 1,35 Milliarden Dollar in die Unternehmenskassen. Grubman hatte seinen Anteil an dem Coup redlich verdient. Seine Musik war unglaublich gut abgestimmt – er hätte höchstens ein bisschen lauter spielen können. Level 3 eroberte den Himmel, ließ Grubmans Kursziel von 70 Dollar weit hinter sich und eilte auf die 100 Dollar zu. Die Marktkapitalisierung des kaum einjährigen Unternehmens erreichte 36 Milliarden Dollar!

Grubman und die Anleger schienen jedoch zu vergessen, dass Level 3 das Geld nur so durch die Finger rann. Gewaltige Mittel waren erforderlich, um die projektierten 38 000 Kilometer Glasfaserkabel für Sprach-, Daten- und Internetübertragung weltweit zu verlegen. Mitte 1999 – als Grubman seine Kaufempfehlung aussprach – umfasste das Netz knapp 2 300 Kilometer, weniger als 6 Prozent der angepeilten Gesamtlänge. Angeblich war das Kabelsystem von Level 3 billiger und effizienter als die Anlagen der Konkurrenz. Nach eigenen Schätzungen würden dafür 8 bis 10 Milliarden Dollar investiert – lies: 8 bis 10 Milliarden Dollar Verlust verkraftet – werden müssen. Für die Finanzierung waren demnach zahlreiche hochriskante Anleihen- und Aktienemissionen erforderlich, und Salomon Smith Barney wollte sich von diesem Kuchen ein fettes Stück abschneiden.

Der Ausbau sollte sich mindestens bis 2003 hinziehen, vor 2005 sei kein Gewinn zu erwarten – eine so lange Durststrecke hatte man nicht einmal den Aktionären von Amazon.com in Aussicht stellen mögen. Trotzdem war Level 3 nicht bange. 1999 errichtete es in der Nähe von Denver für 70 Millionen Dollar seinen Firmensitz. Nicht alle teilten diese Sorglosigkeit. Die Taschen der Telekom-Unternehmen waren prall gefüllt, und sie alle investierten in eigene Netze. Qwest, IXC, Frontier Communications, GTE und Williams standen in der Entwicklung oder kurz vor Vollendung ihrer Glasfasernetze. Die Oligarchen AT & T und MCI WorldCom brachten ihre älteren Netze auf den neuesten Stand.

Barron's berichtete im Juni 1999: »Viele Kabel liegen vorsorglich für eine künftige Nachfrage ungenutzt in den Schächten.« So, so.

Die ernüchternde Realität wurde in der zweiten Jahreshälfte 1999 spürbar. Trotz unabhängiger rentabler Geschäftszweige im Bereich Bergbau und Investment erwirtschaftete das Unternehmen dank seiner hochspekulativen Projekte im zweiten Quartal bei Umsätzen von 106 Millionen Dollar einen Fehlbetrag von 183 Millionen Dollar.

Die Analysten prognostizierten übereinstimmend Verluste je Aktie in Höhe von 1,87 Dollar für 1998 und 2,82 Dollar für 1999. Bis zum Sommer hatte die Aktie stark nachgegeben und stand bei unter 45 Dollar mit weiter fallender Tendenz. Die Institutionen und Investmentfonds, die die zweite Tranche übernommen und zugeschaut hatten, wie Grubmans Prognose für Rummel sorgte und den Kurs in die Höhe trieb, stießen ihre Pakete ab, als die Aktie sich der 100-Dollar-Marke näherte. Ungefähr zu dem Zeitpunkt, als die Privatanleger an einen echten, selbsttragenden Aufwärtstrend zu glauben begannen.

Das letzte Wort zu Level 3 steht noch aus. Die Aktie lag im Sommer 2000 bei 60 Dollar und fiel Anfang 2001 auf 50 Dollar. Im August 2001 schwankte ihr Kurs zwischen 4,70 Dollar und 3,60 Dollar. Aber wer weiß? Bis zur Mitte dieses Jahrzehnts kann Level 3 sich als rentables Unternehmen entpuppen. Wenn alles gut geht, wird es bei Internetübertragungen und Sprachübermittlung via Internet besser als die Konkurrenten dastehen. Zudem hat in der jüngsten Geschichte die tatsächliche Zunahme der Telekommunikationsströme bisher noch immer die Schätzungen übertroffen. Größere Kapazitäten führen zu mehr Datentransfer, etwa kabelfressende Grafiken. Künftig wird man Videos via Internet »leihen« oder miteinander per 3D-Grafikschnittstelle telefonieren. Ein anderes durchaus wahrscheinliches Szenario ist, dass Level 3 aufgekauft wird, wenn das Unternehmen seine Schulden nicht mehr bedienen kann – und damit Investment-Bankern viele Möglichkeiten eröffnet.

Trotzdem verblüfft Grubmans Einschätzung, Level 3 sei 25 Milliarden Dollar wert, obwohl es in einem extrem umkämpften Markt tätig ist und frühestens in sechs Jahren mit schwarzen Zahlen aufwarten kann.

So fragwürdig sein Verhalten in Bezug auf Level 3 sein mag, mit SmarTalk Teleservices Inc. schoss er den Vogel ab. Salomon Smith Barney hatte den Anbieter von Telefonkarten mit Sitz in Los Angeles im August 1996 an die Börse gebracht – ein Unternehmen, das vor allem hinsichtlich der Unternehmensfinanzierung ausgesprochen interessante Perspektiven bot. SmarTalk war auf Einkaufstour und übernahm jeden Anbieter von Telefonkarten, den es rechts und links einsammeln konnte. Für Banken, die das Feld Fusionen und Übernahmen abdeckten, ein treuer und guter Kunde – Salomon Smith Barney organisierte 1997 als Konsortialführer eine Wandelanleihe über 150 Millionen Dollar. SmarTalk arbeitete eng mit dem Einzelhandel und Hotelketten zusammen, um seine Karten zu vertreiben.

Grubman empfahl die Aktie. Aber es war ein komisches Unternehmen, vor allem störte, dass SmarTalk nie Gewinne meldete, auch nicht, als es kreuz und quer durch die USA streunte und ein Unternehmen nach dem anderen übernahm. Schnellschüsse sind aber nicht selten Schüsse in den Ofen – viele der Neuerwerbungen waren den Preis nicht wert. Ab April 1998 wurde die Sache langsam brenzlig. Zum ersten Mal meldete das Unternehmen rote Quartalszahlen aufgrund »höherer Kosten« und der »Verzögerung neuer Produkte«. Der Kurs purzelte um 8,69 Dollar auf 22,44 Dollar. Grubman reduzierte die Gewinnschätzung, hielt die Kaufempfehlung aber aufrecht. Die Probleme wuchsen SmarTalk über den Kopf, im Oktober 1998 gab das Unternehmen eine Mitteilung heraus, derzufolge es die Gewinne neu feststellen würde. Im Januar 1999 war der Telefonkarten-produzent reif für den Zwangsvergleich.

Trotz seines Hangs zu Klienten von Salomon Smith Barney, darunter solchen, die am eigenen Ast sägten, genießt Grubman in der Zeitschrift *Institutional Investor* einen guten Ruf – man fragt sich nur, warum. Das Magazin fragt Fondsmanager jährlich nach dem beliebtesten Analysten, nicht nur nach dem Kriterium der besten Performance der empfohlenen Aktien, sondern auch nach Branchenkenntnissen, Umgänglichkeit und anderem. Grubmans Branchenkenntnisse sind legendär – er ist seit 1987 der Star unter den Analysten und hat schon vorher in der Branche gearbeitet. Seine Freunde sitzen in hohen Positionen, und er nimmt persönlich an der Vorbereitung von Geschäftsabschlüssen teil. Dafür wird er Jahr für Jahr im *Institutional Investor* an die Spitze gewählt.

Schaut man sich die Umfrageergebnisse 1998 genauer an, fehlt Grubmans Name in der Aufzählung der besten Aktienauswahl, der besten Gewinnschätzungen und der nützlichsten oder zeitgenauesten Warnungen. Warum wird er trotzdem so hoch geschätzt? Klar, könnte man sagen, den Analysten sind die Privatanleger einfach nicht wichtig. Aber ebenso gewiss wollen sie mit ihren Kaufempfehlungen nicht millionenschwere institutionelle Klienten verprellen. Wollen diese Kunden etwa nicht beraten werden? Sind es nicht die großen Kunden, die das Provisionsgeschäft beflügeln und die Neuemissionen absorbieren, mit denen sich so viel Geld verdienen lässt?

Die Antwort: Es geht nicht um Genauigkeit. Es geht um Kundendienst. Mehr und mehr drängen die Institutionen auf Kaufempfehlungen. Zumindest sollen die Verkaufssignale zunächst vertraulich behandelt und erst dann allgemein bekannt gegeben werden, wenn es denn unbedingt sein muss.

»Als ein junger Telekom-Analyst ein großes Publikumsunternehmen herabstufte, ließ ein Fondsmanager mit einer großen Position dieser Aktie im Portfolio einen Broker wissen: ›Sagen Sie Ihrem Analysten, er ist ein Idiot.‹« Das berichtet *Institutional Investor* in der 98er-Umfrage. Essenz des Artikels: Nur »junge« Analysten sprechen Verkaufsempfehlungen aus, die Älteren werden sich hüten. »Selbst in einem relativ gesunden Börsenumfeld sind unerfahrene Analysten extrem benachteiligt. Sie merken zum Beispiel unter Umständen zu spät, dass sie mit der Verkaufsempfehlung für eine beliebte Aktie das Aus für ihre eigene Karriere einleiten.« Nachzulesen im *Institutional Investor.*

Da die Institutionen große Aktienpakete der im *Fortune* 1 000 aufgeführten Unternehmen halten, sind sie massiv von Verkaufsempfehlungen betroffen. Große Positionen kann man nicht mit einem Schlag auflösen, und im Gefolge einer Verkaufsempfehlung wird die Aufgabe nicht eben leichter. Doch diese Aktien stelzen im Schnitt auf dem 30fachen der Erträge einher und stürzen bei jeder schlechten Nachricht oder Verkaufsempfehlung direkt ab. Also führen Verkaufssignale nur dazu, dass die Bestände der großen institutionellen Händler an Wert verlieren. Und deswegen votieren Broker und Fondsmanager einhellig für Analysten, die eine Kaufempfehlung um jeden Preis aufrechterhalten. Zumindest so lange, bis alle Großkunden ausgestiegen sind.

Flip-Flack

Branchenintern spricht man vom »Flipping« oder vom »Flip«. Gemeint ist der Ausstieg großer institutioneller Klienten aus frisch erworbenen Neuemissionen (die sie ja praktisch allein absahnen), manchmal innerhalb von Stunden nach Handelsbeginn. Man denke an Planet Hollywood. In den neunziger Jahren war das Flipping das vorherrschende, vielleicht sogar das alles beherrschende Merkmal der IPOs. Das gilt auf jeden Fall für die superheißen Internet-IPOs oder publikumswirksame Folgeemissionen. Flipping tritt daneben immer dann auf, wenn durch irgendeinen Anlass eine Aktie oder ein Segment in den Mittelpunkt der Aufmerksamkeit rückt. Vielfach haben Institutionen bereits im Vorfeld von Analystenempfehlungen gekauft, oder sie steigen spätestens dann ein, wenn die Empfehlung veröffentlicht wird.

Diese Praxis beantwortet eine grundsätzliche Frage zu Wertpapieranalysten und Wertpapierhäusern: Wenn die Analysen so sehr im
Dienst eigener Interessen stehen, warum kaufen dann Institutionen,
die über eigene Analysten und Quellen verfügen, überhaupt die Neuemissionen?

Antwort: Die Großen haben von Anfang an die Absicht, sich von
den Papieren wieder zu trennen, sie entweder an kleinere Institutionen zu verkaufen, die auf einen Run hoffen, oder an Privatanleger,
die – betört von dem Marktgeschrei der Analysten, der sensations-
heischenden Berichterstattung in den Medien und den unglaublichen Kurssprüngen der Börsenneulinge – überhaupt nicht realisie-
ren, dass sie zum Narren gehalten werden.

Das Gefälle zwischen den Erträgen von Institutionellen und Privaten, die warten müssen, bis sich die Großen von der Tafel erheben
– die faktisch kaufen dürfen, was die Großen verkaufen wollen –, ist
entmutigend, falls man nicht selbst einen großen Fonds verwaltet.
Einer Studie von Worldfinancenet.com zufolge, zitiert auf der Internetseite redherring.com im Juli 1999, wagten im ersten Halbjahr »die
Rekordzahl von 99 Internetunternehmen den Schritt an die Börse,
und einige glückliche Investoren, die zum Ausgabepreis kaufen durf-
ten, verdienten sich dumm und dämlich. Aber alle anderen erwarben
hochpreisige Anteile, die den Bach 'runtergingen.«

Der für Research verantwortliche Leiter von Worldfinance-
net.Com, Irv DeGraw, hat nachgerechnet: Die finanziell potenten institutionellen Investoren holten im ersten Halbjahr 1999 Erträge von
durchschnittlich 86 Prozent aus einer Internet-Neuemission. Welches Wertpapierhaus will es sich schon mit Fidelity Magellan oder
Vanguard verderben? Es sind schließlich die besten Kunden.

Aber Privatanleger? Die, die erst kaufen dürfen, wenn der Handel
mit dem neuen Wert an der Börse aufgenommen wird? Sie haben mit
Internet-Neuemissionen durchschnittlich 9 Prozent verloren, weil sie
nicht zum Ausgabepreis, sondern erst ab der Erstnotiz einsteigen
konnten. Die Untersuchung berücksichtigt alle Internetaktien, die in
den ersten sechs Monaten von 1999 an die Börse gingen, und die
Schlusskurse vom 30. Juni desselben Jahres.

Aber auch jene Anleger, die Internet-Unternehmen mieden, fuhren nicht besser. Neuemissionen waren so oder so keine gute Anlage. »Trotz der Medieneuphorie waren nur 4,5 Prozent der Neuemissionen für Privatanleger ein großer Erfolg [mit Erträgen von mehr als 60 Prozent im Handel nach der Börseneinführung]. Nur neun von 201 Emissionen waren wirklich heiß. Das ist der Durchschnitt im Bereich Neuemissionen. Verheerende Investitionen waren wesentlich häufiger, trotz aller Beschönigungen der Analysten, die jeden Titel hochloben wollen.« Andererseits »blieben die Erträge von 70 Prozent [der IPOs] unter oder gleichauf mit der Gewinnschwelle ... Über 22 Prozent der Neuemissionen verloren mehr als 30 Prozent, einige verloren sogar mehr als 70 Prozent«, ermittelte DeGraw.

Nebenbei gesagt: Wenn ein Privatanleger doch einmal Papiere aus einer Neuemission zum Ausgabepreis erhascht, dann meist zu Konditionen, die eine rasche Veräußerung verhindern. Damit sichern sich typischerweise zweitrangige, mittelständische Wertpapierhäuser ab, die Unternehmen ohne die Unterstützung großer Institutionen wie Investmentfonds oder einer bankeigenen Wertpapierabteilung an die Börse bringen. Die Makler verlieren ihre Provision, wenn Privatkunden wieder aussteigen, und darüber hinaus werden die betreffenden Kunden von weiteren IPOs ausgesperrt. Privatanlegern wird eine stabilisierende Rolle im Neuemissionsgeschäft zugewiesen; sie sollen den Institutionellen den Rücken freihalten, damit diese ungestört »flippen« können.

Auch an den Universitäten hat man sich mit dem Phänomen befasst. Wenn Aktien von Institutionen schnell abgestoßen werden, sind sie in der Regel zum Scheitern verdammt. 1998 gab die Amos Tuck School in Dartmouth die Ergebnisse einer Untersuchung unter dem Titel »Die Nachhaltigkeit von falschen Ausgabepreisen und die Vorhersagekraft des Flipping« heraus. Die Verfasser kommen zu dem Schluss, dass die Institutionen Aktien mit schlechter Performance weiterverkaufen und dass die Wertpapierhäuser Neuemissionen »zu billig« anbieten, damit die Institutionen kaufen. Der Studie zufolge halten Institutionen IPOs, die sich langfristig gut entwickeln. Interessantes Detail: Privatanleger verloren mit denjenigen Emissionen das meiste Geld, die am ersten Handelstag besonders heftige Kurssprünge erlebten. (Allerdings berücksichtigt die Studie 1 232 größere Neuemissionen von Januar 1973 bis Mai 1995, also noch nicht die eigentliche Internetmanie.)

Aktien, die am ersten Handelstag um 60 Prozent oder mehr zulegten, erwiesen sich in der Folge als schwach, ein Jahr später hatten sie in der Regel 6,8 Prozent verloren. Das stimmt weitgehend mit den Ergebnissen von Worldfinancenet.com überein, wonach Privatanleger 9 Prozent mit Internet-IPOs verloren, die zu restriktiven Konditionen zum Ausgabepreis oder nach Handelsbeginn gekauft wurden. Aber gerade Kleinanleger verfallen dem Sirenengesang – wie sollten sie nicht an Aktien interessiert sein, deren Kurs sich am ersten Handelstag verdoppelt?

Dass Großanleger mit Vorliebe die Papiere aus heißen IPOs wieder auf den Markt werfen, ist nahezu unbestritten. Die Amos-Tuck-Studie ermittelte, dass das Volumen in der ersten Stunde nach Aufnahme des öffentlichen Handels im Schnitt bei 56 Prozent liegt. Verkaufen können in dieser ersten Stunde nur Institutionen, weil niemand sonst die Aktie besitzt. 72 Prozent des Handelsvolumens werden in den ersten zwei Stunden abgewickelt; per definitionem sind es die Institutionen, die »flippen«. Dazu kommen ein paar Daytrader, die innerhalb dieser 120 Minuten kaufen und verkaufen. Bei »heißen« Neuemissionen (das heißt IPOs mit Kurssprüngen über 60 Prozent) wechseln am ersten Handelstag 70 Prozent der umlaufenden Aktien den Besitzer, immer noch gemäß der Amos-Tuck-Studie. Wiederum ist nur ein Schluss möglich: Die Institutionen trennen sich von ihrem IPO-Paket. *Sie kaufen en gros und verkaufen en détail.* Privatanleger sollten daran denken, wie schwer sich Geld mit dem Kleinhandel verdienen lässt.

Auch die Anderson School of Business an der University of California, Los Angeles, hat Ende 1997 eine Studie über die Performance von Neuemissionen vorgelegt. »Forschungen haben ergeben, dass IPOs im Schnitt eine schlechte Performance aufweisen. Viele melden wenige Jahre nach dem Börsengang Konkurs an. Der Ertrag der überlebenden Unternehmen liegt um 5 bis 10 Prozent unter dem ver-

gleichbarer Konkurrenten und unter dem Marktdurchschnitt«, so
das Ergebnis dieser Studie, die Ivo Welch, Professor für Finanzen,
unter dem Titel »Gewinnsteuerung und langfristige Marktperfor-
mance von Neuemissionen« vorgelegt hat.

Die Gründe? »Die Emittenten frisieren häufig ihre Gewinne, damit
sie potenzielle Aktionäre ansprechen … börsenaufsichtsrechtlich ist
es zulässig, Erträge aus der Vergangenheit so umzustellen, dass sich
ein Ertragswachstum zeigen lässt«, schreibt Welch. Im Klartext: Investment-Banker pumpen die Zahlen auf, und die Analysten erzählen den Anlegern von den fantastischen Aussichten aufgrund dieser
Zahlen. Erinnert Sie das an Planet Hollywood? Welch rät den Anlegern, sich von IPOs fernzuhalten, wenn sie nicht ganz genau nach-
rechnen wollen.

Da den Löwenanteil des Gewinns aus Neuemissionen jene einstrei-
chen, die zum Ausgabepreis kaufen, kann man sich über die 25 Tage
nach dem Börsengang (der von der SEC eingeforderten Wartezeit)
veröffentlichten Kaufempfehlungen eigentlich nur wundern. Generell
gilt, dass Anleger mit solchen Empfehlungen Geld verlieren – sie sollen
den Institutionellen den Ausstieg aus den Papieren ermöglichen.

Wieder einmal verdienen die Finanzmedien nicht mehr als ein
»mangelhaft«, diesmal für ihre Berichterstattung über Neuemissionen. Nicht anders als ihre Verherrlichung der Lottogewinner oder
ihre exzessive Behandlung sensationeller Verbrechen oder Unfälle,
werden die spektakulären Gewinner der Finanzwelt – die Spitzenrei-
ter bei den Neuemissionen – überproportional berücksichtigt. Berichte, die den Rückgang der Kriminalitätsrate erläutern oder zeigen,
dass die Anlage in IPOs in aller Regel ein Verlustgeschäft ist, findet
man, wenn überhaupt, bestenfalls tief in den Innenseiten der Zeitungen versteckt.

Es dürfte hinreichend klar geworden sein, dass die Analysten
von den Wertpapierhäusern auf den Verkauf von Aktien und Anleihen verpflichtet werden und dass sie ihren Teil zur Festigung von
Beziehungen mit Klienten des Investment-Banking beitragen müs-

sen. Aber das trifft nur auf die Crème de la Crème der Branche zu. Es gibt den *Playboy,* und es gibt Hardcore-Pornos. Ebenso gibt es auf der einen Seite große Underwriter wie Bear Stearns und auf der anderen Seite Klitschen, kleine Wertpapiermakler, die mit Drückern arbeiten. Allerdings verschwimmen die Unterschiede zwischen den korrekten, den hart an der Grenze operierenden und den richtig schmuddeligen Häusern immer mehr.

Kapitel 5

Rattenfänger –
die Spezies der Blechbläser

Peter Butler gehörte Mitte der achtziger Jahre zu den angesehensten Analysten der chemischen Industrie und arbeitete für PaineWebber, ein großes Wertpapierhaus mit Sitz in New York. Zwei Jahre in Folge landete er beim jährlichen Analysten-Ranking des *Institutional Investor* in seinem Bereich auf Platz zwei. »Eye-Eye« wird das Magazin von Insidern genannt, es gilt als die Bibel der Branche. Jahr für Jahr entscheidet die Rangfolge der Analysten über Wohl und Wehe einer Karriere. Leider bedeutet eine Auszeichnung in dem »Auge der Augen« keineswegs, dass der so Bedachte sich an die Spielregeln hält.

Bei Butler jedenfalls war die SEC vom Gegenteil überzeugt. Damals war er besonders von Memory Metals Inc. angetan. Das Unternehmen saß in Stamford, Connecticut, und stellte in der Hauptsache einen Metallstreifen aus einer Kupferlegierung her, der nach einem Knick oder sonstigen Verformungen durch Erhitzen wieder seine ursprüngliche Position einnahm. Die Idee war neu, hatte jedoch wenig kommerzielle Einsatzmöglichkeiten. Bis heute sind die Anwendungen für solche Legierungen eng begrenzt.

Aus welchen Gründen auch immer, ab 1985 empfahl Butler das kleine Unternehmen seinen Freunden, Fondsmanagern und den Maklern von PaineWebber – die ihrerseits bei den Kunden für die Aktie warben. Doch dabei blieb es nicht. Nach den Unterlagen der SEC erzählte Butler jedem, der es hören wollte, mit dieser Aktie könne man sich auf die faule Haut legen, sie würde innerhalb von fünf Jahren mit Sicherheit auf 200 Dollar steigen.

Damals lag der Kurs um die 10 Dollar je Anteil. Butler prognostizierte also 2 000 Prozent Gewinn in fünf Jahren für den Hersteller von Metall-Neuheiten. Aus solchem Holz sind Champions geschnitzt, jedenfalls nach Ansicht des *Institutional Investor*. Die SEC sah das etwas anders. Im Zivilverfahren gegen Butler warf ihm die Börsenaufsicht 1988 vor, er habe wissen müssen, »dass solche Aussagen sachlich falsch oder irreführend sind«.

Wie so oft, bewegte sich die SEC zu spät. 1985/86 erhob sich der Kurs von Memory Metals wie eine Kobra zu Butlers Flötenklängen, 1986 erreichte er mit 16,625 Dollar den Höchststand – beeindruckende 66 Prozent innerhalb von nur einem Jahr. Das war zwar noch weit von den prognostizierten 200 Dollar entfernt, aber in der Zeit vor der Internetmanie ganz ordentlich.

Die SEC erhob später Anklage gegen Butler mit der Begründung, seine Mühen seien keineswegs uneigennützig gewesen. Er kaufte Memory Metals für sein eigenes Portfolio. Das führt unausweichlich zu einem Interessenkonflikt – ein Analyst, der eine Aktie protegiert, selbst kauft und allzu unverhohlen die Werbetrommel dafür rührt.

Im Prinzip können Analysten Aktien kaufen, wie es ihnen beliebt, auch solche, die auf ihrer eigenen Empfehlungsliste stehen. Mit dem Verkaufen ist es schon schwieriger, gewöhnlich benötigen sie eine Erlaubnis der Compliance-Abteilung des Arbeitgebers, die unternehmensintern die Einhaltung der börsenrechtlichen Vorschriften überwacht. In dem dichten Netz widerstreitender Interessen an der Wall Street ist die Tatsache, dass Analysten durchaus mit von ihnen protegierten Aktien handeln dürfen, ein untergeordnetes Problem – die Anleger hingegen können in diese wie in jede andere Falle tappen.

Zumindest der Halbherzigkeit kann man Butler nicht zeihen. Unter anderem drohte er jedem, der Memory Metals verkaufte, er würde ihn nicht länger beraten, und er forderte von Memory Metals eine Belohnung für den Aktienpush. Das alles trug die SEC über ihn zusammen. Besonders interessant sind seine Aktivitäten gegen Baissiers. Butler organisierte einen so genannten »Short Squeeze«, das heißt, er veranlasste Käufe von Memory-Metals-Aktien, um den Kurs hochzutreiben und Baisse-Spekulanten zum Schließen ihrer Positionen zu zwingen. Wir kommen später darauf zurück.

Zeuge für die niederträchtigste Handlung Butlers ist Tom Barton, ein Partner der in den achtziger Jahren berühmten Feshbach Brothers mit ihrer Leerverkaufsstrategie. Unter Eid sagte Barton gegenüber der Börsenaufsicht aus, er habe Butler im Sommer 1986 Beweise dafür geliefert, dass bestimmte Verträge, deren Existenz Memory Metals behauptete, nur vorgetäuscht oder sonst wie faul waren.

Von diesem Augenblick an ging Butler zu Memory Metals auf Distanz und verkaufte seine Anteile. Er brachte seine Schäfchen ins Trockene und vielleicht noch die seiner besten Klienten. Aber er empfahl die Aktie weiterhin, so schriftlich in den Gerichtsakten festgehalten.

Zumindest für ihn selbst war das ein genialer Schachzug. Ende 1986 kollabierte der Kurs von Memory Metals, nachdem das Unternehmen frühere Ankündigungen hinsichtlich einiger Verträge mit Großkonzernen »klargestellt« hatte. Feshbach bestätigte, dass es diese Verträge nicht gab. 1991 – das Unternehmen war inzwischen in Memry Corp. umgetauft – notierte die Aktie bei erbärmlichen 37 Cent, kein Analyst mochte sich daran die Finger verbrennen.[1] Privatanleger indes, die auf den PaineWebber-Analysten Butler gehört hatten, waren geknickt, und nichts konnte sie wieder aufrichten.[2]

WIE SICH ZEIGT, FÄNGT DIE Geschichte um Memory Metals weder mit Butler an noch endet sie mit ihm. Er scheint eher so etwas wie die Spitze des Eisbergs zu sein.

Der Ruch einer Schmierenkomödie durchzieht die niederen Ränge der Wall Street. Diese sind besetzt mit mittelständischen Unternehmen der zweiten Reihe, Firmen mit oft nur einer einzigen Niederlassung, die kleine und kleinste Unternehmen an die Börse bringen oder Penny-Stocks (Aktien, die 5 Dollar je Anteil oder weniger kosten) an kleinere Institutionen, mittlere Pensionsfonds (manchmal von korrupten Portfolio-Managern geführt) und eine Horde von Privatanlegern verkaufen, die durch sämtliche Generationen offensichtlich nie zur Vernunft kommen.

Es soll nicht behauptet werden, dass mittelständische oder kleine Wertpapierhäuser weniger kompetent oder korrupter als die Großen der Wall Street seien. Doch der Schliff und die häufig genug fragwürdige Macht der Compliance-Abteilung nehmen ab, je weiter sich ein Unternehmen größenmäßig von den Branchenführern wie Merrill Lynch oder Morgan Stanley Dean Witter entfernt. (Der Compliance-Abteilung, die in kleineren Wertpapierhäusern häufig in einer einzigen Person mit mehreren Aufgaben besteht, obliegt es, das korrekte Geschäftsgebaren sicherzustellen.) Abseits des Rampenlichts der Wall Street klingen die Flöten häufig eher schrill, und der Rhythmus ist dumpf und alles andere als subtil.

Eines der beliebtesten Gesellschaftsspiele in den Schmuddelecken der Finanzwelt heißt »Pump and Dump«: Eine Gruppe von Händlern verständigt sich auf eine Aktie, gewöhnlich ein kleiner Wert, treibt den Kurs künstlich in die Höhe und stößt die Papiere ab, bevor die Realität wieder zuschlägt und den Kurs auf ein realistisches Niveau drückt. Die Gruppe kombiniert zeitlich abgestimmte Käufe mit einer überaus positiven PR-Kampagne, in deren Mittelpunkt meist ein extrem günstiger Analystenbericht steht – wobei der Analyst für seinen Enthusiasmus häufig mit Aktien entlohnt wird.

Small Caps sind bei solchen Spielchen vornehmlich aus drei Gründen das Mittel der Wahl. Erstens werden sie von den großen Wertpapierhäusern meistens links liegen gelassen. Wer sich mit ihnen beschäftigt, betritt also ein unbestelltes Feld und steigt de facto zum Experten auf. Zweitens werden die kleinen Werte von den Medien fast immer ignoriert. Natürlich jagen die Zeitungen nicht den letztjährigen Skandalen hinterher, und kaum ein Journalist liest eine Presseerklärung von vorgestern. Aber es ist doch einfacher, Übertreibungen zu provozieren, wenn die Medien wegschauen und kein Interesse zeigen. Und das tun sie nicht. Es gibt über 8 000 Small Caps in Amerika, und die meisten Finanzmedien ignorieren entschlossen die große Mehrheit von ihnen.

Der dritte Grund liegt in der Menge der umlaufenden Aktien. Sie ist bei Mini-Aktiengesellschaften per definitionem überschaubar, die Marktkapitalisierung niedrig. Schon kleine Kaufaufträge – ob nun künstlich veranlasst oder aus anderen Gründen – können den Kurs aufblasen. Dann können die Frauen und Männer mit der Pumpe ihren Schnitt machen.

Die fast zwei Jahrzehnte vorherrschende Hausse hat das Treiben der Spekulanten begünstigt. Die jüngst zu Einfluss gekommenen Finanzmedien waren bis vor kurzem randvoll mit Geschichten über Internet-Emissionen, die ihren Kurs wieder und wieder verdoppelten, über frisch gegründete Dot-com-Unternehmen mit den fadenscheinigsten Geschäftsideen, die über Nacht zu glühend heißen Investments wurden. Selbst seriöse Blätter quollen über von Berichten über Investoren oder kleine Angestellte, die Aktien von Internet-Start-ups erwarben und Millionäre wurden (wenn auch nur auf dem Papier).

Das schafft eine bestimmte Atmosphäre. Viele Menschen fühlen sich ausgeschlossen von der Party, wollen aber ebenfalls zur Musik tanzen. Die Kombination kann gefährlich werden. Bei einer Versammlung in Tulsa, Oklahoma, beschwor der damalige SEC-Vorsitzende Arthur Levitt Anleger, die sich über eine Investition in Small Caps informieren wollten: »Es ist wie mit Zunder und Streichholz. Als SEC-Vorsitzender habe ich zu oft gesehen, wie die Ersparnisse eines ganzen Lebens in Rauch aufgegangen sind.«

Pump-and-Dump ist ein großes Geschäft. 1996, lange bevor die Internetmanie die Börse in ungeahnte Höhen trieb und den fragwürdigsten Aktienprojekten Tür und Tor öffnete, verloren die Amerikaner 6 Milliarden Dollar durch betrügerische Manipulationen von Small Caps, eine Zahl, die sich nach Schätzungen der staatlichen Aufsichtsbehörden 1997 um 25 Prozent erhöhte. Und das sind nur die Fälle, die der Börsenaufsicht bekannt wurden. (Ein Zyniker könnte kommentieren: »Großes Geschäft? Allein durch Planet Hollywood verloren Privatanleger 2,9 Milliarden Dollar.«)[3] Jedenfalls sind die Verluste, die gar nicht auf den Radarschirmen der Behörde aufleuchten, sicher wesentlich höher als auf 6 Milliarden Dollar zu veranschlagen. Und dann gibt es noch die undurchsichtigen Fälle, bei denen kein Mensch sagen kann, ob sich Anlegers Leid nun der Inkompetenz des Wertpapierhauses, groben Managementfehlern oder Manipulation verdankt.

Aber die Manipulation überwiegt.

BARRY DAVIS SAH SICH SELBST als Robin Hood. Er bekannte sich der Bundesbehörde und der Presse gegenüber zur Manipulation von Aktien und sagte, klar habe er das getan, aber alle anderen täten es doch auch. Die Erinnerung an Davis ist verblasst, aber er ist und bleibt eine lehrreiche Fallstudie von zeitloser Eindringlichkeit. Solange es Wall Street gibt (und nur schwache Gegenmaßnahmen durch SEC und NASD), wird es in der Wertpapierbranche auch Männer wie Barry Davis geben.

1989/90 betrieb Davis in New Jersey eine Finanz-PR-Firma namens Princeton Financial Services. Finanz-PR galt damals und gilt bis heute in den USA als vielversprechendster Wachstumsmarkt. Es wird immer kleine Aktiengesellschaften geben, die ihre Aktie zu Recht oder Unrecht für unfair behandelt oder unterbewertet halten. Und sie haben öfter Recht als Unrecht: Mehr als 8 000 börsennotierte Unternehmen buhlen um Aufmerksamkeit, Aktienfonds müssen sich wegen der Volumina ihrer Orders im Prinzip auf Blue Chips beschränken. Kurz: Für Small Caps ist es eine echte Herausforderung, überhaupt wahrgenommen zu werden.

Ihnen steht die Möglichkeit offen, eine Finanz-PR-Firma zu engagieren, die eine Informationskampagne organisieren soll. Im Regelfall wird eine Reihe von Briefen, Berichten und anderen Schriftstücken an Wertpapierhäuser, Makler, kleinere Investmentfonds und überhaupt an jeden potenziellen Interessenten verschickt. Gleichzeitig versucht die Firma, über die Finanzmedien positive Meldungen zu lancieren.

Manche PR-Firma schreckt nicht davor zurück, Zahlen schönzureden. Ethische und juristische Bedenken werden beiseite geschoben. Das gilt in erhöhtem Maß für Kleinstanbieter, die oft nicht in Cash, sondern mittels Aktien bezahlt werden. Die Unternehmen streuen ihre Aktien recht großzügig. Makler, Fondsmanager, Finanzberater und selbst der eine oder andere wankelmütige Zeitungsreporter werden bedacht, um so Interesse am Kurs zu wecken. Barry Davis kannte sich darin aus, wie man mit Aktien Aktien treibt.

Schon vor seiner Zeit bei Princeton Financial Services hatte er eine bewegte Vergangenheit. Ende der sechziger und Anfang der siebziger Jahre betrieb er noch unter seinem alten Namen Barry Sutz in Valley Stream, New York, ein Wertpapierhaus namens Sutz & Ross. Die Firma erfüllte den SEC-Akten zufolge die Kapitalvorschriften nicht, Sutz selbst wurde angeklagt, »Fondsgelder [der Kunden] für eigene Zwecke umgewidmet« zu haben. Manche reden da von Diebstahl.

Welcher Terminologie man sich auch befleißigt, die SEC wollte ihn jedenfalls nicht haben und verbot ihm jede Beschäftigung im Wertpapiersektor. Belastet, doch ungebeugt eröffnete Sutz eine Versicherungsagentur. 1975, nur wenige Jahre später, entzogen ihm die Behörden die Geschäftserlaubnis, aufgeschreckt von Hunderten von Beschwerden und Anzeigen der Klienten.[4] Aus Barry Sutz wurde Barry Davis, und Barry Davis widmete sich der Finanz-PR, einer viel lascher reglementierten Ecke der Wertpapierwelt als der von den Analysten bewohnte Alkoven.

Mit seiner natürlichen Begabung für Öffentlichkeitsarbeit – Davis brüstete sich offen mit seinem Mundwerk, »seiner schärfsten Waffe« – und womöglich sensibilisiert, was die Fähigkeiten und Aufgaben von Aufsichtsbehörden angeht, hatte Davis durchschlagenden Erfolg. Er verdiente seine Brötchen nebst Butter mit Aktienmanipulationen. Dazu bediente er sich der, wie die Finanz-Wochenzeitung *Barron's* schreibt, klassischen Werkzeuge zur Manipulation von Small Caps:

- **Parken.** Ein Komplize kauft eine Aktie, damit ein Handel getätigt wird, und parkt die Anteile auf seinem Wertpapierkonto, damit sie schnell verfügbar sind. So wird die Identität des Drahtziehers verschleiert.
- **Falsche Konten.** Ein Wertpapierkonto wird faktisch nicht von der Person benutzt, auf deren Namen es eröffnet wurde. Wiederum wird die Identität verdunkelt.

- **Wechselseitige Orders.** Zwei Makler oder Wertpapierhäuser kommen überein, eine Aktie untereinander zu handeln. Meist wählt man eine Aktie, zu der gerade gute Nachrichten oder ein günstiger Bericht erschienen sind, und die Anteile werden einfach nur zu immer höheren Preisen hin- und hergeschoben, ohne dass tatsächlich Geld fließt. Uneingeweihte sehen natürlich eine Aktie, deren Kurs unaufhaltsam steigt.

Das Prinzip der Aktienmanipulation ist denkbar schlicht: Man überrede möglichst viele Makler bei kleinen Häusern zum Mitmachen. Sie empfehlen eine ausgewählte Aktie ihren Klienten. Der Kaufdruck treibt den Kurs in die Höhe. Die Makler hindern ihre Klienten so lange am Verkaufen, bis die Insider ausgestiegen sind.

Das war Davis' Masche. Er rekrutierte über 100 willige Komplizen, zumeist Händler und Makler, die die Aussicht auf schnelles, leicht verdientes Geld reizte. Manchmal wurden sie bar auf die Hand ausbezahlt, manchmal wurde die Teilnahme an späteren Betrügereien zugesichert, wieder andere arbeiteten auf Gegenseitigkeit (das heißt, Davis versprach, ihnen bei eigenen Betrügereien zu helfen). Sie wussten im Voraus, welche Aktie gekauft, welche künstlich hochgejubelt werden sollte. Keiner der über 100 Komplizen spuckte Davis in die Suppe, erst die Staatsanwälte brachten sie zum Reden. Wie wir sehen werden, hatten sie zum Teil Angst. In mindestens einem Fall gab es massive Drohungen.

Davis begab so genannte »boxed« IPOs. Die Anteile wurden ausschließlich über befreundete Broker an Klienten abgegeben, die während der Hype-Phase am Verkauf gehindert wurden. Zusätzlich pushte Davis den Kurs mit Händlern sowie der Telefon-Hotline Investors Alert und anderen Hotlines, die Anrufern die Aktie empfahlen (es war die Zeit vor dem Internet-Boom). Von seinen Melodien konnten zumindest anfangs selbst die Profis an der Wall Street noch einiges lernen. Er setzte Maßstäbe, die erst von den Internet-Mondpreisen Ende der neunziger Jahre übertroffen wurden.

Die so unter die Fittiche genommenen Aktien wurden in einer Art sich selbst erfüllender Prophezeiung immer teurer. Der steigende

Kurs überzeugte weitere Anleger davon, dass an der Aktie etwas dran sein musste. Sie kauften und trieben den Kurs weiter in die Höhe. Vista Capital Inc. oder Bellatrix Corp. oder Castleton Investors Corp., allesamt von Davis »betreut«, stiegen innerhalb von einem Monat um zwischen 400 und 1 000 Prozent. Flötist Davis arbeitete Hand in Handschuh mit der inzwischen aufgelösten Sheffield Securities mit Sitz in Fort Lauderdale. Dieses Wertpapierhaus hatte auch den Börsengang von Vista Capital Inc. und Bellatrix Corp. übernommen.

Leider entdeckten die Investoren, die über Davis handelten, dass Kaufen sich viel einfacher gestaltete als Verkaufen. Einer der beteiligten Makler wurde vom FBI abgehört, als er einem Kollegen sagte, ihre Aktien funktionierten wie Fischreusen: Die Anleger könnten hineinschwimmen, aber dann säßen sie fest. Das ist typisch für diese Art von Betrug. Die Makler haben Anweisung, ihre Kunden um jeden Preis am Verkauf zu hindern, sei es durch Überredung, sei es, indem sie nicht ans Telefon gehen, sei es mit der Drohung, die Beziehung abzubrechen, sei es, indem sie fälschlich vorgeben, den Auftrag ausgeführt zu haben.

Der verbarrikadierte Ausgang war überhaupt typisch für Davis' Machenschaften. Auch Makler, die sich einmal auf Geschäfte mit ihm eingelassen hatten, saßen in der Falle. Dem Staatsanwalt zufolge war Davis' Partner Eric Wynn eng mit Frank Coppa verbunden, der als Mitglied der Bonanno-Familie dem organisierten Verbrechen zuzuordnen ist. In mindestens einem Fall brachte Wynn Coppa mit zu einem Dinner in Fort Lee, New Jersey, um einen Makler einzuschüchtern, der seine Klienten aus Davis' Pump-and-Dump-Aktien entlassen wollte. Nachdem der Makler Coppa begrüßt und einen Blick durch das Lokal hatte schweifen lassen, entschied er, vielleicht sei es doch keine gute Idee, die Aktien abzustoßen.

Letzten Endes verloren alle, die nicht zum inneren Zirkel gehörten. Nach dem Aufschwung folgte stets der Fall, sobald die Insider verkauft hatten. Das gesamte Ausmaß der Verluste von Anlegern wird vermutlich nie an den Tag kommen. 1991 bekannte sich Davis in fünf verschiedenen Aktienmanipulationen schuldig, mit denen er den Investoren insgesamt etwa 5 Millionen Dollar aus der Tasche gezogen hatte.

Das ist angesichts der Gelder, die heute durch Wall Street rauschen, natürlich nicht mehr als ein Tropfen im Ozean. Weder Davis noch die über 100 Makler, die ihm zugearbeitet haben, sind wichtig – Anleger sollten sich bloß merken, dass die Börse seit Generationen solche Blüten treibt, und auf der Hut sein. Die Straße selbst ist offensichtlich nicht gewillt, derartige Auswüchse zu unterbinden.

Peter Butler, zweiter Auftritt

Die Davis-Wynn-Story ist noch nicht zu Ende, auch wenn die Staatsanwälte die Protagonisten schlussendlich hinter Gitter brachten. Zu den von Davis und Konsorten manipulierten Aktien gehörte auch Memory Metals. Eben jene Memory Metals, die es dem ehemaligen PaineWebber-Staranalysten für die Chemiebranche Peter Butler so nachdrücklich angetan hatte. (Die SEC bezichtigte ihn nie, er habe von den Ursprüngen des Unternehmens gewusst. Aber man fragt sich schon, ob ein Analyst einen Kleinstwert unter die Fittiche nimmt, ohne sich die Banken im Konsortium beim Börsengang anzusehen.)

Unter den Angeklagten im Davis-Wynn-Prozess befand sich Pericles »Perry« Constantinou. Der 60-Jährige war den Staatsanwälten spätestens seit 1973 ein Begriff. Damals untersagte ihm das Bundesgericht in New York weitere Übertretungen der Wertpapiergesetze. Ein zweites Bundesgericht verurteilte Constantinou 1975, weil er in »massiven systematischen Wertpapierbetrug« verwickelt war (so später *Barron's* über den Fall). Das Betrugsschema ging zum Teil auf Robert Vesco zurück (Nixons später flüchtigen Wahlkampfmitarbeiter). Ebenfalls 1975 wurde Constantinou von der SEC gesperrt, nachdem ihm Kursmanipulationen nachgewiesen worden waren, vor allem für die Fantastic Fudge Inc.[5]

Constantinou tauchte 1985 aus der Versenkung auf, diesmal als Finanzberater von Memory Metals. Das Unternehmen ging noch in demselben Jahr an die Börse. Underwriter war die auf den Freien Markt »spezialisierte« Securities First Inc. Constantinou, der zu diesem Schritt geraten hatte, erklärte dem Gericht sein Vorgehen wie folgt: »Ich bin kein Makler, die Geschäfte kommen zu mir, Unternehmen, die an die Börse wollen, und ich vermittle sie an bestimmte Wertpapierhäuser. Dafür erhalte ich einen Lohn ... eine Art Finderlohn.«

Constantinous Organisation manipulierte Aktien in derselben Manier wie die Gruppe um Davis und Wynn. Große Aktienpakete von IPO-Kandidaten wurden vor dem Börsengang oder in dessen Verlauf erworben, auf Scheinkonten geparkt, Aktien zwischen kooperierenden Maklern hin- und hergeschoben und der Kurs aufgebläht.

Constantinou war aufgrund seines Engagements in Neuemissionen vor dem eigentlichen Börsengang sogar eine Art Trendsetter. Private-Equity-Finanzierung ist heute an den feineren Adressen der Wall Street gang und gäbe. Über World Wide Capital mit Sitz in New York bot Constantinou Privatfirmen eine so genannte »Brückenfinanzierung« an, die ihnen durch den Börsengang helfen sollte. Im Gegenzug erhielt World Wide Capital Aktien des noch nicht börsennotierten Unternehmens.

Die Bundesstaatsanwaltschaft klagte Constantinou an, weil er Memory Metals gegen 360 000 Anteile an dem Unternehmen eine Brückenfinanzierung antrug. 1985 waren die einzelnen Aktien aufgrund von Butlers Aktivitäten 10 Dollar wert, auf dem Höhepunkt der Werbekampagne sogar 16 Dollar, insgesamt also fast 6 Millionen Dollar. Memory Metals war eine Aktie von Constantinous Gnaden.

Warum Butler, der für ein renommiertes Haus arbeitete, die Aktie protegierte, wurde zumindest offiziell nie geklärt. Und die Beschuldigungen der SEC beeindruckten First Boston (heute Credit Suisse First Boston) offenbar wenig, jedenfalls warb sie Butler bei Paine-Webber ab.

Erst 1992 schied Butler aus der Branche aus, sechs Jahre nachdem seine Rolle bei dem Flop mit Memory Metals enthüllt worden war, und auch das nur, weil die SEC seine Unterschrift unter eine Erklärung erzwang, laut derer er Rechtsbrüche weder zugab noch leugnete, aber für sechs Monate gesperrt wurde und widerrechtlich erworbene Gewinne in Höhe von 37 249 Dollar zurückzahlen musste. Die Verluste der Anleger bewegten sich in der Größenordnung von mehreren 10 Millionen Dollar.

Leider sind die dubiosen Wertpapierhäuser eher auf dem Vormarsch als auf dem Rückzug: Immer deutlicher treibt die Mafia an der Wall Street ihr Unwesen. Am 17. Juni 1999 belangten die Staatsanwälte von Ost-New York 85 Aktienmakler in neun Firmen nach dem Korruptionsgesetz (RICO, Racketeer Influenced and Corrupt Organizations Act), weil sie durch klassische Aktienmanipulation Investoren um über 100 Millionen Dollar geprellt hatten.

Drahtzieher waren diesmal die Colombos (also gewissermaßen die alteingesessene Mafia) und die neue Russenmafia. In den achtziger Jahren hatten sie die Entsorgungs-, Beton- und Baubranche von New York City »kontrolliert«, wurden dort aber durch schärfere Maßnahmen vertrieben und suchten nun ihr Glück im Wertpapiergeschäft. »Wir stellen vermehrt Versuche organisierter Banden fest, Aktien und Wertpapiere zu manipulieren«, sagte Lewis Schliro, stellvertretender Direktor beim FBI, gegenüber der Presse.[6] Selbst die Kriminellen mochten sich also mit dem Ende der Börsenblase nicht mehr die Finger schmutzig machen und wechselten ins Aktiengeschäft!

Doch die Betrugsfälle, ob nun durch organisierte Kriminelle oder Einzeltäter, endeten keineswegs mit dem 20. Jahrhundert. Am 8. Juli 1999 reichte der für Manhattan zuständige Bezirksanwalt, Robert Morganthau, Klage gegen A. S. Goldmen sowie 33 Angestellte und Mittäter ein. Die in Naples, Florida, ansässige Maklerfirma hatte Anleger um über 100 Millionen Dollar betrogen. Die Beispiele für schmerzliche Erfahrungen sind Legion: Ein 70-jähriger Mann verlor sämtliche Ersparnisse und musste wieder als Busfahrer arbeiten. Eine Frau hatte 25 000 Dollar für eine rauschende Hochzeit ihrer Tochter gespart, das Geld konnte sie nun abschreiben. Das Verfahren gegen A. S. Goldmen begann im Februar 2001, und die Verteidigung kündigte an, sie werde alle Mittel ausschöpfen.

Stuart Winkler, zur fraglichen Zeit Chief Financial Officer des angeklagten Wertpapierhauses, hatte zuvor ein Amt bei der National Association of Securities Dealers (der Standesvertretung der Aktienhändler, meist zu NASD abgekürzt) innegehabt – nur einer von mehreren Verbandsoffiziellen, die sich später als fragwürdige Charaktere erwiesen. Laut Morganthau kannte Winkler viele Winkelzüge, um die Vergehen von A. S. Goldmen zu kaschieren. Seltsam mutet zudem an, dass erst die New Yorker Staatsanwaltschaft sich des Falls annahm. Weder NASD noch SEC maßen den Vorgängen viel Gewicht bei.

Noch kurioser ist die Tatsache, dass interne NASD-Dokumente mit Untersuchungen zu den Machenschaften von A. S. Goldmen in Winklers Besitz landeten – mit an Sicherheit grenzender Wahrscheinlichkeit gab es innerhalb der Organisation eine undichte Stelle, auch wenn die NASD den oder die Schuldigen nie ermitteln konnte. In der Standesorganisation gab es Überlegungen, A. S. Goldmen mit einer Strafe von einer Million Dollar zu belegen (das entspricht ungefähr einem Prozent der Verluste, die die Anleger hinnehmen mussten), aber ein Berufungsgremium folgte einem Vorschlag der Rechtsanwälte des beschuldigten Unternehmens und senkte den Betrag zunächst auf 150 000 Dollar.

Schließlich und endlich belegte die Organisation, die sich schon immer vehement für die Kleinaktionäre eingesetzt hatte, Winkler mit einem Bußgeld von 36 000 Dollar und zwei Jahren Berufsverbot. Man fragt sich unwillkürlich, was jemand anstellen muss, um lebenslänglich ausgeschlossen zu werden.[7]

Auch wenn sich die Maßnahmen der NASD gegen A. S. Goldmen eher wie Theaterdonner ausnahmen (außer natürlich für die Geschädigten), kam Winkler so leicht nicht davon. Spätestens seit August 2000 ging es mit ihm steil bergab. Damals saß er auf Betreiben Morganthaus im Gefängnis. Noch Anfang August hatte Winkler einen Ausflug auf die Cayman-Inseln geplant, und der Staatsanwalt bekam davon Wind. Er beantragte bei Gericht, dass Winkler eine Million Dollar Kaution zu hinterlegen habe. Leslie Crocker Snyder, Richterin am Manhattan State Supreme Court, gab dem Antrag statt. Winkler konnte die Summe nicht aufbringen, wanderte in den Knast und setzte, offensichtlich verärgert, einen Killer auf die Richterin an. Er beschrieb diesem detailliert die Sicherheitsvorkehrungen in deren Büro sowie An- und Abwesenheitszeiten und wurde in der Folge wegen Anstiftung zum Mord verurteilt. Winklers Anwalt sagte, sein Mandant sei von einem Zellennachbarn »angestachelt« worden, und ging in Berufung.[8]

Die Vertreter der alten Schule

Und dann tummeln sich auf der Schattenseite der Wall Street noch jene liebenswürdigen Charaktere, die weder der Mafia noch den Spekulantenringen noch windigen Maklerklitschen mit Sitz in Boca Raton, Florida, angehören. Es ist eine tapfere Schar aufrechter Vertreter, die Aktien nicht anders als Autos oder Computer oder Häuser, kurz, wie ein ganz normales Produkt, an den Mann und die Frau bringen, mit einer beliebigen Verkaufsstrategie, Hauptsache, sie spricht die Kunden an, ohne böse Hintergedanken. Alan Stone ist ein solcher Aktienverkäufer.

Er hat einen Abschluss an der angesehenen Wharton School der University of Pennsylvania und einen MBA in Finanzierung und Investment der New Yorker Universität erworben. In den achtziger Jahren begann er seine Laufbahn als Analyst in der Vermögensverwaltung bei Merrill Lynch. Dort war er für Aktien und hochverzinsliche Anleihen zuständig. Später wechselte er zu Prudential-Bache (heute Prudential Securities) und befasste sich mit Privatplatzierungen, der branchenübliche Ausdruck für Anlagen in von der SEC nicht kontrollierten Segmenten.

Anfang der Neunziger zog Stone nach Los Angeles und moderierte für die American Stock Exchange »Mittagessen mit Unternehmenspräsentationen«. Einmal im Monat fand ein solches Palaver in exklusiven Lokalitäten wie dem Jonathan Club in der Innenstadt oder dem Regent Beverly Wilshire Hotel in Beverly Hills statt. Zweck der Übung: Südkalifornische Makler, Vermögensverwalter und Fondsmanager sollten die an der Amex notierten Unternehmen kennen lernen.

Der Job war Stone auf den Leib geschneidert. Da er aus der Analystenzunft stammte, vermochte er sich in die Lage des Käufers zu versetzen. Er konnte schreiben und verstand sich aufs Reden. Einige der von ihm vorgestellten Gesellschaften waren so beeindruckt, dass sie auch später auf seine Dienste zurückgriffen. 1993 gründete er Alan Stone & Co. und widmete sich ganz der Beratungstätigkeit im Bereich Investor Relations und Öffentlichkeitsarbeit für kleine börsennotierte Unternehmen. Seine Honorare bestanden fast immer aus Geld und Aktien.

Anders als Davis und Butler hat Stone eine weiße Weste. Krumme Touren sind nicht sein Stil, nie wurde er von der SEC gemaßregelt oder vom Staatsanwalt verfolgt. Was allerdings sofort auffällt, ist die Beiläufigkeit, mit der er Übertreibungen einstreut, ohne je die Grenzen einer sehr weit gefassten Wahrheit zu verlassen. Sehen wir uns zum Beispiel den Prospekt an, mit dem er für seine Firma wirbt. Darin ist ein großes, architektonisch ansprechendes Bürogebäude in Los Angeles abgebildet. Die Bildunterschrift lautet: »Alan Stone & Co., Corporate Offices, Los Angeles, California«.

Man könnte es so verstehen, als sei das schicke Hochhaus der Firmensitz eines großen und mächtigen Unternehmens. Tatsächlich hat Stone, wie er locker in einem Nebensatz einfließen lässt, lediglich ein Zimmer in dem Bau gemietet. Und nicht einmal das – er nutzt das Angebot einer Business-Suite im 16. Stock; nicht er, sondern der Dienstleister ist der eigentliche Mieter. Die Suite besteht aus einem Konferenzzimmer und mehreren etwas verwohnt wirkenden Büros mit austauschbarem Wandschmuck und veralteten juristischen Werken. Die Büros sind um einen Empfangsbereich angeordnet. Stone hat keinen eigenen Raum, sondern nutzt wie die anderen Kunden der Business-Suite einen, der gerade frei ist.

»Die Business-Suite gehört zu den ersten Adressen der Stadt«, sagt er und ignoriert großzügig die Tatsache, dass an seiner Tür nicht einmal ein Namensschild hängt. »Früher war eine der angesehensten Kanzleien im Stockwerk über uns. Aber sie brauchten mehr Platz, deswegen sind sie ausgezogen.«

Alan Stone & Co. ist ein Ein-Mann-Unternehmen. Trotzdem bezeichnet sich Stone als Vorstandsvorsitzender, und auf der Titelseite seiner Werbebroschüre hebt gerade ein schnittiger Firmenjet ab – mit

den Initialen ASC auf der Heckflosse. Auch wenn er kein eigenes
Flugzeug besitzt, der Mann ist echt. Nach 25 Jahren im Geschäft
kennt er die Schleichwege im Bilanzdschungel und weiß, was Anleger
hören wollen. Seine Spezialität sind eingängige, dreiseitige Unterneh-
mensberichte. Außerdem hat er die richtigen Broker, die richtigen
Fondsmanager, die richtigen Finanzberater in seinem Verteiler. Er
versteht sich mithin auf die Kunst, den Kurs von Small Caps zu beflügeln und ihnen einen kleinen, wenn auch vielleicht nicht besonders nachhaltigen Schubs zu geben.

WENN STONE EINE DER WICHTIGSTEN Dienstleistungen für seine
Kunden – börsennotierte Gesellschaften, die sich an der Wall Street
»profilieren« wollen – beschreibt, spricht er von »der Steigerung des
Shareholder-Value«. Meistenteils erreiche er dies, indem er führende
Analysten mit Research-Material von öffentlich bestellten Wirt-
schaftsprüfern zu Berichten animiere.
    Stone hat einen einzigen Analysten auf der Honorarliste stehen. Es
handele sich, sagt er, um Joseph E. Jones von der Firma Wall Street
Research. Der schreibe die dreiseitigen Berichte über seine Klienten.
Jones' Lebenslauf umfasse Stationen bei Standard & Poor's, Brown
Brothers Harriman und der American Stock Exchange, deren Research-Abteilung er geleitet habe. Besteht man darauf, Jones leibhaf-
tig zu treffen, erklärt Stone, der Analyst unternehme jedes Jahr vier
ausgedehnte Segeltörns und stehe daher selten für Interviews zur
Verfügung. Trotz dieser regelmäßigen Aktivitäten auf hoher See findet Jones die Zeit, einen konstanten Strom positiver Berichte über
Stones Klienten zu verfassen.
    Stone verpackt Jones' Berichte als schimmernde, vierseitige Dos-
siers, die er an 2 000 bis 5 000 Broker und Fondsmanager schickt und
ins Internet stellt. Überwiegend handelt es sich um selten gehandelte
Kleinst-AGs, so genannte Penny-Stocks. Die Wirkung kann sich sehen lassen. »Nicht selten können wir den Kurs einer Aktie verdoppeln oder verdreifachen, nachdem das Unternehmen zu uns gekommen ist«, erklärt Stone, und die Liste gelungener Beispiele ist lang.

Wie alle Aktien-Promotoren reitet er auf Moden oder Trends mit. Sind gerade Versorger en vogue, verkauft er ein Unternehmen als Energieunternehmen. Schreien alle nach Internetaktien, rät er seinen Kunden, ein Dot-com im Namen zu ergänzen und eine Website ins Netz zu stellen.

Man ist nicht wirklich überrascht, wenn man herausfindet, dass Stone der *Inhaber* von Wall Street Research ist. Seiner Meinung nach führt das nicht zu einem Interessenkonflikt. »Nein«, sagt er, »ich werde von meinen Klienten für die Nachforschungen bezahlt, aber wenn eine Aktie nicht taugt, streichen wir sie selbstverständlich von der Empfehlungsliste.« Das sei allerdings noch nie vorgekommen. Und die Tatsache, dass die Klienten für die Berichterstattung bezahlten, würde in den Berichten selbst angemessen dargelegt. Mit Stones Worten: »Die Sachmängelhaftung liegt beim Käufer – caveat emptor.«[9]

Trotzdem gibt es Pleiten. Stones Enthusiasmus verhindert nicht, dass die Fundamentaldaten mit der ihnen eigenen Hartnäckigkeit den Investor plagen. Die Geschichte von LifePoint Inc. kann als typisch gelten. Der Stone-Kunde mit Sitz in Rancho Cucamonga, Kalifornien, vertrieb medizinische Tests. Das erste Produkt war ein schnell und vor Ort durchführbarer Alkohol- und Drogentest, der bei Verkehrskontrollen, von Arbeitgebern oder in Krankenhäusern eingesetzt werden konnte. LifePoint behauptete, es habe eine Methode in der Pipeline, mit der sich zahlreiche Drogen im Speichel (statt im Blut oder im Urin) nachweisen ließen. Damit käme man ohne Eingriff, schnell und relativ kostengünstig zu Ergebnissen. Stone nahm LifePoint 1998 unter seine Fittiche. Kurz danach erschien ein Bericht der Wall Street Research über das Unternehmen mit einer Kaufempfehlung. Die Aktie stand bei 1,03 Dollar. Wenig später zahlte man 6 Dollar dafür, wahrlich ein echter Home Run.

Im Juni 1999 dümpelte der Kurs allerdings wieder bei einem Dollar. »Es waren viele Aktienanleihen[10] im Umlauf, sie wurden in Stammaktien umgetauscht, und das hat auf den Preis gedrückt.« So weit Stones Erklärung. Außerdem warf das Unternehmen keinen Gewinn ab. Die Existenz von Aktienanleihen wurde in dem Bericht der Wall Street Research nicht erwähnt, warum auch immer. Kein Problem, sagt Stone. »Für den Preis ist es wirklich ein guter Kauf. Es ist ein gutes Unternehmen mit einem guten Produkt.« Mag sein. Anfang 2001 stand der Kurs wieder bei 5 Dollar, im September desselben Jahres bei 3 Dollar.

Stone übernimmt auch Börsengänge, ganz wie die großen Wertpapierhäuser. »Von Zeit zu Zeit ergeben sich IPOs. Wir suchen nach exzellenten Firmen, für die wir Neuemissionen vorbereiten. Zuletzt haben wir New Frontier Media an die Börse begleitet.«

New Frontier Media aus Boulder, Colorado, entpuppt sich als Kabelfernsehen für Erwachsene. 1999 war das Unternehmen ordentlich gewachsen, schrieb jedoch noch immer rote Zahlen. Nach Playboy-Vorbild kaufte man einen Internet-Porno-Provider, der neben anderen Diensten angeblich 18-jährige Mädchen anbietet, die sich nach den Wünschen zahlender Online-Kunden ausziehen. New Frontier mag eine Spur derber sein als der Playboy-Chatroom, in dem ebenfalls nackte Frauen zu sehen sind, aber irgendwie will das Geld ja schließlich verdient sein. Nur dass New Frontier kein Geld verdiente, es meldete 1999 vielmehr Verluste in Höhe von 7,6 Millionen Dollar, und das bei einem Umsatz von 9,5 Millionen Dollar.

Für Investoren stellt sich die Sache einigermaßen trübe dar. Nachdem die Aktien zu 4 Dollar das Stück emittiert worden waren, fiel der Kurs bis auf 69 Cent, der Höchststand lag bei 10,69 Dollar. Anfang 2001 schwankte er um die 3,50 Dollar, im September desselben Jahres fiel er bis auf 2,05 Dollar zurück. Immerhin schlug sich der Wert besser als die Zweitemission von Playboy.

Stone sieht kaum einen Unterschied zwischen seinem Vorgehen und dem der großen Investmentbanken. »Die einzigen Gründe für ein Wertpapierhaus, mit Unternehmen Geschäftsbeziehungen aufzunehmen, sind ökonomischer Natur. Es gibt Konflikte, Aktien und Bezugsrechte. Die andere Seite«, damit spielt Stone auf Vermögensverwalter und die großen Investmentfonds an, »weiß das, sie kennt den Konflikt.«

Natürlich steckt ein Körnchen Wahrheit in Stones Selbstbild. Und ebenso natürlich gibt es Unterschiede zwischen Stones Laden und Bear Stearns mit Planet Hollywood oder Credit Suisse First Boston mit Playboy, aber es sind Größen- und keine prinzipiellen Unterschiede. Auch wenn Stone sich im Schatten der Finanzwelt bewegt, in dieser Hinsicht durchaus mit Hemant Shah und dessen Aversion gegen Biovail vergleichbar, ist er doch ein lebendiger Mikrokosmos mit all den Konflikten und Blickverzerrungen der Wall Street. Wie schon bei Davis: Alan Stone selbst ist nicht so wichtig. Aber er steht für eine Realität, es gibt Hunderte oder sogar Tausende seines Schlages. Anleger, sei wachsam.

Das World Wide Web

Wie viele andere Dinge ist auch das World Wide Web ein zweischneidiges Schwert. Mitten in der Goldgrube der Informationswirtschaft lauert eine Gefahr: der Nepp. Mit bunten Grafiken und einem Schutzwall von Anonymität ist das Web die ideale Bühne für Schwindler und Lügenbarone aller Art.

Betrug ist im Internet jedenfalls allgegenwärtig. Bei einer einzigen Razzia gegen Online-Betrüger klagte die SEC 1998 44 Unternehmen und Personen an, den Kurs von sage und schreibe 235 Aktien manipuliert zu haben.[11] Es trifft natürlich meistens kleine Werte, aber die Zahl ist nichtsdestotrotz atemberaubend. Ein gefallener Analyst wie Hemant Shah oder Barry Davis oder Peter Butler mag die eine oder andere Aktie drücken oder hochjubeln, aber 235 Aktien?

Normalerweise besitzen die Online-Kursjongleure Anteile an dem Unternehmen, mit dessen Kurs sie spielen – die Cyber-Version des »Pump and Dump«. Nach den Unterlagen der SEC empfahl etwa Jeffrey C. Bruss aus West Chicago, Illinois, 25 Microcaps. Zielgruppe waren die Abonnenten seiner Internetseite »Future Superstocks«. Wie die großen Vorbilder lieferte Bruss »Analysen« zu bestimmten Themen. Und wie seine Vorbilder wurde er von seinen Klienten bezahlt, in seinem Fall mit Geld und Aktien im Wert von knapp 3 Millionen Dollar. Anders als die Vorbilder verbarg Bruss jedoch gegenüber den Anlegern sein Eigeninteresse. Ihnen sagte er nur, die Kurse der Aktien würden sich innerhalb von einem Monat verdoppeln oder verdreifachen. (Sein Anwalt vertritt die Auffassung, die Anklageschrift enthalte nur die Sicht der SEC von der Abfolge der Ereignisse.) Anfang 2001 war das Verfahren gegen ihn noch nicht abgeschlossen.[12]

Es gibt ein Standardrepertoire für den Anlagebetrug im Internet, dazu gehören:

- **Spamming**. Der Betrüger verschickt an Hunderte, Tausende oder gar Millionen E-Mail-Adressen eine Mail über die Vorzüge einer bestimmten Aktie. Wenn nur ein verschwindender Bruchteil der Empfänger »anbeißt«, kommen schon erstaunliche Beträge zusammen und der Kurs gerät in Bewegung.
- **Frisierte Internetseiten**, die ein Unternehmen als größer und solider darstellen, als es in Wirklichkeit ist. Damit wird eine fingierte »unabhängige« Informationsquelle geschaffen.
- **Falsche Absender**, mit denen Nepper ihre Identität verschleiern und Falschmeldungen in Börsen-Chatrooms von Yahoo! oder Silicon Investor oder anderen Hosts lancieren.

1998 gründete die SEC eine eigene Abteilung, um der wachsenden Internet-Aktienmanipulation Herr zu werden. Viele Experten sind jedoch der Ansicht, dass die Börsenaufsicht die falsche Behörde für derartige Aufgaben ist. Denn auch mit einer auf Internet-Verstöße spezialisierten Truppe kann die SEC nur zivilrechtlich, nicht jedoch strafrechtlich gegen die Täter vorgehen. Kein Knast also. Leider, wie der Leiter der Abteilung, Richard Walker, seufzt: »Die Aussicht, ins Gefängnis zu wandern, verhindert Betrugsversuche wesentlich effektiver als Sanktionen wie Geldstrafen oder Berufsverbot, die der SEC zur Verfügung stehen.«[13] Mit einem Papierkrieg lässt sich die Guerillataktik der hart gesottenen Nepper in ihren virtuellen Büschen nicht eindämmen.

Das Web hat die Reichweite von kleinen, unseriösen Maklerbüros in einem ungeahnten Maß vergrößert. In einer Nacht verschickte eine New Yorker PR-Firma nicht weniger als sechs Millionen E-Mails zugunsten zweier Mini-AGs. Wollte man dieselbe Zahl von Adressaten per Telefon ansprechen, wären fünfzig Telefonverkäufer ein Jahr lang beschäftigt (legt man pro Anruf eine Minute, einen Arbeitstag von acht Stunden sowie eine Fünftage-Woche zugrunde). Auf elektronischem Weg benötigte die Firma die Zeit zwischen Dämmerung und Morgenrot.

Viele Betrüger im Netz bezeichnen sich als PR-Leute oder als im »Analyse«-Feld tätig. Die wenigsten nennen sich Broker. Damit umgehen sie die Regelungsbefugnisse der Börsenaufsicht, und sie können nicht ausgeschlossen werden. Ihre Tätigkeit, so schädlich sie sein mag, ist juristisch oft genug nicht angreifbar.

Die SEC kann den großen Knüppel strafrechtlicher Verfolgung schwingen, wenn sie sich mit dem US-Justizministerium kurzschließt. Ein engagierter Staatsanwalt kann einen Schwindler hinter Schloss und Riegel bringen. Aber das kostet extrem viel Zeit und ist angesichts der Masse derartiger Delikte wenig praktikabel. Das Ministerium hat nicht die Mittel, um Hunderte oder vielleicht sogar Tausende von Fällen zu bearbeiten, die jeweils Schäden unter einer Million Dollar verursacht haben. Im persönlichen Gespräch räumen viele Staatsanwälte ein, dass sie Fälle unterhalb einer bestimmten Schadensgrenze nicht verfolgen, weil sie sowieso nicht nachkommen. Wer um 500 000 Dollar geprellt wurde, sollte nicht auf die US-Kavallerie als Retter in der Not zählen.

Ohnehin ist es eher die Ausnahme als die Regel, dass Börsenbetrug aufgedeckt und bestraft wird. Die Rattenfänger, die Cheerleader, die Spekulantenringe überfordern die Aufsichtsbehörden schlicht und ergreifend, und das war schon immer so. Und leider hat die ehrbare Wall Street nie nach dem Kongress, der Börsenaufsicht, der Standesvertretung oder dem Staatsanwalt gerufen, um sich vom Lug und Trug in den eigenen Reihen zu befreien. Im Gegenteil, renommierte Wertpapierhäuser, darunter insbesondere wieder Bear Stearns & Co., haben als betrügerisch bekannten Spekulantenringen bei der Abwicklung ihrer Geschäfte geholfen.

Eine Hand wäscht die andere

Die Reaktion der Wall Street auf dubiose Geschäftemacher aus den eigenen Reihen ist beklagenswert. Es gab nie einen Aufschrei der Branche, unseriöse Klitschen und Spekulantenringe müssten ausgeschlossen werden. Im Gegenteil. Seit Generationen haben zweifelhafte Wertpapierhäuser wie A. G. Baron, A. S. Goldmen, Blinder Robertson und Sterling Foster ihren Handel über die Großen der Branche abgewickelt, insbesondere über Bear Stearns & Co. (Die kleinen Häuser bestehen in der Regel aus einem angemieteten Büro, in dem Zweigstellenleiter und Broker sitzen. Gelegentlich kommt ein Analyst dazu, der aber meistens zugleich Broker ist. Um tatsächlich Aktien zu kaufen und verkaufen, übermitteln sie ihre Kauf- und Verkaufsorders an die großen Wertpapierhäuser.)

Diese Abwicklung ist für den Branchenführer Bear Stearns ein lukratives Geschäft. Auf das Investmenthaus entfallen allein 12 Prozent des gesamten Handelsvolumens an der NYSE. Es hat lange bestritten, Schwindler zu decken und zu unterstützen; man führe lediglich Aufträge aus. Schließlich durchschauten sogar die Behörden den Deckmantel (für Tausende von Anlegern kam die Einsicht allerdings zu spät).

Ende 1997 nahmen Staatsanwaltschaft und Vertreter der SEC das Verhalten von Bear Stearns gegenüber illegalen Geschäften von A. G. Baron mit Scheinaktien unter die Lupe, die Anleger um 75 Millionen Dollar geschröpft hatten. Der Untersuchungsleiter vonseiten der SEC, Richard Walker, konstatiert nach der zweijährigen Überprüfung: »Bear Stearns hat Barons weit verzweigte Betrugstätigkeit unmittelbar unterstützt.« Das Investmenthaus zahlte 38,5 Millionen Dollar Strafe und unterschrieb die übliche Einverständniserklärung, in der es die Vorwürfe weder zugab noch bestritt.

Mancher hätte sich wohl stärkere Medizin gewünscht. Die SEC belangte (in diesen Fällen sekundiert von Staatsanwalt Morganthau) auch Richard Harriton, den altgedienten Leiter der mächtigen Handelsabteilung von Bear Stearns. Von ihm sagt man, er habe die Abteilung mit aufgebaut. Die Ermittlungen ergaben, dass er den Betrug von A. G. Baron gedeckt hatte und sogar versucht hatte, die Firma zu retten. Mehr noch: Harriton hatte seinerseits von A. G. Baron profitiert, indem er deren IPO-Aktien vor dem Börsengang der betreffenden Unternehmen auf geheime Sonderkonten unter seinem Namen umgelenkt hatte. Neben vielen anderen Verwerflichkeiten wusste Harriton, dass Baron häufig für Kunden, aber ohne Kundenauftrag kaufte, um Kurse zu treiben. Monatelang stellte sich Bear Stearns entschlossen hinter seinen Abteilungsleiter, bis man ihn schließlich als Teil der Vereinbarung zähneknirschend entließ. Der Präsident von Bear Stearns, James Cayne, verabschiedete ihn allerdings mit den überschwänglichsten Lobesworten und sagte, er lasse ihn ungern ziehen. Unter Harritons Zeugnis, ebenfalls von Cayne abgezeichnet, stand: »Wir wünschen ihm alles Gute.«

Harriton leugnete über seine Anwälte jedes Fehlverhalten. Er zahlte eine Million Dollar Strafe und kann nach ein paar Jahren wieder in die Branche einsteigen, da er juristisch nur wegen Fahrlässigkeit belangt wurde und nicht einmal das zugegeben hat.

Die Rolle von Bear Stearns bei der Unterstützung von dubiosen Geschäften war allerdings so offensichtlich, dass sich sogar die großen Zeitungen darüber aufregten. Die *New York Times* nannte die Einzelheiten der SEC-Anklage gegen das Investmenthaus »gespenstisch« und staunte lautstark, welches andere börsennotierte Unternehmen über so lange Zeiträume derartige illegale Aktivitäten toleriert hätte.

Die Anklage ging um die Welt. In der *South China Morning Post* wurde ein Teil des Editorials der *New York Times* abgedruckt: »Börsenskandale kommen und gehen. Aber die gespenstischen Einzelheiten in der von Bear Stearns unterzeichneten Einverständniserklärung, ... um die Anschuldigungen der Securities and Exchange Commission beizulegen, werden bleiben ... eine Geschichte von persönlicher und unternehmerischer Habgier, die rücksichtslos zu Lasten nichts ahnender Aktienbesitzer befriedigt wurde.«

Welche Schlüsse über Moral und Empfehlungen Analysten wohl ziehen müssen, wenn sie bei Bear Stearns angestellt werden? Dann brachte das Investmenthaus Planet Hollywood an die Börse. Und warb beinahe bis zum Konkurs für die Aktie.

Nicht alles, was glänzt ...

Man kann Alan Stone als kleinen Fisch bezeichnen, man kann die Praxis der Investmentfonds, IPOs aufzukaufen und binnen Stunden nach Handelsbeginn loszuschlagen, als notwendiges und übliches Geschäftsgebaren sehen. Zweifellos gelten Spekulantenringe in den Kreisen an der Wall Street überwiegend als unappetitlich und Börsengänge à la Planet Hollywood als Abwege. Die Zweitemission von Playboy wird hier wohl als aggressive Strategie beurteilt, Jack Grubman ist eben Jack Grubman, und die exorbitanten Kurse für Internetaktien wie Priceline.com oder eToys.com erscheinen angesichts des gewaltigen und unvorhersagbaren Potenzials nicht als besonders ungewöhnlich. Bear Stearns führt nur Orders aus, sonst nichts, und Hemant Shah – na, das ist ein unabhängiger Analyst. Nichts Neues unter der Sonne, schwarze Schafe gibt es überall.

Ein genauerer Blick enthüllt diese Vorkommnisse als Teil einer neuen Wall Street, die nach der Deregulierung 1975 aufblühte. Es gibt gewisse Parallelen zum modernen Journalismus: Ebenso wie die Unterschiede zwischen den angesehenen Tageszeitungen und den Revolverblättern verschwimmen, wie die Grenzen zwischen fairer, gerechtfertigter Berichterstattung und Schlammschlachten – vor allem, wenn es um Seitensprünge des Präsidenten geht – an Schärfe verlieren, ebenso werden an der Börse die Unterschiede zwischen Richtig und Falsch eingeebnet. Die Trennungslinie zwischen der seriösen Wall Street und dem Rest der Branche schwindet.

Stone und die Spekulantenringe zahlen für das »Research« oder schreiben es kurzerhand selbst. Ist das grundsätzlich von der Praxis der Investmentbanken mit hauseigenen Analysten und deren chronischen Kaufsignalen verschieden? Stone und die unseriösen Klitschen halten selbst die Aktien, die sie der Öffentlichkeit empfehlen. Ist das so weit von der Entlohnung für die Konsortialbanken in Form von Aktienpaketen oder der Finanzierung durch Aktien noch vor dem Börsengang entfernt? Die Spekulantenringe treiben Aktienkurse in die Höhe und steigen dann aus. Wertpapierhäuser und Investmentfonds treiben Aktienkurse in die Höhe und steigen dann aus.

Nicht jeder Stone-Klient überlebt. Auch Planet Hollywood mit vier angesehenen Häusern im Konsortium rauschte in die Pleite, und der Playboy-Kurs sank nach der von zwei bekannten Underwritern betriebenen Zweitemission so rasch, wie er gestiegen war. Bei Internetaktien gibt es zu viele Konkurse, als dass man sie hier alle aufzählen könnte. Wissenschaftliche Untersuchungen haben gezeigt, dass sich Anlagen in IPOs in der Regel schlechter entwickeln als der Markt, insbesondere für Kleinanleger, die am ersten Handelstag kaufen – und doch verkauft Wall Street die Ware Tag für Tag.

Stone behauptet, seine Weste sei faktisch weißer als die der großen Wertpapierhäuser: »Wenn es sein muss, kann ich ein Unternehmen fallen lassen und die Aktie auf … ›Verkaufen‹ setzen. Ich bin auf einen Klienten nicht angewiesen, muss keinen großen Apparat finanzieren. Von den Investmentbanken habe ich praktisch noch kein Verkaufssignal gesehen. Die haben zu viel Inventar [Aktien der Klienten] oder wollen neue Investmentaufträge akquirieren. Ich kann tun und lassen, was ich will. Ein angestellter Börsenanalyst kann das nicht von sich behaupten.«

Wall Street heute: Ob Stone nur sich selbst in die Tasche lügt oder Recht hat oder ob die Wahrheit irgendwo in der Mitte liegt, ist schwer zu entscheiden.

Kapitel 6

Die Leerverkäufer

»Leerverkäufer? Die sind klasse. Manche halten sie für ein Übel. Aber sie studieren öfter als andere die Bilanzen. Sie sagen: ›Schauen wir uns den Mist mal an.‹ Das ist gut für die Gesellschaft. Die wenigsten Analysten mögen sich negativ über eine Aktie äußern. Leerverkäufer sind das Lebenselixier des Marktes.«

Hans R. Stoll, Inhaber der Anne Marie and Thomas B. Walker-Professur für Finanzwirtschaft und Direktor des Financial Markets Research Center, Owen Graduate School of Management, Vanderbilt University

»Du musst auf etwas Konkretes stoßen«, erklärt Stanley Brillo, bleibt unvermittelt stehen und unterstreicht den Satz mit erhobenem Zeigefinger. »Du musst nach einem Ereignis Ausschau halten, das den Kurs drücken wird. Es reicht nicht mehr, ein beschissenes Unternehmen mit einem beschissenen Management zu finden. Das kann über Jahre gut gehen. Du musst nach einem Auslöser suchen, der den Kurs abstürzen lässt. Das kann eine Gewinnwarnung sein oder ein Detail aus den Zulassungsunterlagen bei der SEC oder eine Nachricht. Aber es muss etwas Bestimmtes sein.«[1]

Stanley Brillo ist Leerverkäufer. Er verdient sein Geld mit Aktien, die seiner Einschätzung nach auf Absturz programmiert sind und die er leerverkauft oder »shortet«. Leerverkaufen klingt geheimnisvoll und hat den Ruch von dunklen Geschäften. Aber weder das eine noch das andere trifft zu. Ein Leerverkäufer borgt sich Aktien von einem Wertpapierhaus oder der Vermögensverwaltung einer Bank. Beide haben viele Aktien für Kunden in ihren Depots und sind glücklich, wenn sie einen Teil davon gegen Zinsen ausleihen können.

Die geliehenen Papiere verkauft der Leerverkäufer am Markt. Er (oder sie) hofft auf fallende Kurse, sodass er sich später billiger damit eindecken kann. Wenn man 100 Stück der XY-Aktie erwirbt, à 10 Dollar losschlägt und zwei Wochen später für 5 Dollar bekommt, verdient man 5 Dollar pro Aktie, insgesamt 500 Dollar, abzüglich der Kosten.

Zwischen Aktienbesitzer und Leerverkäufer gibt es keinen Vertrag, der Eigner kann die Anteile jederzeit »zurückrufen«. Short-Trading ist nichts für Herzkranke – man denke an die hohen Transaktionskosten, die fälligen Zinsen, die mächtigen Wertpapierhäuser (mit Schmuse-analysten) und Investmentfonds mit ihrem Einfluss auf die Kurse und an die Ungewissheit über den Rückgabetermin.

Wie viele, wahrscheinlich die meisten seines Schlages, spricht Brillo nicht ins Mikrofon. Erstens hätte sein Arbeitgeber – ein großes Wertpapierhaus – etwas dagegen. Es gilt als schlechter Stil, wenn Mitarbeiter auf den Kursverfall einzelner Werte setzen, und öffentlich brüsten sollen sie sich damit schon gar nicht. Wertpapierhäuser sollen Aktien schließlich verkaufen, nicht leerverkaufen. Zweitens könnte es ihn den Zugang zu Unternehmensinterna kosten, wenn er sich als Baisse-Spekulant outen würde; vor allem mit den Managern der von ihm leerverkauften Gesellschaften könnte er dann kaum noch reden. Und die Firmenkunden könnten verärgert reagieren oder den so genannten Short-Busters einen Tipp geben.

Also hält sich Brillo (Name geändert) lieber bedeckt. Dabei ist er keineswegs ein finsterer oder menschenscheuer Geselle. Als kampf-erprobter Veteran im täglichen Börsendschungel gehört er zu den besten Leerverkäufern der Westküste. Er sitzt zwischen flimmern-den Bildschirmen und ununterbrochen klingelnden Telefonen 55 Stockwerke hoch über Downtown Los Angeles. Die meisten Anrufe kommen von Klienten oder anderen Short-Tradern, die sich sei-nen Rat einholen, Klatsch loswerden oder Kommentare abgeben wollen.

Manchmal meldet er sich mit »Stan Brillo, das Wunderkind«, obwohl er altersmäßig eher der Großvater eines Wunderkindes sein könnte, und fügt hinzu:»Mein Gott, und wie ich mich wundere!«

Brillo spielt ein anspruchsvolles Spiel, und er hält sich an die Regeln, denn wenn er sie übertritt, hat er viel zu verlieren.»Ich habe eine halbe Million Dollar mit Yahoo! in den Sand gesetzt«, erzählt er und meint den Internetpionier, der mit seiner unglaublichen Performance an der Wall Street eine neue Epoche eingeläutet hat.»Es war die schlimmste Wette meines Lebens. So viel Geld habe ich noch nie mit einer einzigen Aktie verloren. Ich hätte mich auf den Mond ärgern können. Das einzig Gute ist, dass die Aktie noch weiter gestiegen ist, nachdem ich ausgestiegen war. Ich hätte 2 Millionen und mehr verlieren können. Dann säße ich jetzt auf dem Jupiter. [Yahoo!] ist völlig überbewertet, aber ein Kurssturz derzeit nicht abzusehen.«

Das gelte, sagte er Mitte 1999, für die Mehrzahl der Internetwerte. Später, im Frühjahr 2000, brach der Internet-Boom in sich zusammen.

»Es heißt, Amazon.com würde die nächsten fünf Jahre Verluste melden«, merkt Brillo an.»Meiner Meinung nach schaffen die es nie aus den roten Zahlen. Aber man kann die Aktie nicht leerverkaufen. Noch nicht. Eines Tages schon. Eines Tages wird sich das richtig lohnen.« (Inzwischen hat Amazon.com gewaltig an Wert eingebüßt.) Es wird Brillos Auffassung nach die größte Baisse-Gelegenheit aller Zeiten.»Die Internetaktien werden zu Mondpreisen gehandelt«, sagt er.»Wir werden im Geld schwimmen. Die Südsee wird ein Tümpel sein im Vergleich zu dieser Badewanne.«

Irgendwann, sagt er, steht uns die nächste Rezession ins Haus, wenn's gut geht, eine Stagflation.[2] Und dann sind die Aktienkurse einem doppelten Druck ausgesetzt: Die Unternehmenserträge sinken und das Kurs-Gewinn-Verhältnis schrumpft. Wenn ein Unternehmen mit einem Gewinn pro Aktie von einem Dollar zum 30fachen des Ertrags gehandelt wird, ergibt sich ein Kurs von 30 Dollar. Wenn der Nettoertrag dieses Unternehmens auf 75 Cent fällt und sich gleichzeitig das Wirtschaftswachstum insgesamt verlangsamt, kann das KGV auf 20 fallen (was im historischen Vergleich immer noch ziemlich hoch ist). Der doppelte Druck durch sinkende Erträge und schrumpfende KGVs halbiert den Kurs auf 15 Dollar – für den Aktionär ein Verlust von 50 Prozent, für Leerverkäufer eine Goldgrube. »Wenn der Tag kommt, wird die Wall Street zum Baisse-Paradies«, sagt Brillo. »Es nur eine Frage des Wann.« Er weiß, wovon er redet.

STANLEY BRILLO WAR NICHT immer Leerverkäufer, und bis heute beschränkt er sich nicht auf diese Wette gegen den Kurs. Wenn er auf eine gute Aktie stößt, kauft er sie. Es war die Suche nach guten Aktien, die ihn Anfang der achtziger Jahre auf die Baisse-Strategie brachte. Vorher hatte er fast zwei Jahrzehnte lang als Broker gearbeitet. Brillos überwiegend reiche Klienten (er nimmt praktisch niemanden an, der ihm weniger als 250 000 Dollar anvertraut) waren und sind ihm treu – im heutigen Umfeld, in dem Aktienmakler zunehmend als austauschbare Portfolio-Verwalter gelten, ein immer selteneres Phänomen. Die Kunden mochten ihn, weil er ein freundlicher, witziger Zeitgenosse ist, und sie hörten auf seinen Rat, weil er ihr Geld vermehrte.

Brillo hat sehr viele loyale Klienten, so viele, dass er als »der Typ, der riesige Stückzahlen unterbringt«, bekannt wurde. Seine Klienten waren bereit, Aktienpakete von kleinen Gesellschaften zu erwerben, sofern er sie empfahl. Die Manager derjenigen Unternehmen, die von den großen und mittelständischen Wertpapierhäusern ignoriert wurden – damals wie heute ein verbreitetes Problem –, pilgerten also zu Brillo. Wenn sie ihn überzeugten, kauften sich Brillos Klienten ein. Das stützte den Kurs und steigerte ihn mitunter sogar. Es entsprach im Kleinen der Unterstützung von Wertpapierhäusern und Institutionen, die die Blue Chips heute für selbstverständlich halten.

Brillo lernte viele gute Unternehmen kennen. Nicht selten empfahl er seinen Klienten die Aktie – aber erst, nachdem er sich mit dem Management unterhalten, die Unterlagen bei der SEC eingesehen, die Betriebsstätten abgeklappert, mit Kunden und Lieferanten geredet und andere Nachforschungen angestellt hatte.

Nicht jeder Bewerber war ein verborgenes Juwel. Mit der Zeit klopften immer mehr zweifelhafte Kandidaten an Brillos Tür.

»Schlimme Klitschen traten an mich heran, Aktienwerber«, erinnert sich Brillo. »Anfangs sagte ich höflich: ›Danke, aber nein danke.‹ In den achtziger Jahren ging mir dann ein Licht auf.« Ein Unternehmen, das selbst nach sorgfältigster Suche nach verborgenen Werten immer noch schrecklich aussieht, könnte, so dachte er sich, zumindest für Leerverkäufe interessant sein. »Voilà!«, sagt er, »da hatte ich ein neues Betätigungsfeld.«

So erläutert, klingt Short-Trading ganz einfach. In Wirklichkeit ist es alles andere als das. Die besten der Zunft erwerben sich ihren Ruf (und ihr Geld) durch ausgedehnte Recherchen über die Unternehmen: Sie durchleuchten nicht nur Bilanzen auf Schwachstellen in der Rechnungslegung, sondern auch die mitunter recht buntscheckigen Karrieren der Vorstände und Manager. Sie sprechen mit Angestellten, auch mit solchen, die nicht mehr in der Firma sind, erkundigen sich bei Lieferanten und Abnehmern, überprüfen Gerichtsakten und kämpfen sich durch die Unterlagen bei den Aufsichtsbehörden. Sie besichtigen Fabriken und Verkaufsräume und schauen sich persönlich an, wie der Betrieb läuft. Kurz gesagt, Leerverkäufer fangen da an, wo Analysten häufig aufhören.

»In Baisse-Spekulationen steckt viel mehr Arbeit, als wenn man nur auf die Empfehlung eines Analysten hin kauft«, sagt Brillo. Und er fügt mit bissigem Humor hinzu: »Ich bin mir nicht sicher, ob ein Broker diesen Zeitaufwand rechtfertigen könnte. Wenn er sich lediglich auf die Empfehlungen aus der Research-Abteilung verlässt, hat er doppelt so viel Zeit für Verkauf und Kundengespräche. Ich verbringe schrecklich viel Zeit mit Nachforschungen. Vielleicht kein gutes Geschäftsmodell.«

Brillo räumt ein, dass Leerverkäufer ein nicht nur arbeitsintensives Feld beackern. In der jüngsten Vergangenheit schwammen sie zudem gegen den Strom. Die anhaltende Hausse der achtziger und neunziger Jahre spülte selbst Pleitekandidaten nach oben.

Die Internetaktien sind wohl Paradebeispiele dafür (oder waren es zumindest bis Mitte 2000), aber auch viele andere Unternehmen werden zu historischen Höchst-KGVs gehandelt, obwohl ihre Fundamentaldaten eher mäßig bis hin zu erschreckend schlecht ausfallen. Wenn selbst Feld-Wald- und Wiesen-Werte zum 15- bis 30fachen und Blue Chips zum 30- bis 60fachen des Gewinns gehandelt werden, weist auch der Bodensatz des Marktes KGVs auf, bei denen einem früher die Augen übergegangen wären. Man sollte sich an die achtziger Jahre erinnern – verdammt lang her, nicht? Damals bewegten sich Kurs-Gewinn-Verhältnisse im untersten zweistelligen Bereich. Im Schnitt hatten die Unternehmen im S & P 500 1985 ein KGV zwischen 10 und 13, Ende des Jahrzehnts zwischen 14 und 17. Zehn Jahre später notierte ein normaler Blue Chip beim 30fachen der Gewinnschätzung, und dieses Allzeithoch wurde auch 2001 noch gehalten.

Dass die Leerverkäufer mit ihrer Einschätzung der überbewerteten Unternehmen in der Regel Recht behielten, half ihnen Mitte der Neunziger wenig. Durch die Fusionswelle wurden gerade diese Gesellschaften häufig noch mit einem Aufschlag gegenüber dem Börsenkurs aufgekauft. Dass sich nicht wenige Erwerber damit übernommen haben (wie bei der später in diesem Buch besprochenen Fusion McKesson/HBO), nutzte den Short-Tradern nichts. Und das Short Busting – Großaktionäre stützen oder treiben den Kurs einer Aktie, um den Leerverkäufern die Suppe zu versalzen – wurde gewissermaßen institutionalisiert.

Im Laufe der neunziger Jahre standen fast alle Baissiers mit dem Rücken zur Wand, und viele gaben auf. Aber nicht alle. Brillo zum Beispiel schaffte es, gegen den Strom zu schwimmen. Wie? Sehen wir uns den Fall Koo Koo Roo Inc. an. Aktionäre und Management hatten die Küken gezählt, bevor sie geschlüpft waren.

Koo-Koo-Roo-Ki

Chicken – mariniert und ohne Haut – galt Anfang der neunziger Jahre in Los Angeles als ausgesprochen schick. Jedermann speiste bei Koo Koo Roo, und »jedermann« heißt im mediengeilen Los Angeles die feinen Pinkel der westlich gelegenen Stadtteile. Die auf gesundes Hühnchen spezialisierte Fast-Food-Kette traf den Nerv der Schönen und Reichen. Sogar Junk-Bond-Impresario Michael Milken wurde dort häufig gesichtet, eine Tatsache, die in Finanzkreisen minutiös registriert wurde.

Investments à la Warren Buffett waren damals en vogue. Buffett, der Milliardär und Anlage-Guru, riet zu Aktien von Unternehmen, deren Produkte oder Dienstleistungen man selbst schätzte und nutzte. Man sollte kaufen, wovon man etwas verstand. Nach diesem Maßstab war Koo Koo Roo freilich ein gefundenes Fressen. Die Restaurants waren immer gut besucht, das Essen schmackhaft. Von Los Angeles aus eröffnete die Kette langsam, aber stetig eine Filiale nach der anderen an exklusiven Standorten im südlichen Kalifornien. Ein idealer Franchise-Kandidat, das Konzept taugte bestimmt für die ganzen USA. Das konnte doch jeder sehen, der dort speiste.

Den Annalen des Unternehmens zufolge inspirierte eben diese Denkweise den ersten Chairman von Koo Koo Roo, Kenneth Berg. Der reiche Ex-Hypothekenbanker (er hatte seine Firma 1985 für 125 Millionen Dollar an Primerica verkauft) entdeckte 1990 seine Vorliebe für Geflügel, als er in einem der beiden Gründungslokale schnell etwas zu Mittag aß. Er fühlte sich wohl, das Essen schmeckte ihm – und als er sich so umsah, merkte er, dass es den anderen gut situierten Gästen ebenso ging.

Ganz im Sinn von Buffetts Diktum beschloss Berg zu investieren. Nicht lange, und er hatte die Brüder Michael und Raymond Badalian überredet, ihm einen Anteil von 50 Prozent an dem Unternehmen zu verkaufen. Er wollte es Ray Kroc nachtun – man nehme einen Hamburgerstand und mache McDonald's daraus.

Allerdings liegen Welten zwischen dem Geschäft mit Hypotheken und mit Fast-Food-Geflügel. Einige Niederlassungen erwiesen sich als Nieten. 1991 betrug der Bruttoumsatz der fünf Koo Koo Roos weniger als 4 Millionen Dollar, ein ordentliches Wachstum, aber längst nicht das Imperium, von dem Berg träumte. Er machte die Badalian-Brüder für die zögerliche Expansion verantwortlich, klagte, die beiden würden eine Erweiterung der Speisekarte aushungern und gegen jeden Versuch mauern, die Kette voranzubringen.

Wie andere Investoren, die viel Kohle in ein Abenteuer gesteckt haben, aus dem nicht viel herausspringt, beschloss Berg den Börsengang. So erhält man leicht das Kapital, das die Banken einem nicht leihen wollen, kann die eigenen Investitionen wieder hereinholen und behält trotzdem die Kontrolle einschließlich der Option, an späteren Zuwächsen beteiligt zu sein. Im Oktober 1991 wurden Aktien der Firma zu 5 Dollar das Stück ausgegeben. An diesem Punkt stiegen die Badalian-Brüder aus. Ihre Meinung war ohnehin nicht mehr gefragt, und sie hatten es nicht gelernt, ein börsennotiertes Unternehmen zu leiten. Sie wussten nur, wie man ein Restaurant führt, damit es Gewinn abwirft.

Befreit von den knauserigen Gründern, ersetzte Berg die Plastikgabeln und -messer durch echtes Silberbesteck, stellte Blümchen auf die Tische und verbannte das billige Mobiliar. Er erweiterte die Speisekarte, bot Linsen, gedämpfte Auberginen, Gurkensalat und einige andere leicht überkandidelte Speisen an, die man selten bis nie in Fast-Food-Restaurants findet. Trotzdem verdiente Berg nichts. Der Umsatz stieg von gut 5 Millionen Dollar 1993 auf knapp 40 Millionen Dollar 1996, aber Jahr für Jahr wuchs auch der Fehlbetrag. 1996 erwirtschaftete Koo Koo Roo mit 27 Filialen einen Jahresverlust von fast 9,3 Millionen Dollar.

Trotzdem sonnte sich die Kette im Wohlwollen der Analysten. Teils lag das an Junk-Bond-König Michael Milken. Während der neunziger Jahre hielten sich Gerüchte, er würde in Koo Koo Roo einsteigen. Tatsächlich hatte sich Milken die Sache angeschaut und dagegen entschieden. Trotzdem berichtet *Forbes* 1996 gleichsam atemlos: »Der Milken-Trust will 55 Millionen Dollar in Koo Koo Roo investieren, Milken schätzt das Potenzial auf eine Milliarde Dollar.«[3] Dass ein solches Angebot nie vorgelegen hat, spielte kaum eine Rolle. Koo Koo Roo wurde mit Milkens Namen in Verbindung gebracht.

Milken hin oder her, Koo Koo Roo würde vermutlich Unterstützung bei der Unternehmensfinanzierung benötigen oder von anderen Restaurantketten »geschluckt« werden. Berg war ein rühriger Geschäftsmann, kein Zweifel. Das eventuell mögliche Investmentgeschäft als Appetithappen fest im Blick, erklärte Salomon Bros.-Analyst Paul Westra die Aktie für gut. Ebenso verfuhr sein Kollege bei Schroder Wertheim, Wayne Daniels. Was wollte man mehr: eine leckere Fast-Food-Kette, die sogar der große Milken für eine gute Investition hielt.

Brillo zufolge war die positive Publicity auf die vereinten Bemühungen von Koo Koo Roo und seinen Geldgebern im Hintergrund zurückzuführen. Die Schlacht zwischen Leerverkäufern wie Brillo – die den Kurs auf dem absteigenden Ast wähnten – und Koo-Koo-Roo-Aktionären und -Management – die den Kurs steigen sehen wollten – wurde eben auch auf dem Feld der PR ausgetragen. 1996 entschied das Management die Schlacht eindeutig für sich.

Natürlich verfügten die Baissiers über reichlich Munition. Schnellrestaurants agieren in einem voll entwickelten Markt, und Koo Koo Roo konnte bisher nichts als Verluste vorweisen. Aber in den kopflastigen Neunzigern wog PR schwerer als Zahlen. Im zweiten Quartal 1996 kratzte der Kurs die 10-Dollar-Marke, das Doppelte des Ausgabepreises.

ABER ALLE, SAGT BRILLO, hatten vergessen, dass Unternehmen Gewinn erwirtschaften sollen. Bei Koo Koo Roo aß man ausgezeichnet, das gibt er zu. Aber die Kette sprach nur die Gutbetuchten an. Filialen konnten also nur in den besseren Vierteln eröffnet werden. »Bessere Viertel heißt gepfefferte Mieten«, stellt Brillo fest. Während Koo Koo Roo von der Zukunft redete, studierte er die Quartalsberichte und andere Pflichtdokumente. Den Ex-Banker Berg schätzte Brillo als aalglatt ein. Zudem hatte der Geflügelliebhaber als Finanzmensch keine Ahnung von (und kein Interesse an) der prosaischen Seite des Fast-Food-Business: Geld wird hier in kleinen Einheiten verdient, nur durch Masse wird Gewinn erwirtschaftet.

Für Brillo erklären sich viele Unzulänglichkeiten des Modells für Koo Koo Roo aus Bergs Hintergrund. Leichtes, fettarmes Fast-Food geht nur in entsprechend gesundheitsbewussten Bevölkerungskreisen, und die wohnen in Beverly Hills oder Brentwood (sitzen also auf den oberen Sprossen der sozialen Leiter). Der Großteil der Amerika-

ner schätzt jedoch fettes Fleisch und Kartoffeln. Magere Hühner-
brüste kommen bei ihnen nicht gut an.

»Man vergisst leicht, dass wir hier in Los Angeles anders essen als
überall sonst. Wir wollen abwechslungsreiche, gesunde Kost«, erläutert Brillo. »Aber ob ein solches Konzept in den ganzen USA trägt? In
Cleveland würde ein Kunde ungläubig gucken, wenn er 9 Dollar für
ein trockenes Stück Huhn hinlegen soll.«

Brillo übertreibt nur geringfügig. Ein Essen im Koo Koo Roo kostete im Schnitt 8,70 Dollar. Die Zahl steht in den offiziellen Unterlagen, beachtet wurde sie kaum. Wahrscheinlich finden Menschen, die
Jahresberichte lesen, 8,70 Dollar für ein Mittagessen angemessen. In
Beverly Hills zahlen die Gäste 8,70 Dollar für ein Mittagessen, ohne
mit der Wimper zu zucken. Außerhalb von Beverly Hills sieht die
Sache schon anders aus.

Brillo rechnet vor, dass 8,70 Dollar erheblich über den ungefähr 6
Dollar liegen, die andere Schnellrestaurants im Schnitt verlangen.
Boston Market, einer der größeren börsennotierten Hähnchenröster
(der ebenfalls in Rauch aufging), nahm durchschnittlich 5 Dollar.
»Koo Koo Roo war nicht zu teuer, aber am oberen Ende der Preisspanne«, sagt Brillo. »Und um rentabel zu arbeiten, war eine Preiser-
höhung fällig.«

Warum das so war, erklärt Brillo anhand der Pflichtunterlagen, die
das Unternehmen bei der SEC einreichen musste. »Im Schnitt beschäftigt ein [Koo Koo Roo-]Restaurant 30 bis 40 Mitarbeiter«, kann
man darin lesen, »darunter sind ein erfahrener Generalmanager, ein
fähiger Küchenchef und ein Personalverantwortlicher, weiterhin
Schichtführer, Köche, Truthahn-Tranchierer, Salatmischer und anderes Service-Personal.« So ungefähr stellt sich ein Besserverdienender
die Fast-Food-Welt vor.

Bei dieser Extravaganz nimmt es nicht Wunder, dass im Jahr 1996
erstaunliche 24 Prozent der Einnahmen zur Deckung der Gemeinkosten ausgegeben wurden. Der Branchendurchschnitt liegt bei 5,5
Prozent, also fast bei einem Fünftel der Kennziffer für Koo Koo Roo.
(Die riesige Differenz lässt den Verdacht vielleicht verzeihlich erscheinen, das Management habe unter den Gemeinkosten auch lau-

fende Betriebskosten erfasst, um den operativen Verlust zu verschleiern.) »Es war die *Queen Mary* unter den Schnellrestaurants«, lacht Brillo. »Oder sollte ich eher die *Titanic* sagen?«

Die Gemeinkosten würden mit wachsender Zahl der Filialen sinken, versprach die Unternehmensleitung, und sie behielt in gewissen Grenzen Recht. Aber trotzdem blieb das operative Geschäft der Kette bis zum bitteren Ende ein verschwenderisches Unterfangen, und die exzentrischen, massiven »nicht operativen« Ausgaben fraßen den Jahresüberschuss systematisch auf.

Bergs wahrscheinlich bizarrste Entscheidung war der Zukauf von Kunstgewerbe-Studios. 1996 erwarb er eine Reihe von Keramikläden namens Color Me Mine. In ihnen konnten die Kunden Tonwaren selbst bemalen und brennen lassen. Die Geschäfte lagen in der Nähe der Restaurants, und man hoffte, die Kunden des einen würden auch die Gäste des anderen und vice versa – eine Art Ton-Geflügel-Synergie. Die Verbindung brachte weder an der Börse noch bei den Kunden den gewünschten Erfolg. »Vielleicht ließ sich der eine oder andere in Color Me Mine angemalte Topf im Restaurant verwenden«, ulkt Brillo. »Aber sie lagen zu weit auseinander, um denselben Ofen zu benutzen. Die Synergie hat sich mir nicht erschlossen.«

Unerschütterlich versprach Berg, die Zahlen würden besser. »Immer hieß es, nächstes Jahr«, erinnert sich Brillo. »Sie sagten die ganze Zeit, nächstes Jahr würde Koo Koo Roo schwarze Zahlen schreiben.«

UM IN DER STEIGENDEN FLUT roter Tinte standzuhalten, begab Koo Koo Roo weitere Stammaktien, Vorzugsaktien, Optionen und Wandelanleihen. Die Investmentbanken verdienten gut, für die Aktionäre hatte es eher unerfreuliche Folgen. Ohne das frische Kapital wäre das Unternehmen natürlich viel früher Pleite gegangen. Aber Kapitalerhöhungen sind ein zweischneidiges Schwert. Sie verwässern die Aktien, und mit den immer größeren Kapitalmengen über neue Anteils- und Schuldscheine konnten immer größere Fehlbeträge finanziert werden.

»Hat auch sein Gutes«, grinst Brillo. »Wenn man das Minus auf viele Anteile umlegt, ist der Verlust je Aktie nicht so hoch. Die rote Tinte wurde ordentlich verdünnt.«

Koo Koo Roos Fähigkeit, Kapital einzusammeln, ist inzwischen an der Wall Street legendär. 1995 platzierte die Iacocca Capital Partners L.P. für 14,3 Millionen Dollar Stammaktien und Optionen. (Wie locker Koo Koo Roo die wundersame Aktienvermehrung betrieb, sieht man auch daran, dass Iacocca nur 50 000 Dollar investierte und am Ende 386 500 Anteile hielt.) Im März 1996 wurden mit dem Verkauf von neuen Aktienanleihen (wandelbar zu Vorzugs- und Stammaktien) 33 Millionen Dollar erlöst. Im Februar 1997 nahm das Unternehmen mit weiteren derartigen Anleihen 29 Millionen Dollar ein. Koo Koo Roo holte also in wenigen Jahren über 75 Millionen Dollar frisches Kapital herein, während es im gleichen Zeitraum ungefähr denselben Betrag als Einnahmen verbuchte.

Das konnte nicht ewig so weitergehen, und es währte auch nicht mehr lange. Brillo wartete auf seine Chance, an der überbewerteten Aktie zu verdienen. Für ihn war es nur eine Frage der Zeit, bevor Koo Koo Roos marinierte Hühnchen ohne Haut und Knochen in den Fängen des Pleitegeiers landen würden.

Zwei Ereignisse konnten den endgültigen Absturz heraufbeschwören: »Erstens mussten sie Quartal für Quartal ihre Ergebnisse melden, und das waren Quartal für Quartal Verluste. Die Unternehmensleitung gehörte zu der Sorte, die baldige Gewinne im Munde führt, aber nie schwarze Zahlen vorlegt. Damit bereitete sie selbst die Bühne für ihren Untergang vor.«

Und dann gab es da noch den gewaltigen Überhang an Aktienanleihen, die das Unternehmen mit oft horrenden Aufschlägen veräußert hatte. Die Papiere etwa, die es im Februar 1997 begeben hatte, beinhalteten eine Klausel, nach der sie mit wachsendem Abschlag vom Kurs umgewandelt werden konnten. Der Abschlag betrug bis zu 25 Prozent. Während der Kurs von Koo Koo Roo wackelte, wurden die Aktienanleihen in immer größere Mengen von Stammaktien umgetauscht – eine Zeitbombe. »Der Wert wurde immer stärker verdünnt«, sagt Brillo. »Wurden Anleihen umgewandelt, lief das auf eine

Verwässerung der alten Anteile um zwei Drittel hinaus. Das kann eine Aktie nicht überstehen.«

Schließlich wurden die Anleihen umgewandelt. Ende 1997 hatte sich der Bestand marinierter Hühneraktien von 15 auf 50 Millionen Anteile vermehrt. Der Kurs sackte von 10 Dollar Mitte 1996 auf 1,44 Dollar Ende 1997 ab. Im Dezember schrieb Mark Weaver auf der Internetseite Motley Fool, Koo Koo Roo's Aktien »seien kaum noch das Papier wert, auf das sie gedruckt sind«.[4]

Die Aktionäre von Koo Koo Roo wurden bei lebendigem Leib geröstet. Stanley Brillo, der den Kollaps vorausgesehen hatte, feierte seinen Gewinn. »Oh, ich bin fein essen gegangen und habe mir ein Filet Mignon bestellt«, sagt er. Koo Koo Roo fusionierte zwar mit verschiedenen anderen Restaurantketten (die allesamt ebenfalls ums Überleben kämpften), wurde jedoch im Februar 2000 aus dem Nasdaq genommen. Das Unternehmen erfüllte die Voraussetzungen hinsichtlich der Marktkapitalisierung nicht mehr, die Aktie notierte unter einem Dollar.

KOO KOO ROO WAR ALLERDINGS die Ausnahme. Viele schlecht geführte Unternehmen entwickelten sich in den neunziger Jahren an der Börse prächtig, die Aktionäre wurden fünf vor zwölf von Fusionen gerettet, während die Leerverkäufer zähneknirschend ihre Positionen deckten. Gut möglich, dass Koo Koo Roo mit einem stärkeren institutionellen Rückhalt nach wie vor zu den Gewinnern zählen würde, wenn auch mit neuen Inhabern und unter neuem Management. Die Aktien- und Anleihenemissionen wurden halt nicht von einem angesehenen Underwriter durchgeführt, sondern von der relativ obskuren Cappello Capital Corp., Santa Monica.

Kurz vor der Jahrtausendwende gehörte der gemeine Short-Trader zu den vom Aussterben bedrohten Arten. Im Sommer 1999 fragte sich Michael Murphy, der Verleger des kalifornischen Nachrichtendienstes für Leerverkäufer *Overpriced Stock Service*, ob seine Tipps überhaupt noch gelesen würden: »Es gibt praktisch keine Leerverkäufer mehr. In Baisse-Engagements stecken höchstens noch 10 Prozent der Gelder, die vor fünf oder zehn Jahren in diesem Bereich üblich waren. Der Markt ... hat das Geschäft unter sich begraben. Wenn ich heute über einschlägige Anlagemöglichkeiten spreche, sind die Menschen höflich interessiert, werden aber nicht praktisch tätig.«[5]

Natürlich belegen die einschlägigen Tabellen in den Finanzzeitungen nach wie vor zahlreiche Leerverkäufe. Aber Murphy hat Recht: Diese Tabellen spiegeln nicht die Realität, weil sie nicht echte Baisse-Engagements von Short-Positionen unterscheiden, denen entsprechende Long-Positionen gegenüberstehen. Der überwiegende Teil – nach Branchenschätzungen 98 Prozent – der Baisse-Engagements in diesen Tabellen geht auf Investmentprogramme zurück, in denen computergestützte Handelsprogramme zum Tragen kommen. Deren Kern besteht darin, bestimmte Aktien leerzuverkaufen, während andere hereingenommen werden, um die Wette auf rückläufige Kurse abzusichern. Es handelt sich hier also um die ausgesprochen konservative Anlagemethode des »Hedgens«.

»Menschen aus Fleisch und Blut«, sagt Murphy, »Menschen, die sich gründlich über ein Unternehmen informieren, aufgrund dessen eine Aktie leerverkaufen und dann ihrer Überzeugung treu bleiben, teilen mehr oder weniger alle das Schicksal zahnloser Tiger.« Im Wesentlichen geht das auf den langen Aufschwung zurück, der die Wirtschaft im Allgemeinen und Wall Street im Besonderen während der gesamten neunziger Jahre kennzeichnete. Starkes Wirtschaftswachstum, geringe Inflation und steigende KGVs sind in dieser Kombination schwer zu schlagen.

Hinter dem Niedergang der Leerverkäufer steht allerdings mehr. Wertpapierhäuser, Investmentfonds und andere Schlüsselfiguren der Börse erklärten ihnen den Krieg. Die Gründe liegen auf der Hand. Man führe sich nur vor Augen, dass die Fundamentaldaten zugunsten der Anmutung einer Aktie ausgeblendet werden – man denke an Amazon.com, Yahoo! oder den ursprünglichen Rummel um Planet Hollywood, an Playboy oder den gesamten Blue-Chip-Sektor mit seinen hohen KGVs – in einer solchen Welt sind die Großen der Branche massiv am Erhalt des »Werts« zu Lasten einer nachdrücklichen Analyse interessiert. Leerverkäufer mit ihrer Skepsis und ihrer Neigung zu ungemütlichen Fragen kommen solchen Ansinnen in Quere.

»Sie denken, die Investment-Banker würden böse, wenn ein Analyst zum Verkaufen rät?«, fragt Murphy. »Sie sollten sehen, wie böse die Investmentfonds erst werden. Ein Verkaufssignal reißt Löcher in ihr Portfolio. Und Leerverkäufer arbeiten in dieselbe Richtung, nur schlimmer. Investmentfonds und Wertpapierhäuser wollen den Baissiers die Luft abschnüren.«

Die wachsende Irritation der Großen führte zum »Short Busting«. Diese Praxis hat eine lange, wenn auch nicht sehr ehrwürdige Tradition (denken Sie an den PaineWebber-Mitarbeiter Peter Butler, der Memory Metals zu retten versuchte), aber zu der informellen Institutionalisierung war es doch ein weiter Schritt. Ab 1991 veröffentlichte der unabhängige Analyst Ray Dirks den Newsletter *ShortBusters*. Zu den Abonnenten gehörten zahlreiche Broker und Fondsmanager. Sie bildeten eine Art Aktionärs-Mafia, die Dirks den »ShortBusters Club« taufte. Unter seiner Führung wurde der Einfluss der Gruppe an der Wall Street rasch spürbar.

Die Aufmerksamkeit, die die Short Busters auf sich zogen, reicht nicht an Dirks' ersten ruhmreichen Streich heran. 1973 hatte er im Equity-Funding-Skandal für Schlagzeilen gesorgt. Dirks fand über Insiderinformationen heraus, dass die Equity Funding Corp., eine große Versicherungsgesellschaft in Los Angeles, in Wirklichkeit eine Scheinfirma war. Für immer ins Abseits stellte sich Dirks mit der Entscheidung, seine institutionellen Klienten unter der Hand zu warnen, während er öffentlich seine Kaufempfehlung für die Aktie aufrechterhielt. Die institutionellen Anleger konnten sich also ungestört aus dem Wert zurückziehen, während die Kleinanleger das Nachsehen hatten. In einer weithin beachteten Entscheidung hat das höchste amerikanische Gericht zehn Jahre später Dirks' Handlungsweise als vollkommen legal bezeichnet. Seither können Analysten Großkunden vor Kursverlusten abschirmen, ohne juristische Folgen fürchten zu müssen. Die Entscheidung bestätigt nachdrücklich das Recht der Analysten, große Klienten – Institutionen, Investmentfonds oder die eigene Handelsabteilung – über ein anstehendes Kauf- oder Verkaufssignal zu informieren, bevor es der Gesamtmarkt erfährt.

Jetzt sah Dirks eine zweite Chance, den Großen unter die Arme zu greifen. Wenn wir zusammenhalten, predigte er, können wir die Leerverkäufer aus dem Markt drängen. Wenn sie eine Aktie aufs Korn nehmen, sollten wir uns zusammentun und den Wert nachkaufen. Dadurch steigt der Kurs, und die Baissiers müssen zu höheren Preisen nachkaufen. Dadurch steigt der Kurs noch weiter. Die Leerverkäufer verbrennen sich die Finger und werden ins Unrecht gesetzt.

Dirks Vorgehen war nicht ganz neu. Die Idee, Aktionäre in Aktionen gegen Leerverkäufer zu organisieren, ist so alt wie die Börse selbst. Insbesondere die Vorstellung halbwegs koordinierter Kriegszüge gegen Leerverkäufer fand seit zwanzig Jahren immer mehr Anhänger, parallel zum Erstarken der Wertpapierhäuser und der Investmentfonds. In einigen Vorläuferschlachten hatte sich die Effizienz der Taktik bereits erwiesen.

So führte die American Continental Inc. von Charles Keating im Herbst 1988 eine Attacke gegen Leerverkäufer an, die lauthals den baldigen Konkurs der angeschlagenen Lincoln Savings (an der American Continental mit Mehrheit beteiligt war) vorhersagten. Unter anderem engagierte American Continental eine einschlägige Firma, die andere Lincoln-Aktionäre davon überzeugen sollte, ihre Aktien nicht auszuleihen. Man stellte Gelder zur Verfügung, mit denen Lincoln-Aktionäre auf Pump gekaufte Anteile auslösen und damit bestimmen konnten, ob die Papiere ausgeliehen wurden oder eben nicht. Die Rechnung ging auf. Bis Ende 1988 stieg der Kurs der Lincoln-Aktie, und viele Leerverkäufer mussten aufgeben.

Wie sich herausstellte, war der Pessimismus hinsichtlich der Lincoln Savings nur allzu berechtigt. Das Kreditinstitut meldete 1989 Konkurs an. Trotzdem, Keating hatte gezeigt, dass man selbst in aussichtslosen Situationen das Ruder noch einmal herumreißen konnte.

Dirks brachte beachtliches Geschick in Sachen Werbung in die Gruppe ein. Er ließ Anzeigen für seinen *ShortBusters*-Newsletter in Finanzmagazinen schalten und erläuterte Finanzjournalisten (die immer gern über ihn berichteten) seine Ideen.

Obwohl Dirks' Newsletter Aktien nannte, die von Leerverkäufern bedroht und deswegen als Kandidaten für koordinierte Käufe vorgeschlagen wurden – darunter Wells Fargo, Marriott, McDonnell Douglas und Conseco –, besteht er darauf, dass er nicht Teil einer konzertierten Aktion zugunsten höherer Kurse gewesen sei. Und es ist sicher richtig, dass Fondsmanager und die Führungskräfte von Wertpapierhäusern eine herrische, auf ihre Unabhängigkeit sehr bedachte Spezies sind, ebenso zynisch wie profitgeil. Wer sie an einen Tisch bringen will, hat sich eine schwere Aufgabe ausgesucht.

Nichtsdestotrotz beschäftigte Dirks' ShortBusters-Club einen Direktor und zählte angeblich 2 200 Mitglieder, darunter Fidelity Magellan, der als der Aggressivste unter den Großen im Kampf gegen die Leerverkäufer galt. Dazu das *Wall Street Journal:* »Die Händler sagen, dass Fondsmanager von großen Investmentfonds wie Fidelity Investments den monatlichen Newsletter des Clubs als Infoblatt über Aktien mit besonders großen Baisse-Engagements nutzen und massiv in diese Werte einsteigen, den Kurs nach oben treiben und die Leerverkäufer für ihre Wette auf den Kursverfall abstrafen.«[6] Nach außen hin wahrte Fidelity das Gesicht und behauptete, man kaufe Aktien ausschließlich wegen des Potenzials, aus keinem anderen Grund.

Man wird nie erfahren, wie viel Kapital Dirks für seine aus dem Hinterhalt geführten Angriffe auf Leerverkäufer zusammentrommelte und wie viel jeweils für die einzelnen Scharmützel aufgebracht wurde. Die Gesamtsumme stellt die relativ bescheidenen Mittel der Gegenseite sicher weit in den Schatten, die insgesamt wohl nie über mehr als 10 Milliarden Dollar verfügte. Allein die Investmentfonds verwalten Hunderte von Milliarden Dollar. Insgesamt konnten die Short Busters buchstäblich mit Billionenbeträgen operieren. Der Kampf war die Variante des ausgehenden 20. Jahrhunderts von David und Goliath, nur dass der moderne Börsen-David keine Schleuder hat.

Offiziell bestand der ShortBusters-Club nur vier Jahre. 1994 brach er aus Gründen auseinander, die mehr mit Dirks' cholerischem Temperament und seinem überheblichen Auftreten (er war ohne Unterlass in Auseinandersetzungen mit der SEC oder wechselnden Unternehmen verstrickt oder gefiel sich in sonstigen öffentlichen Fehden) als mit sonstigen Dingen zu tun haben. Aber zeitgleich mit dem Ende des ShortBusters-Clubs gaben auch die berühmten Feshbach Bros. auf. Sie galten als die Speerspitze der Short-Trader. Ihre in Palo Alto niedergelassene Firma hatte einst 600 Millionen Dollar verwaltet, und jetzt war sie vernichtet, stellte ihre Tätigkeit ein. »Sie waren am Ende«, sagt Michael Murphy. »Und alle anderen gingen in Deckung.«

Der Abgang der Feshbachs muss Dirks wie ein Stück Schokolade auf der Zunge zergangen sein. Vertraute er doch dem Kolumnisten Dan Dorfman sogar an, er habe die Short Busters einzig und allein der Feshbachs wegen gegründet. »Ich schmeichle mir, das Blatt gewendet zu haben«, sagte Dirks 1999 im Rückblick. »Die Feshbachs waren groß, sie waren klug, aber sie waren auch eine Pest. Sie haben sich in der Öffentlichkeit gut präsentiert. Aber damit habe ich auch einige Erfahrung.«[7]

Dirks zufolge mussten die Feshbachs zwar gewaltige Verluste bei einigen Geschäften hinnehmen, »in denen sie Leerpositionen hielten und die Kurse stark stiegen«. Das Aus für ihre Firma aber kam nicht durch eigene Einbußen, sondern durch das Ausmaß, in dem die Aktivitäten des ShortBusters-Clubs ihre Klienten verschreckte. »Als die Feshbachs aufgaben, verwalteten sie nur noch 20 Millionen Dollar. Der größte Teil des Rückgangs ging nicht auf Verluste zurück, sondern auf die Anleger, die ihr Kapital zurückzogen.« Auch wenn die Feshbachs selbst nicht irre geworden sind, ihre Kunden ließen sich ins Bockshorn jagen – und ohne die Millionen über Millionen, die die Investmentfonds in die Schlacht werfen konnten, zogen sie den Kürzeren.

Mit dem Fall der Feshbachs schrumpften auch die anderen Short-Fonds. »Die anderen Leerverkaufs-Fonds waren weder so groß noch so gewieft wie die Feshbachs«, sagt Murphy. »Es waren Nachahmer. Als die Feshbachs ihre Zelte abbrachen, packten auch sie ihre Sachen zusammen.« Mit anderen Worten: Die Baissiers waren ruiniert.

Alles in allem hat Dirks mit seinen Short Busters die Börsenlandschaft gründlich umgestaltet. Der Club selbst war zwar recht kurzlebig, aber er wirkte als Katalysator. Die Institutionen und die Wertpa-

pierhäuser erkannten die Vorteile, wenn sie im Kampf gegen Baissiers
die Reihen schlossen.

Charles Keating hatte schon bewiesen, dass es den Großen nicht
sonderlich schwer fällt, Leerverkäufer auszuhebeln, wenn sie es darauf abgesehen haben. Da Baisse-Spekulationen auf der Leihe von
Wertpapieren beruhen, müssen die Investmentfonds und Wertpapierhäuser nur beschließen, ihre Papiere nicht herzugeben. Und
wenn sie sie ausleihen, können sie sie jederzeit zurückfordern – nach
den Aufsichtsregeln müssen Baissiers die Papiere auf Verlangen sofort ersetzen.

Und wehe dem Leerverkäufer, der geliehene Anteile zurückgeben
muss, wenn große Fondsmanager just die von ihm geshortete Aktie
im Kurs treiben wollen. Dann muss er sich zu höheren Preisen eindecken, und da die Großen nicht verkaufen, sondern im Gegenteil
ebenfalls kaufen, jagt das den Kurs nur noch mehr in die Höhe.

Musste wirklich erst ein Ray Dirks kommen, damit die Börsianer
diese Realitäten an der Wall Street begriffen? Nein. »Wenn man einen
großen Investmentfonds hat, dann will man den Wert steigern, und
den Wert steigert man, indem man Aktien kauft«, erklärt Charles
Engleberg, Fondsmanager bei AmeriCal Securities, San Francisco.
»Wenn man dann sieht, dass es zu einer Aktie große Baisse-Engagements gibt, und man weiß, dass der Kurs steigt, wenn man die Papiere
[die man an Leerverkäufer gegen Zinsen ausgeliehen hat] zurückruft,
dann macht man das auch. Das hat nichts mit Verschwörungen zu
tun, das gehört einfach zum Spiel dazu.«[8]

Ob der Rückruf von Anteilen nun in Absprache mit anderen Investmentfonds oder lediglich aufgrund der allen großen Marktteilnehmern bekannten Wirkung solcher Rückrufe erfolgt, das Ergebnis
ist dasselbe: Die Baissiers sind erledigt.

Und sie waren gründlich erledigt. Ende des 20. Jahrhunderts gab
es an der Wall Street noch einen einzigen ernst zu nehmenden Leerverkäufer – der in der Regel um Aktien mit Rückendeckung bei den
großen Fonds einen großen Bogen schlug.

MANUEL ASENSIO WAR VIELLEICHT der tapferste Krieger an der
Wall Street der neunziger Jahre – ein knallharter Baissier. Finanzhis-
toriker mögen ihn eines Tages als den Letzten der Mohikaner beschreiben. Der Mann ist immer für eine Kontroverse gut. Im Dezember 2000 verdonnerte ihn die National Association of Securities Dealers (NASD) wegen Ungenauigkeiten bei der Meldung von
Leerverkäufen an zuständige Aufsichtsstellen und irreführenden Anzeigen zu einer Strafe in Höhe von 75 000 Dollar.

Es lässt ihn offenbar kalt. Während andere Baissiers durch die
dunklen Gassen hinter der Börse schleichen, spaziert Manuel Asensio
gut gelaunt über die Wall Street und redet mit jedem, den er trifft.
Welche Aktien er shortet? Sie müssen es nicht raten: Er stellt sie auf
seine Homepage (www.asensio.com), jeder kann dort sämtliche Aktien einsehen, die er in seinem Leben leerverkauft hat, in extenso. So
viel Unverfrorenheit würden nicht einmal die Analysten in den Wertpapierhäusern aufbringen wollen. Asensio, kubanischer Herkunft,
Harvard-Zögling, ehemaliger Investment-Banker bei Bear Stearns &
Co., präsentiert stolz seine Ergebnisse, und diese fallen mitten in einen der längsten Börsenaufschwünge aller Zeiten. Im Lauf der neunziger Jahre hat seine Investment-Banking-Firma, Asensio & Co., insgesamt ungefähr 25 Unternehmen aufs Korn genommen. »Die seit
1990 leerverkauften Aktien«, sagt Asensio, »büßten im Schnitt 80
Prozent ihres Wertes ein.«

Asensio beschäftigt sechs Forschungsmitarbeiter, die jeweils mindestens das Vierfache eines durchschnittlichen College-Professors
verdienen. Warum der Vergleich mit dem akademischen Bereich?
»Sie leisten erstrangige Arbeit von höchster Qualität«, sagt Asensio.
»Das ist kein Spiel für Amateure.«[9]

Asensios Erfolg beruht auf Attacken gegen, wie er sie nennt, »betrügerische« Unternehmen. Wenn er auf eine unseriöse Gesellschaft
stößt, bringt er Einzelheiten in Erfahrung. Unter anderem überprüft
er die Vergangenheit der Unternehmensleitung. Bestätigt sich sein
Anfangsverdacht, stellt er seine Schlüsse ins Internet und erzählt jedem Journalisten, der es hören will, was er davon hält. Das ist
Baisse-Spekulation in ihrer härtesten Form.

Klassisches Beispiel für dieses Vorgehen ist der Angriff auf den kanadischen Hersteller von Turbo-Verdichtern Turbodyne Inc. Das Unternehmen war zunächst an der Börse von Vancouver notiert, wechselte dann in den Nasdaq und verlegte den Firmensitz nach Woodland Hills, einen Vorort von Los Angeles. Asensios Interesse wurde durch einen merkwürdigen Widerspruch geweckt: Obwohl Turbodyne buchstäblich nicht einen einzigen seiner »revolutionären« Turbo-Verdichter verkaufte, konnte sich das Unternehmen mit einer Marktkapitalisierung von 700 Millionen Dollar brüsten.

Asensios Bericht erschien im August 1998 und spiegelt die für ihn typische Direktheit. »Turbodyne besitzt keinerlei Patente oder Produkte für Zündung, Verbrennung, Kraftstoff oder Befüllung, die Maschinenbauern in irgendeiner Hinsicht eine neue Technologie zur Reduzierung von Emissionen oder Abgasen bieten. Es hat auch keine solchen Produkte in Entwicklung.« So fängt Asensios Bericht an. Dann prangert er an, das Vertrauen in Turbodyne-Produkte beruhe auf »falschen Beobachtungen, die vom Management in betrügerischer Absicht gegenüber den Investoren kultiviert wurden«.

Unter anderem weist Asensio darauf hin, dass Turbodyne zwar behauptet, mit 14 Unternehmen Verträge unterzeichnet zu haben, dass aber keiner dieser Geschäftsabschlüsse je Früchte getragen habe. Außerdem sei ein Mann, den Turbodyne als UN-Vertreter bezeichnet – und der die »besondere Anerkennung seitens der Vereinten Nationen« sowie die Unterstützung von Turbodyne-Verdichtern für Anwendungen in den Entwicklungsländern zugesagt habe –, in Wirklichkeit noch vor dieser angeblichen Zusage aus dem Mitarbeiterstab der UN ausgeschieden. Asensio schloss seinen Bericht mit der Prognose, die Aktie werde in Kürze von 17 Dollar auf unter einen Dollar je Anteil fallen.[10]

Der sommerliche Faustschlag gegen Turbodyne führte zum Knockout, und Asensio trug den Sieg davon. Noch bevor das Augustblatt von den Kalendern gerissen wurde, fiel die Aktie auf 5 Dollar. 1999 überprüfte die Nasdaq das Unternehmen, stutzig geworden durch die PR-Masche, riesige bevorstehende Umsätze und Abschlüsse anzukündigen, aber dann, nachdem sich der Staub wieder gelegt hatte, nur sehr magere Einnahmen zu melden. Im März verfügte die Aufsichtsbehörde als Ergebnis ihrer Nachforschungen das Delisting von Turbodyne.

So kompromisslos Asensio diesen Schlag führte, es war nicht seine wildeste Schlacht. Weit grimmiger ging er gegen Diana Corp. vor. Die in Milwaukee ansässige Firma wollte sich 1994 vom Rind- und Schweinefleisch-Lieferanten in eine Telekommunikationsgesellschaft verwandeln.

Diana kaufte für 200 000 Dollar Schalttechnik von einer Klitsche namens Sattel Communications Corp., die ganze 44 000 Dollar in die Entwicklung dieser Technik gesteckt hatte. Im folgenden Jahr startete Diana eine PR-Kampagne mit nicht weniger als 16 Pressemitteilungen. Sie sollten die Welt – oder zumindest leichtgläubige Anleger – von der revolutionären Steigerung der Telefonkapazitäten bei den Internetprovidern durch die neue Schalttechnik überzeugen.

Die Anleger schluckten den Köder. 1996 stieg die Aktie von 5 auf 120 Dollar, und so kam das Winzlingsunternehmen zu einer Marktkapitalisierung von 600 Millionen Dollar. Misstrauisch durch diesen Anstieg, beauftragte Asensio einen Ingenieur mit der Bewertung von Dianas Schalttechnik. Am 14. Oktober 1996 veröffentlichte er eine eingehende Analyse, nach der diese Technik »die Behauptungen des Unternehmens in keiner Weise trägt«.

Im direkten Gespräch äußerte sich Asensio unverblümter: Die ganze Firma sei ein einziger Schmu, und das sei noch zu milde ausgedrückt. Der gewaltige Kursanstieg der Diana Corp. sei schlicht und ergreifend das Ergebnis einer Verschwörung zwischen Analysten und institutionellen Maklern. »Die unmäßig hohen Orders und die nachfolgenden Kaufempfehlungen durch eine Reihe prominenter und angesehener Broker und Analysten können nicht auf einer sorgfältigen Prüfung des Unternehmens beruht haben«, so sein Vorwurf, »denn bereits die oberflächlichste Einsichtnahme hätte Dianas ... ›Wunderschalttechnik fürs Internet‹ als billiges, unausgereiftes und unbrauchbares Produkt ohne jedes Umsatzpotenzial enthüllt.«

Im Rahmen *seiner* Due Diligence durchleuchtete Asensio den Hintergrund, aus dem das Topmanagement von Diana und von Sattel kam. Dabei fand er heraus, dass eine ganze Reihe der Verantwortlichen schon früher bei Unternehmen gearbeitet hatte, deren Aktienkurse urplötzlich explodierten, nur um dann wieder im Strudel wechselseitiger Beschuldigungen zu kollabieren. Insbesondere war Dianas CEO zuvor Präsident der Summa Four Inc. gewesen. Die Aktie dieses Telekommunikationsunternehmens war 1994 um 250 Prozent nach oben geschnellt und hatte später in einer atemberaubenden Kehrtwende wieder alles ab- und um weitere 40 Prozent nachgegeben. Eine ganze Reihe von Aktionären strengte Gerichtsverfahren an, die in einer Sammelklage zusammengefasst und schließlich abgewiesen wurden.

Aber Asensio war aus anderem Holz geschnitzt. »Der Betrugsfall Diana kann nicht allein mit einem Scheinprodukt und energischer PR erklärt werden«, beharrt er. »Ohne die Mittäterschaft von Analysten und Brokern hätten sie es nicht geschafft, die völlig überbewertete Aktie an ahnungslose Anleger zu verhökern.« Ein Beispiel: »Hambrecht & Quist, deren Analyst Joe Noel die Aktie noch beim Doppelten des ohnehin schon völlig aufgeblähten Kurses empfohlen hatte, unterschrieb auch nach Bekanntwerden des Betrugs im Juli 1996 einen Beratervertrag mit Diana.«

Asensio schätzt keine halben Sachen. Ebenfalls im Juli 1996 habe die in New York ansässige Dawson-Samberg Capital 323 000 Diana-Anteile erworben, im Schnitt zu einem Kurs von 31,73 Dollar. Zu diesem Preis kaufte das Unternehmen allerdings nur für Klienten, die ihm ihr Geld zur Verwaltung anvertraut hatten. »Asensio & Co. entdeckte, dass Arthur J. Samberg, einer der Inhaber von Dawson-Samberg, 20 000 Diana-Aktien auf eigene Rechnung in einer separat verhandelten Transaktion für 20,50 Dollar das Stück erhalten hatte.« Abstoßender kann es kaum noch kommen: Privat kauft der Geldverwalter zu einem Kurs unter Marktwert.

Asensio blieb Diana und Dawson-Samberg Capital auf der Spur und enthüllte einen ganzen Sumpf von Aktienmanipulationen. Am 15. Oktober 1996, einen Tag nach der Veröffentlichung seines Berichts, gab das Unternehmen eine Pressemitteilung heraus. Darin, so Asensio, wurde behauptet, das Gutachten über die Diana-Schalttechnik sei mehr oder weniger gefälscht. Zusätzlich arrangierte Diana, dass die Aktie gehandelt und so der Kurs gestützt wurde. Dawson-Samberg Capital erwarb gleich nach Handelsbeginn große Stückzahlen, und der Kurs stieg wieder. Es sollte so aussehen, sagt Asensio, als habe der Markt seinen Report verdaut.

Vermögensverwaltungen und Wertpapierhäuser können normalerweise Leerverkäufer mit vereinten Kräften mühelos schlagen. Wie bereits erläutert, verfügen sie über immense finanzielle Ressourcen und hervorragende Einblicke in den Markt. Mit ihren Online-Systemen und informellen Netzwerken erfahren sie, wer wann zu welchem Preis und bei wem gekauft hat. Zumindest können sie es erraten.

Im Fall Diana war das Unternehmen jedoch so offensichtlich eine Niete und Asensio ein so entschlossener Gegner, dass der Leerverkäufer siegte. Asensio fasst zusammen: »Der Trick zog nicht lange. Am 16. Oktober fiel der Kurs wieder. Diana musste außerdem einräumen, dass die Behauptungen bezüglich des negativen Research-Berichts nicht der Wahrheit entsprachen.«

Schließlich wurde Diana aus der NYSE gestrichen und in neun von Aktionären angestrengten Gerichtsverfahren zu einer Gesamtstrafe von 8 Millionen Dollar verurteilt.[11]

In gewisser Weise hat die Geschichte von Diana Corp. etwas Beruhigendes. Letztlich erweist sich eben doch, dass der Anleger gewinnt, der die Fundamentaldaten respektiert, während die Kurstreiber bloßgestellt und bestraft werden. Asensio ist allerdings davon überzeugt, dass nicht alle Schuldigen bekamen, was sie verdient hatten. »Auf die Diskussion, ob sie mich ausbooten wollten, gehe ich nicht ein«, sagt er. »Aber die Typen haben die Aktie noch lange, nachdem der Betrug aufgedeckt war, unterstützt. Es gab Analysten, die die Aktie empfohlen haben, obwohl sie eklatant überbewertet war, und es gab Investmentfonds, die sie gekauft haben. Mehr sage ich nicht.« Wenn er sich über solche Aktivitäten im Allgemeinen äußert, wundert er sich, warum die SEC derartige Vorgänge nicht untersucht.

Auch Asensio gehörte übrigens 1997 im Fall Biovail zu der Baisse-Partei und veröffentlichte diese Leerverkäufe auf seiner Internetseite (anders als Hemant Shah, der seine Machenschaften im Verborgenen trieb). Nachdem Biovail Quartal für Quartal gute Zahlen meldete,

änderte er seine Meinung. »[Biovail] ist kein betrügerisches Unternehmen«, sagt Asensio. »Wir haben das auch niemals behauptet. Das
war ein kurzfristiger Leerverkauf.« Asensio verrät nicht, warum er
gewisse, und seien es kurzfristige, Unregelmäßigkeiten bei Biovail
vermutete, aber man kann es erraten.

WIE IN KAPITEL 3 ERKLÄRT, schneiden Anleger, die Analystenempfehlungen folgen, schlechter ab als der Markt, weil die Analysten
zu optimistische Prognosen über die von ihnen beobachteten Unternehmen stellen. Und wie steht es mit den Leerverkäufern? Sind sie zu
pessimistisch? Nein, das sind sie nicht. Tatsache ist, dass Leerverkäufer offenbar ein besseres Händchen bei der Aktienauswahl haben als
die Analysten der Wertpapierhäuser (vielleicht deshalb, weil sie nicht
deren Gepäck mitschleppen müssen).

Eine 1995 an der Harvard Business School erstellte empirische Untersuchung von Baisse-Engagements zeigt, dass von Leerverkäufern
als überbewertet ermittelte Aktien in der Regel tatsächlich fallen. Die
Autoren des Arbeitspapiers, Yale-Professor Paul Asquith und Har-
vard-Professorin Lisa Meulbroek, werteten die Monatsdaten von
1976 bis 1993 über die Leerverkäufe zu allen an NYSE und Amex
notierten Aktien aus und stellten eine »stark negative Beziehung zwischen Baisse-Engagements und folgenden Erträgen fest, sowohl während die Aktie stark leerverkauft war als auch in den darauf folgenden
zwei Jahren.« 9 Prozent der Unternehmen mit stark leerverkauften
Aktien gingen Bankrott oder wurden anderweitig liquidiert. Aktien,
die »länger als einen Monat Gegenstand von großen Baisse-Engagements« waren, erlitten besonders starke Kursabschläge. Dieses Muster ziehe sich, auch darauf weisen die Autoren hin, durch die gesamten 18 Jahre des Untersuchungszeitraums.

Insgesamt können Short-Trader eine gute Bilanz vorweisen, sagen
Asquith und Meulbroek. Investoren seien gut beraten, sich an ihnen
zu orientieren: »Unabhängig von dem Gewinn, den die Leerverkäufer aus ihren Transaktionen ziehen, ... entwickeln sich Aktien mit
großen Baisse-Engagements schlechter als der Markt. Falls Anleger

merken, dass eine Aktie in ihrem Besitz stark leerverkauft wird, sollten sie sofort verkaufen.« Mit einem diversifizierten Portfolio und einem wachsamen Auge auf die Baisse-Engagements können sie mit einer besseren Performance rechnen. Wenn man sich vor Flops hütet und auf Ausgewogenheit achtet, könne man sogar den Markt schlagen – wozu die große Mehrheit der Investmentfonds nicht in der Lage ist.

Die Harvard-Studie ist umso interessanter, als sie den alten Börsenmythos entkräftet, nach dem Aktien mit großen Baissepositionen wieder steigen würden, weil die Leerverkäufer sich mit den Papieren eindecken müssten. Man glaubte, der sich daraus ergebende Kaufdruck würde die Kurse treiben.

Freilich haben Asquith und Meulbroek nur die Jahre bis 1993 untersucht – und die Jagd auf die Leerverkäufer wurde erst danach zum Lieblingssport der Fondsmanager und Wertpapierhäuser. Es wäre hoch interessant, zu wissen, ob es beiden Börsenmächten gelungen ist, Aktienkurse halbwegs dauerhaft zu stützen und so die Vorhersagekraft von Baisse-Engagements zu schmälern.

Auch vor 1993 war das Leben eines Leerverkäufers nicht einfach. Asquith und Meulbroek schreiben: »Die Kurse sind mitunter trotz großer Baisse-Engagements über längere Zeiträume nicht angemessen. Dieses Ergebnis legt die Vermutung nahe, dass bei einigen Aktien die vorhandenen Informationen noch nicht eingepreist sind.« Selbst wenn durch Leerverkäufer die mangelnde Qualität einer Aktie bekannt ist, kann der Wert noch eine ganze Weile überteuert bleiben – und wenn ein Baissier in dieser Zeit die geliehenen Papiere zurückgeben muss, hat er verloren.

Wenn man diese Erkenntnis mit dem Gesichtspunkt der Markteffizienz zusammendenkt, so die Autoren, dann spricht vieles für eine Lockerung der aufsichtsrechtlichen Bestimmungen gegenüber Baissiers. Der börseneigene Optimismus, so argumentieren sie, »verteuere Leerverkäufe« und sorge dadurch für eine »verlangsamte Anpassung der Kurse, wenn neue und insbesondere wenn schlechte Nachrichten durchsickern«. Asquith und Meulbroek denken dabei insbesondere an die Regeln, die Baisse-Engagements bei Kursrückgängen einschränken und vertraglich geregelte Rückgabefristen verbieten. Wie wir wissen, müssen geliehene Papiere jederzeit auf Verlangen des Besitzers zurückgegeben werden.

Allerdings kommen die Autoren letztlich zu dem Schluss, dass der exzessive Optimismus nicht das einzige Problem der Börse ist. »Selbst wenn die für Analysten typische Blickverzerrung die Ausbreitung negativer unternehmensspezifischer Informationen behindert«, schreiben sie, »scheint die Ineffizienz des Marktes tiefer zu gehen.«

Tiefer? So tief die Weigerung der Wertpapierhäuser und Investmentfonds eben reicht, ihre Aktien von dahergelaufenen Leerverkäufern zertreten zu lassen, gleichgültig, wie korrekt deren Analyse sein mag?

Seit dem ausgehenden 20. Jahrhundert stellt sich Anlegern eine Frage: Wie kann man den Wert einer Aktie angesichts der wenigen im Markt verbliebenen Baissiers mit ihrer Skepsis oder ihrem anregenden Widerspruchsgeist noch adäquat beurteilen? Der Fall Hemant Shah zeigt, dass auch Short-Trader keine Heiligen sind. Selbst Asensio hat die Börsenaufsicht auf die Finger geklopft. Aber Leerverkäufer leisten einen wertvollen Beitrag zum Geschehen auf den Finanzmärkten – zu wertvoll, als dass man sich mit ihrer Vertreibung durch Wertpapierhäuser und Vermögensverwalter abfinden dürfte.

Vielleicht weist die Wall Street gewisse Ähnlichkeiten zur japanischen Börse der achtziger Jahre auf. Scheinbar kann den Markt fast nichts erschüttern. Wie einst in Tokio wird er einerseits von den Institutionen geschützt und andererseits von der wirtschaftlichen Gesamtlage mit dem nachhaltigen Wachstum und der niedrigen Inflation gestützt. Aber wie wir in den neunziger Jahren des 20. Jahrhunderts miterlebt haben, fiel das japanische Kartenhaus letztlich in sich zusammen, mit bitteren und langwierigen Folgen. Noch immer bewegt sich die Leitbörse in Fernost auf einem Drittel des Niveaus von 1980.

In unserer Verblendung sollten wir uns an den legendären Finanzier und gelegentlichen Baissier Bernard Baruch erinnern. 1915 zweifelte er an den Aussichten eines Wachstumsunternehmens in der damaligen Hightech-Branche, der Brooklyn Rapid Transit Co., und verkaufte die Aktie leer. Die Bilanzen der Gesellschaft waren, milde ausgedrückt, unausgeglichen, aber man hatte den Ex-Gouverneur von New York, Russell Flowers, soeben zum Chairman ernannt. Der Kurs verfünffachte sich ob dieser erfreulichen Neuigkeit.

Baruch ließ sich nicht beeindrucken; seiner Ansicht nach würde Ansehen allein nicht ausreichen, um Gewinne zu erzielen, hier zählten vor allem die Fundamentaldaten. Die Öffentlichkeit musste sich am Ende diesem Standpunkt anschließen: Flowers verschied plötzlich, die Aktie begann zu fallen. Hinter der Aktie standen jedoch die Trusts der Morgans, Rockefellers und Vanderbilts, ausgestattet mit einer ähnlichen Marktmacht wie heute die Investmentfonds. Brooklyn Rapid wurde über Monate künstlich hochgehalten – vielleicht, damit die Trusts ihre Schäfchen ins Trockne bringen konnten, niemand wird das je herausfinden – und stürzte dann ab. Viele Kleinanleger erlebten ihr Waterloo; es war nur einer der häufigen Bankrotte jener Tage.

Baruch – und nicht etwa jene, die Brooklyn Rapid hochgejubelt und gestützt hatten – wurde wie ein Ketzer vor den US-Kongress zitiert. Damals wie heute waren Leerverkäufer keine gern gelittene Spezies. Nach der Panik von 1916 – an der Leerverkäufer hervorragend verdienten, weil die stark überbewerteten Kurse in den Keller rauschten – verabschiedete der Kongress Gesetze gegen diese Praxis.

Heute wie damals schränken Regierung und Behörden Baissiers ein. Man erwartet auch nichts anderes, obwohl es nüchtern betrachtet keinen Grund gibt, warum Leerverkäufer keine Leihverträge über Aktien abschließen dürfen. Genauso bizarr ist die SEC-Regel, dass Short-Trader nicht bei fallenden Kursen verkaufen dürfen. Bizarr, aber nicht unüblich. Früher oder später wurde an fast jeder Börse der Welt das Leerverkaufen verboten oder mit extremen Nachteilen reglementiert. Es ist ähnlich wie bei der heroischen Schlacht zugunsten fixer Kommissionen: Die Börsianer predigen das freie Unternehmertum – aber bitte nicht in der eigenen Branche.

Zum Glück gelang es Baruch, dem Kongress ein vollständiges Verbot von Leerverkäufen auszureden. »Ich glaube, dass ein Markt ohne Baissiers im Fall eines Krachs ... und rückläufiger Kurse so stark abstürzen könnte, dass die gesamte Struktur in Frage gestellt würde«, erklärte er. »Und wenn ich noch eins hinzufügen darf: Der Baissier ... hält das Bewusstsein der Aktionäre oder der potenziellen Käufer von Aktien für die, wenn ich so sagen darf, Mängel dieser Effekten wach. Man kann auf diese Weise vielleicht sogar die Menschen davor bewahren, Aktien zu überhöhten Kursen zu erwerben.«

Baruchs Argumente gelten noch heute. Die Behörden täten gut daran, Leerverkäufern nicht die Hände zu binden, und sollten stattdessen lieber über Mittel und Wege nachdenken, wie sie deren Einfluss und Rolle stärken können. Baissiers machen den Markt weniger empfindlich gegen den Wechsel von Auf- und Abschwung. Es ist das zyklische Schwanken zwischen Boom und Absturz, das den eigentlichen Schaden anrichtet, Banken zur Vergabe von Darlehen bringt, die nicht zurückgezahlt werden können, und Anleger zum Kauf von Aktien verleitet, deren KGV das Doppelte des normalen Maßes beträgt.

Leider sind Baruchs Gedanken heutzutage nicht sehr populär. Stattdessen wurden die Leerverkäufer praktisch von der Wall Street vertrieben. Diese Tatsache sollte all jenen, die ihre Gelder zur Altersvorsorge in »heißen« Aktien angelegt haben, zu denken geben.

Kapitel 7

Die »good guys«

Wo kann sich der Anleger also Rat und Unterstützung holen? In unserer Epoche mit ihren mächtigen Wertpapierhäusern und deren Analysten und Brokern im goldenen Käfig, mit ihren riesigen Investmentfonds, die den »Wert« aufgeblähter Vermögenstitel erhalten wollen, und mit ihren stets unter Zeitdruck arbeitenden Medien, die den Analysten gern eine Bühne bieten, ist das wahrscheinlich die mit Abstand drängendste Frage eines jeden, der sein Geld für sich arbeiten lassen möchte.

Die Bredouille des Kleinanlegers von heute könnte man mit derjenigen eines Menschen vergleichen, der in einer Kleinstadt mit zwei Rechtsanwälten und einem Gericht einen Prozess anstrengen will. Einer der beiden Anwälte ist gut ausgebildet, gründlich und mit den Finessen des Gerichtsverfahrens vertraut. Der andere ist ein fauler Hund – aber Saufkumpan und Wahlkampfmanager des örtlichen Richters.

Ähnlich vertrackt ist die Wahl zwischen unabhängigen Analysten, die häufig solide, ernsthafte Arbeit leisten, und angestellten Analysten, deren Motive suspekt sein mögen, die aber auf mächtige Verbündete rechnen – Makler und die Handelsabteilung des eigenen Hauses sowie Investmentfonds – und so Kurse zumindest eine Zeit lang bewegen, Aktien mithin für Monate oder sogar über Jahre hinweg »sponsern« können.

Die Heerscharen unabhängiger Analysten, die das Geschehen an der Wall Street beobachten, ausgezeichnete Recherchen betreiben, Internetseiten einrichten, Rundbriefe oder Monatsberichte herausgeben, können kein Kriegsbeil wetzen. Sie sind in der Regel auf kleine Werte spezialisiert, aber obwohl diese einst als »Wachstumsaktien« galten, wurden sie von den großen Institutionen übergangen. Wie schon erläutert, scheuen die Investmentfonds Small Caps wegen der geringen Umsätze und der daraus folgenden mangelnden Liquidität – ganz zu schweigen von den unzähligen Mitarbeitern, die sich um die Due Diligence der Winzlings-AGs kümmern müssten. Und da die wenigsten kleinen Unternehmen für die Wertpapierhäuser lukrative Geschäfte abwerfen, werden sie von der Masse der Analysten geflissentlich ignoriert.

Kein Wunder also, dass die Small Caps im letzten Jahrzehnt hinsichtlich der Wertentwicklung von den Blue Chips weit abgeschlagen wurden. Ein Anleger, der den Empfehlungen unabhängiger Analysten folgte und sich in solide, unterbewertete Aktiengesellschaften mit geringer Marktkapitalisierung einkaufte, wurde in der Regel von den auf Blue Chips kaprizierten Fondsmanagern überholt. Man fuhr besser, wenn man sich zu ihnen auf den Rücksitz setzte.

Damit soll nicht gesagt sein, dass man unabhängige Analysten vergessen könne. Manche sind hervorragend, und ihre Tipps sind es wert, beherzigt zu werden. Keiner kann Gewinne garantieren, klar, insbesondere wenn der Markt die KGVs demnächst von den derzeit durchschnittlichen 30 auf die historisch üblichen 10 bis 15 korrigieren sollte. Wenn die Blue Chips einstürzen, begraben sie womöglich die Small Caps unter sich. Trotzdem lohnt sich gute Analyse, und sei es nur, um die eigenen detektivischen Fähigkeiten zu schärfen.

Im Folgenden werden einige gute Analysten vorgestellt. Die Liste ist nicht auf Vollständigkeit angelegt, sondern soll exemplarisch die Bandbreite des Angebots verdeutlichen und zeigen, wie der Privatanleger die Wahrheit über Aktien selbst herausfinden kann.

HOWARD M. SCHILIT IST EIN GRADMESSER für die Unzulänglichkeiten der Börse. Kein Zweiter arbeitet wie er, und er arbeitet für kein Wertpapierhaus. Er ist auf sich gestellt, ein Faktotum für seine gut 250 institutionellen Klienten, die ihn großzügig für seine Research-Arbeit entlohnen.

Wieder und wieder hat Schilit börsennotierte Unternehmen entlarvt, die ihre Zahlen mit faulen Tricks in der Rechnungslegung aufpoliert hatten. Da wurden zweifelhafte Forderungen als Einnahmen verbucht, einmalige Erträge im operativen Ergebnis ausgewiesen und Ausgaben buchhaltungstechnisch in ein anderes Quartal verschoben – in dem die Unternehmensleitung mit ihren Boni unterm Arm schon abgewandert und zu neuen Führungsaufgaben bereitstand.

Mit Zahlen kennt sich Schilit aus. Als Professor für Rechnungslegung an der American University und Gründer des Center for Financial Research & Analysis in Rockville, Maryland, schrieb er 1993 sein viel beachtetes Buch *Financial Shenanigans: How to Detect Accounting Gimmicks and Fraud in Financial Reports*. Bis zu einem gewissen Grad lassen sich aus dem Werdegang des Buches die Lesegewohnheiten des heutigen Privatanlegers ableiten, sagt Schilit: Es verkauft sich schlecht. Bücher, die ein Vermögen an der Wall Street versprechen oder die Auswahl der besten Fonds, sind hingegen Bestseller.

Am interessantesten ist, dass Schilit für seine detektivische Feinarbeit nichts anderes als die Pflichtveröffentlichungen benötigt. Weder trifft er sich heimlich mit enttäuschten Angestellten noch ruft er Lieferanten des betreffenden Unternehmens an oder versucht, eine persönliche Beziehung zum Finanzdirektor aufzubauen. Er heuert auch keine Spione an, um etwas über Produktqualität oder Auslieferung zu erfahren.

Schilit gibt freimütig zu, dass er in den Vorstandsetagen wenig Freunde und damit auch keinen Zugang zu Insiderinformationen hat. Zusammen mit sieben Analysten, die ihm zuarbeiten, kämmt er sich durch die öffentlich zugänglichen Dokumente, die der SEC oder anderen Behörden eingereicht werden müssen. Hier und nirgendwo sonst findet er den Dreck: versteckt vor aller Augen. Jeder (und insbesondere die Analysten der Investmentbanken) könnte ihn mit dem entsprechenden Know-how sehen – sofern er nicht absichtlich wegschaut.

Verständlich, dass ihn die Analysten der Wall Street hassen. Er legt den Finger auf Stellen, die zu markieren sie unterlassen haben. Und es sieht so leicht aus. Geradezu klassisch waren seine Enthüllungen im Fall der HBO & Co. (heute McKesson-HBOC). Die Gesellschaft mit Sitz in Atlanta entwickelt Software für den Gesundheitssektor. Schilit folgte, einmal aufmerksam geworden, einfach nur seiner Nase.

Die HBO erregte sein Interesse, weil sie in einer ökonomisch gebeutelten Branche prosperierte. In den neunziger Jahren reduzierten Versicherungen, Krankenkassen und Regierungsprogramme wie Medicare die Sätze, die sie für die Dienstleistungen der Ärzte und Krankenhäuser zu zahlen bereit waren. Der ganze Sektor wurde für seine schwindsüchtigen Erträge berüchtigt. Doch während die Branche in Turbulenzen geriet, wuchs und gedieh HBO – oder behauptete es wenigstens. Überwiegend aufgrund von Akquisitionen meldete das Unternehmen erstaunliche 55 Prozent Ertragswachstum.

Wenn ein Unternehmen viele Firmen aus dem eigenen Sektor aufkauft, sagt man, es würde die Branche neu aufrollen. Das ist ganz nach dem Geschmack der Börsianer. Die Investment-Banker sehen die Summen, die sie für die Beratung während der Übernahmen und Fusionen erhalten, aber auch für die Aktien- und Anleihenemissionen, mit denen die Zukäufe finanziert werden. Für Anleger stellt sich die Sache hingegen problematisch dar. »Solche Einkaufstouren führen zur Nachlässigkeit, vor allem, wenn die Volumenausweitung das einzige Ziel ist«, warnt Schilit. »Die akquirierten Firmen werden nicht mehr sorgfältig genug durchleuchtet.«[1] Gegenüber *Business Week* sagte er einmal: »Fraglich ist nicht, ob solche Unternehmen scheitern. Es geht meistens nur darum, wann es so weit ist.«

Mit dieser Einsicht bewaffnet, hakte Schilit nach und suchte Hinweise auf die tatsächlichen Geschehnisse bei HBO. Bald wurde er fündig. Die Lektüre der Quartalsberichte (die unter www.sec.gov für alle börsennotierten US-Unternehmen abgerufen werden können) war völlig ausreichend. Am 14. April 1997 gab das Center for Financial Research ein achtseitiges, höchst kritisches Papier über HBO heraus: Schilit konstatierte, dass die offenen Forderungen immer älter wurden (die Kunden ihre Rechnungen also über immer längere Zeit-

räume nicht bezahlten) und das Unternehmen trotzdem immer
mehr Forderungen als Einnahmen verbuchte. Es gehört aber zu den
betriebswirtschaftlichen Binsenweisheiten, dass die Chance, unbe-
zahlte Rechnungen einzutreiben, mit dem Alter derselben sinkt.

Die Forderungen von HBO wurden Ende 1995 im Schnitt nach 80
Tagen beglichen, im ersten Quartal 1997 hatte sich der Zeitraum auf
115 Tage verlängert. Das Unternehmen verbuchte sie fröhlich weiterhin als Einnahmen. Schlimmer noch, je schlechter die Zahlungsmo-
ral der Kunden wurde, desto stärker reduzierte HBO die Rücklagen
für Forderungsausfälle: Bestand 1995 noch eine Reserve von 5,01
Prozent, sank diese Zahl 1996 auf 3,16 Prozent.

Die Aktie fiel nach Schilits Bericht am 15. April um 25 Prozent.
Die Masse der Analysten wischte jedoch nicht nur seine Hinweise
beiseite, sie ritt sogar heftige Attacken gegen ihn. Nicht weniger als
sechs Analysten prangerten seinen Bericht öffentlich an, drei davon
in Form einer schriftlichen Gegendarstellung, und stellten seine
moralische Integrität in Frage. Vertreter der HBO verlachten ihn als
Baisse-Spekulanten. Schilit und seine Mitstreiter spekulieren jedoch
grundsätzlich nicht mit den Aktien, über die sie Berichte veröffentlichen.[2]

Am 16. April 1997 gab Dirk Godsey, Analyst von Hambrecht &
Quist, gegenüber der Lokalpresse zu Protokoll, die Fundamentaldaten von HBO seien ausgezeichnet. »Sie melden solide Einnahmen«,
sagte er dem *Atlanta Journal and Constitution,* »es war ein gutes
Quartal für sie.«

Zwei Tage später behauptete Michael Samols von Robertson, Stephens (heute Banc of America Securities), Schilits Bericht enthalte
»erhebliche Fehler, käue alte Hüte wieder und [lasse] wenig Urteils-
vermögen erkennen«. Samols gab einen eigenen Bericht heraus, in
dem er Schilits Schlüsse widerlegte. Aus unerfindlichen Gründen
weigert sich sein Arbeitgeber heute, ein Exemplar dieses Berichts zur
Verfügung zu stellen.

Scott A. Remley, Analyst des regionalen Wertpapierhauses Robin-
son-Humphrey mit Sitz in Atlanta, wiederholte Samols fast wortwörtlich: Schilits Ergebnisse steckten voller sachlicher Irrtümer

und/oder Informationen, die hinsichtlich der Fundamentaldaten des Unternehmens irrelevant seien.

Doch Schilits Bericht war weder mit Irrtümern noch mit sachlichen Fehlern behaftet. Er lieferte lediglich eine sorgfältige Analyse der Finanzdaten, die HBO bei der SEC eingereicht hatte. Und denen waren immer spätere Forderungseingänge und sinkende Vorsorge gegen Forderungsausfälle eindeutig zu entnehmen. Die Kunden von HBO kämpften branchenweit mit sinkenden Vergütungssätzen. Das waren Tatsachen, nicht Meinungen.

Gut ein Jahr später veröffentlichte Schilit einen zweiten Bericht über HBO. Diesmal mutet die Reaktion der meisten Analysten seltsam verändert an. Wer weiß, vielleicht hatten ihre Großkunden die Aktie inzwischen losgeschlagen. Schilit berichtete wieder, dass die Forderungen älter wurden – inzwischen benötigten die Schuldner 118 Tage, um Rechnungen zu begleichen. Und HBO hatte einen Einnahmeposten mit der Bezeichnung »noch nicht in Rechnung gestellte Forderungen« in die Gewinn-und-Verlust-Rechnung eingestellt.

Wenn nicht eine Revolution der Buchhaltung, dann haben wir hier zumindest eine sehr kreative Lösung vor Augen. Die Position »noch nicht in Rechnung gestellte Forderungen« umfasste Gelder, auf die HBO aufgrund bestehender Verträge Anspruch zu haben glaubte, die sie aber den Kunden noch nicht berechnet hatte. Wie sich diese Position im Einzelnen zusammensetzte, verriet das Unternehmen seinen Aktionären nicht.[3]

Der Cash-Flow, also der Zufluss liquider Mittel, sank. Im zweiten Quartal 1998 fiel der operative Cash-Flow auf 54 Prozent der Einnahmen, während er in den Quartalen zuvor manchmal höher als der Umsatz gewesen war. Ganz offensichtlich akkumulierte das Unternehmen Forderungen, die bezahlt werden mochten oder auch nicht, aufgrund komplizierter Verträge, die vielleicht angefochten wurden, vielleicht auch nicht.

Schilit moniert in seinem zweiten Bericht auch einige ungewöhnliche Ausgabenposten beziehungsweise Rückbuchungen früherer Kosten, die HBO vorgenommen hatte. Alles deutete darauf hin, dass das Unternehmen der Öffentlickeit um jeden Preis gute Quartalszahlen vorlegen wollte.

Trotz aller Probleme hatten die HBO-Aktionäre Glück. Im Januar 1999 übernahm die McKesson Corp., San Francisco, das Unternehmen in einem Aktientausch für 14 Milliarden Dollar. Der Deal wurde von zwei der größten Investmentbanken festgeklopft: Bear Stearns für McKesson, Morgan Stanley Dean Witter für HBO. Offenbar hatten weder die Verantwortlichen bei McKesson noch bei Bear Stearns Schilits Bericht gelesen, und falls doch, dann hatten sie ihn geflissentlich ignoriert.

Für die HBO-Eigner war die Übernahme ein Beleg für den Sportler-Spruch: »Lieber Glück haben als gut sein.« (Wie schon erwähnt, machen solche Ereignisse den Leerverkäufern das Leben schwer. Ein schlecht geführtes Unternehmen kann zu einem guten Preis von einem Konkurrenten geschluckt werden.) Für die Aktionäre von McKesson war HBO jedoch so etwas wie ein trojanisches Pferd.

Kaum drei Monate später kam die Wahrheit ans Tageslicht. Im April 1999 musste McKesson melden, dass über 44 Millionen als Einnahmen verbuchte Dollar nicht existierten. HBO hatte die Bilanzen geschönt. Mit Jahreseinnahmen von 21 Milliarden Dollar war McKesson groß genug, um den Schlag zu verdauen. Bei dieser Größenordnung sind 44 Millionen Dollar ein kleiner Knick, kein Einbruch in der Gewinnkurve.

Aber dann kamen neue Ungereimtheiten zum Vorschein. Weitere Einnahmen der ehemaligen HBO erwiesen sich als fragwürdig. Daraufhin musste Chairman Charles McCall (der von HBO kam) den Hut nehmen; auch Mark Pulido, der CEO, trat zurück. Etliche Köpfe rollten, und vier große Wirtschaftsprüfungsgesellschaften wurden bestellt, um den Augiasstall auszumisten. Die Einnahmen der vorhergegangenen zwei Jahre wurden revidiert, die Gewinnprognosen für die folgenden zwei Jahre ebenfalls. Die McKesson-HBOC-Aktie, die 1998 mit 90 Dollar ihren Höchststand erreicht hatte und vor dem Bekanntwerden der Unregelmäßigkeiten bei 65 Dollar gehandelt worden war, fiel auf 33 Dollar. 10 Milliarden Dollar Marktkapitalisierung gingen während der aktuellen Enthüllungen in Rauch auf, weitere 10 Milliarden Dollar Börsenwert wurden bereits in Vorwegnahme der schlechten Nachrichten vernichtet.

Keiner der bei den großen Häusern angestellten Analysten wunderte sich öffentlich. Laut Anthony Vendetti, beschäftigt bei Gruntal & Co., ging bei McKesson-HBOC niemand ans Telefon, deswegen konnte er nicht herausfinden, was los war. Im Dienst von Sanford C. Bernstein & Co. verkündete Kenneth Abramowitz, Jahr-2000-Probleme würden einige der Zahlungen an McKesson verzögern, für das neue Millennium bestehe insofern Hoffnung. Aber McKesson-HBOC hat sich von dem Schlag nicht erholt, im Herbst 2000 wurde die Aktie für ungefähr 25 Dollar gehandelt.

In der ganzen Geschichte drängt sich eine Frage auf: Warum hat nur Schilit das Desaster vorhergesagt? Der Mann mag ein Sherlock Holmes unter den Buchhaltern sein, aber er ist auch nur ein Mensch. Bei den Wertpapierhäusern arbeiten zahllose Analysten mit ebenso beeindruckenden Hochschulabschlüssen, und sie sind bestimmt nicht auf den Kopf gefallen. Warum also enttarnt nur Schilits Firma Bilanzfälscher? Warum gelingt derlei den hoch bezahlten Spezialisten bei den renommierten Investmentbanken nicht?

Wie viele andere erfahrene Beobachter der Effektenbranche beantwortet Schilit die Frage mit Hinweis auf den Imperativ, Geld sei an der Wall Street nur mit Investment-Banking zu verdienen. »Wir sind im Großen und Ganzen besser als die Analysten dafür ausgebildet, die Qualität von Gewinnen zu erkennen«, sagt er. »Aber es gibt so viele Analysten, dass der eine oder andere schon die eine oder andere Unstimmigkeit aufdecken könnte. Der Grund liegt nahe: Ihre Entlohnung richtet sich nach ihrer Unterstützung der Investmentabteilung. Sie riskieren Arbeitsplatz und Aufstiegsmöglichkeiten, wenn ihre Berichte eine bevorstehende Unternehmensfinanzierung torpedieren sollten. HBO mit seinen hektischen Übernahmen war ein hervorragender Klient der Investmentbanken.«

Und er fügt hinzu: »Sie schweigen Probleme, auf die wir den Finger legen, nicht nur tot, sie schreiben auch pflichtschuldigst Gegendarstellung auf Gegendarstellung, um sich bei Klienten wie HBO einzuschmeicheln.«

Schilit schaut sich besonders gern die Kassenflussrechnung und damit die Gelder, die wirklich ein- und abgehen, an. Unternehmen mit nachlassendem Cash-Flow sind ihm immer eine nähere Untersuchung wert.

Ein Durchschnittsanleger kann sich Schilits Dienste freilich nicht leisten. Die meisten Abonnenten sind institutionelle Anleger. Aber er hat wie so viele, die sich durch die Finanzberichterstattung der Unternehmen kämpfen, einen ausgeprägten Gerechtigkeitssinn und überlegt, seine Erkenntnisse ins Internet zu stellen, vielleicht mit sechs Tagen Verzögerung.

Die Verzögerung mag nicht sonderlich fair wirken, denn der Börsenwert der von Schilit kritisierten Unternehmen halbiert sich in der Regel nach Erscheinen des Berichts. Aber laut Schilit reagiert der Markt träge; mitunter dauert es Monate, bis der Kurs fällt. Inzwischen sollten Anleger den Cash-Flow verfolgen und immer mal nachsehen, ob Schilits Center for Financial Research & Analysis eine Internetseite eingerichtet hat.

Eine zweite wertvolle Quelle für Kleinanleger ist die Red Chip Review (www.redchip.com). Sie erscheint seit sieben Jahren in Portland, herausgegeben von einer auf Small Caps – »den Blue Chips von morgen« – spezialisierten Research-Firma. Red Chip verdient ausschließlich mit seinen Nachforschungen Geld, nicht über Investment-Banking. Privatanleger und institutionelle Anleger können die Berichte online oder über monatliche Bulletins abonnieren. Das Format orientiert sich an den Ringbüchern, die mancher Investor in den USA vielleicht von *Value Line* gewöhnt ist.

Hinter Red Chip steht Marcus Robins, Ex-Analyst und Geldverwalter, der mit seiner Frau und sechs Studenten 1993 in seinem Keller die erste Ausgabe zusammenstellte. Die Studenten waren aus einem Investmentseminar an der Portland State University »hängen geblieben«. Bis 1999 wuchs das Unternehmen auf 30 Mitarbeiter an.

An amerikanischen Börsen sind 8 000 kleine Aktiengesellschaften notiert. Red Chip konzentriert sich auf ungefähr 300 wirklich gute

Unternehmen und ist oft allein auf weiter Flur. »Die meisten Small Caps werden entweder gar nicht oder bestenfalls von nur einem einzigen Analysten beobachtet«, sagt Robins.[4]

In der Eigenwerbung nutzt Red Chip den Spruch von der Perle in der rauen Schale. Robins formuliert es so: »Die Anleger können die Performance der Small Caps nicht wie die der Blue Chips verfolgen. [Deswegen] sind diese Papiere unzulänglich bewertet. Das heißt, der Kurs kann viel zu niedrig liegen, weil kein Mensch die Aktie kennt. Die Analysten in den Investmentfirmen beobachten kleine Unternehmen nicht. Die Finanzpresse schreibt nicht über sie. Und so spricht der Markt ihnen nicht den Wert zu, den sie verdienen.«

Es ist ein verlockendes Argument. Aber es wirft natürlich auch Fragen auf. Was, wenn die Unterbewertung der Small Caps durch die anhaltende Vorherrschaft der Fonds sich weiter ausprägt?

Robins bestätigt, dass der Einfluss von Investmentfonds und Wertpapierhäusern auf den Markt wächst, noch auf Jahre hinaus. Aber er ist davon überzeugt, dass letztlich die Fundamentaldaten siegen werden. Kleine, gut geführte Unternehmen mit stetig wachsenden Erträgen sollten sich seiner Meinung nach in den nächsten Jahren besser entwickeln als die Standardwerte mit ihrem exorbitanten Kurs-Gewinn-Verhältnis.

»Ich kann nicht sagen, ob es zu einem Abschmelzen des Marktes kommen wird«, schränkt er ein, »aber es wird eine Trendwende stattfinden. Wir werden eine Renaissance der altmodischen Analyse und die Rückkehr der Fundamentaldaten erleben.«

Ein anderes, weniger erfreuliches, aber ebenso wahrscheinliches Szenario: Die um Anerkennung an der Börse ringenden Small Caps könnten eine Konzentrationswelle auslösen. Als größere Einheiten könnten sie die Aufmerksamkeit seitens der Wertpapierhäuser und die nötige Liquidität für die Investmentfonds erringen.

»Wenn ein Bruchteil der großen Fonds in Small Caps fließt, werden die Werte gewaltig anziehen«, prognostiziert Robins.

Er glaubt fest an Disziplin in der Geldanlage. Man müsse, sagt Robins, bestimmte Grundsätze beherzigen, dann könne man die Mini-AGs mit den besten Wachstumschancen ermitteln. Das gelte nicht nur für den Privatanleger, sondern auch für kleine Institutionen. Small Caps mit dem Potenzial, Blue Chips zu werden, nennt er Red Chips (daher der Name seiner Firma) und schreibt ihnen folgende Eigenschaften zu:

- 20 Prozent Wachstum pro Jahr,
- 20 Prozent Kapitalrendite,
- weniger als 20 Prozent der Aktien in institutionellem Besitz,
- mehr als 20 Prozent der Aktien im Besitz von Insidern.

Abgesehen von diesen Kriterien, schaut sich Robins gern im Firmensitz um – auch auf dem Parkplatz vor dem Gebäude. Wenn der Mann oder die Frau an der Spitze einen Ferrari fährt und sich wie ein Monarch gebärdet, sei Gefahr im Verzug: »Gerade bei kleinen Unternehmen hat der CEO prägenden Einfluss.« (Robins ist stolz darauf, dass seine Firma noch immer mit dem Mobiliar der ersten Stunde – eigenhändig aus Sperrholz gezimmert – eingerichtet ist.)

Die gute Nachricht für Red-Chip-Jünger: Das Research von Robins Firma kann Volltreffer landen. In den ersten sieben Monaten des Jahres 1999 legten die Favoriten seiner Analysten 44,5 Prozent zu und übertrumpften den Markt locker.

Allerdings war 1999 ein ungewöhnlich gutes Jahr für Red Chip Review. 1998 hingegen war ein Reinfall, sagt Robins, weil die Wall Street alles, was nur vom Hauch eines Risikos umweht war, scheute, darunter auch Small Caps. Vergleicht man die Performance der Robins-Empfehlungen mit der des S & P 500, sieht seine Bilanz seit 1995 nicht so toll aus.

Es ist eben schwierig, im Umfeld der Wall Street einen auf Research spezialisierten Laden auf Gewinn zu polen. Ende 1999 wurde Red Chip von Roth Capital Partners übernommen, einem Wertpapierhaus mit Investment-Banking-Abteilung aus Kalifornien. Sowohl Robins als auch Roth-Capital-Chairman Byron Roth schwören, die Unabhängigkeit von Red Chip sei heilig und von der Fusion nicht berührt.

MARK HULBERT SCHERTE SICH bei der Gründung von *Hulbert's Financial Digest* (*www.hulbertdigest.com*) nicht um kleine *oder* große Werte. Ihm geht es um die Leistung von Finanzzeitungen und -berichten: Wer weist die beste (und umgekehrt natürlich auch: die schlechteste) Performance auf? Sein *Financial Digest* ist für alle jene interessant, die ihre Investment-Entscheidungen auf Rundbriefe und andere Finanzmedien gründen.

Wer sich auf diesem Gebiet schon einmal umgesehen hat, der weiß, dass jeder Investmentbrief mit entscheidenden Finanznachrichten und Spitzentipps für sich wirbt. Einigen gelingt das tatsächlich, zumindest während einer Hausse.

Leider zeigt Hulberts Rating, dass die meisten an dieser Aufgabe scheitern und ihre Empfehlungen zudem noch in möglichst vage und mit Konjunktiven gespickte Formulierungen packen, sodass sie sich bei positivem Verlauf Erfolge auf die Fahnen schreiben und bei negativem Ergebnis bedeckt halten können.

Wie andere Berufsskeptiker, die des Kaisers neue Kleider inspizieren, wird Hulbert mit unschöner Regelmäßigkeit von den Kritisierten verleumdet. 1998 setzte eine Gruppe von Rundbrief-Autoren das Gerücht in Umlauf, die SEC habe ein Auge auf Hulbert geworfen. Mitarbeiter der Aufsichtsbehörde hatten tatsächlich zu Hulbert Kontakt aufgenommen, aber nur, um die Behauptung in einer Anzeige zu überprüfen – ein Rundbrief hatte mit dem Slogan »Laut Hulbert die Nr. eins« geworben. Hulbert bestätigte die Aussage, und die Prüfer zogen befriedigt wieder ab.

Die Angreifer schrecken auch vor Anschuldigungen nicht zurück, die unter die Gürtellinie zielen. Besonders geschmacklos war James Dines (*The Dines Letter*), der von Hulbert behauptete, er hätte zu viel britisches Rindfleisch gegessen (sprich, sich mit BSE infiziert) und eine neue Verwendung für alte Klamotten entdeckt – er würde sie anziehen; sein Kind sei dem Vater aus dem Gesicht geschnitten ... wenn man es um 180 Grad drehen würde. Muss man noch erwähnen, dass Dines' Newsletter in den neunziger Jahren an Ansehen verlor und Hulberts scharfsinnige Einschätzungen daran nicht ganz unschuldig waren? Persönliche Angriffe beeinflussen sein Urteil natürlich nicht.

Hulbert fand seine Bestimmung, als er 1979 in New Orleans ein
Investmentseminar besuchte. Frisch von der Oxford University mit
einem Abschluss in Philosophie, Politik und Wirtschaft entlassen,
staunte er über die Legion von Rundbrief-Autoren, die unisono gewaltige Profite für ihre Tipps reklamierten. In jener Epoche ohne
Internet waren solche Rundbriefe der letzte Schrei. Fast jeder Ex-Fi-
nanzjournalist oder abtrünnige Analyst schien einen solchen Nachrichtendienst gründen zu wollen. (Frei nach dem Motto: 1 000 Abonnenten à 200 Dollar – was will man mehr?)

Hulberts Einfall, einen Rundbrief über Rundbriefe anzubieten,
hatte von Anfang an Erfolg. Mit den Jahren wurde er zum Stammgast
in einschlägigen Fernsehsendungen, bekam eine Kolumne in der
New York Times und wurde mit Vorliebe von Finanzjournalisten zitiert. Und er führt eine beliebte Internetseite, die oben zitierte Seite
namens www.hulbertdigest.com.

Nicht anders als Investmentfonds und Wertpapieranalysten schaffen es diese Nachrichtendienste selten über längere Zeiträume, den
Markt zu schlagen. Selbst der Rundbrief mit der besten Performance
für 1999, *The Prudent Speculator,* lag über eine Dauer von 15 Jahren
(bis 30. Juni 1999) gesehen nur knapp über dem Welshire-5 000-In-
dex und war auf jeden Fall erheblich volatiler. Volatilität heißt für
Börsenprofis, dass ein Portfolio während einer Hausse stärker steigt
und während einer Baisse stärker fällt als der Markt insgesamt. Nicht
zuletzt empfahl der *Prudent Speculator* Aktienkauf auf Kredit – eine
extrem riskante Strategie, die nicht jedermanns Sache ist und die
Volatilität auf die Spitze treibt.

Es gibt sie, die Rundbriefe mit Musterdepots, deren Erträge man
offenen Mundes bestaunt. Aber solche unglaublichen Gewinne bezahlt man in Schlechtwetterperioden mit unglaublichen Abschlägen.
Mitte 2000 etwa konnte *OTC Insight* voller Stolz für die letzten zehn
Jahre eine gemittelte Performance von 36,6 Prozent für seine Empfehlungen vorweisen – nicht schlecht, und keineswegs jenes Korn, das
auch ein blindes Huhn findet. Aber in dem Abschwung im Sommer
1998 stürzten die *OTC-Insight*-Empfehlungen ab. Der Rundbrief
taugt nur für die Sonnentage.

Nach zwei Jahrzehnten der Bewertung und Einstufung scheint *Hulbert's Financial Digest* auch für Börsenratgeber die verflixte Wirklichkeit zu bestätigen, die unzählige Untersuchungen von Universitäten und Unternehmen enthüllen: Jeder Auswahlmodus führt, wenn man die Performance nur lange genug verfolgt, zu Ergebnissen, die mehr oder weniger stark unter dem Marktdurchschnitt liegen. Die Rundbriefe, die am besten abgeschnitten haben, verfolgten samt und sonders extrem riskante Strategien, viel riskanter als ein Indexfonds, ohne den Index wesentlich zu übertreffen. Hulberts Schlussfolgerung: »Meiner Meinung nach sollten die Anleger einen großen Teil ihrer Gelder in Indexfonds stecken. Und auf keinen Fall alles auf Aktien setzen.«[5]

D IE M ÄRKTE AGIEREN NUR DANN effizient, wenn die Investoren gut informiert sind und sich rational verhalten. Wie der bekannte Anti-Börsianer David Dreman anmerkt, sind sie weder allwissend noch völlig emotionslos bei Anlageentscheidungen. Es kommt somit unvermeidlich zu Ineffizienzen – und sie sind es, die die Chance auf das große Geld eröffnen.

Dreman folgte sein ganzes Berufsleben lang der Devise: Wenn sich alle auf einen Artikel stürzen, ist dieser Gegenstand höchstwahrscheinlich überteuert. Und das, was keiner will, ist entsprechend zu billig.

Gäbe es so etwas wie ein Dreman-Gesetz, so hätte es vermutlich folgenden Wortlaut: »Kaufe am Kurs-Gewinn-Verhältnis, Kurs-Cash-Flow-Verhältnis, Kurs-Buchwert-Verhältnis oder an hohen Erträgen gemessen solide Unternehmen, die aus der Mode gekommen scheinen.«

Etwas praktischer mag folgende Empfehlung Dremans sein: Triff Anlageentscheidungen niemals anhand historischer Trends. Mit anderen Worten: Vorsicht vor neuen Investmentfonds, die mit rückgerechneten Erträgen werben, mit Erträgen, die man erzielt hätte, wenn ...
– Die Geschichte wiederholt sich nicht. Wenn sie es täte, würde der Goldpreis weit höher liegen und die japanische Börse ihrem nächsten Gipfel zustreben. Was beides nicht der Fall ist.

Dreman empfiehlt außerdem Diversifizierung; vielleicht lohnt sich ja ein Blick auf Junk Bonds, das sind sehr riskante und entsprechend hoch verzinsliche Anleihen. Meiden sollte man jedoch Neuemissionen, für die wissenschaftliche Untersuchungen über den Zeitraum zwischen 1970 und 1990 eine Durchschnittsrendite von minus 37 Prozent errechnet haben. IPOs sind also chronische Underperformer. Und die Neuemissionen, die alle haben wollen? Vergiss es, sagt Dreman, »nur Großinvestoren wie Vermögensverwaltungen und Investmentfonds« kommen da überhaupt dran, und in der Regel verabschieden sie sich sofort aus dem Wert – Flipping à la Planet Hollywood.

Mutigen Anlegern empfiehlt Dreman, unmittelbar nach einer weltweiten Krise einzusteigen. Der Golfkrieg oder die Asienkrise waren gute Gelegenheiten. Wer mehr wissen will, der lese Dremans Buch *Contrarian Investment Strategies: The Next Generation*. Oder der investiere, wo sein Wort gilt: Dreman Value Management LLC, Red Bank, New Jersey.

SEIT ÜBER SIEBZIG JAHREN ist *Value Line Investment Survey* die Bibel eingefleischter Investoren, vor allem jener, die gern selbst entscheiden, in welche Aktien sie investieren. Generationen haben die sieben Zentimeter dicken, schwarzen Ringbücher mit Goldprägung genutzt, in denen monatliche Ergänzungen abgeheftet werden. Die Schwarten stehen in jeder öffentlichen Bibliothek der Vereinigten Staaten und in jeder Business School. Und das mit gutem Grund. Die siebzig Analysten von *Value Line* sind hinsichtlich Objektivität und Unparteilichkeit ohne Beispiel, und die Anlageempfehlungen tragen stetige, wenn auch unspektakuläre Früchte.

Value Line Publishing Co. wurde 1931 gegründet. Im Ranking werden gut 1 700 Werte aus 90 Branchen berücksichtigt. Das System wurde 1965 entwickelt, gilt aber noch immer als »neu«. Die Aktien werden nach einer Computerformel bewertet, die die Kriterien Gewinnentwicklung der letzten zwölf Monate und Sicherheit verknüpft. Hohe Volatilität führt in der Regel zu einer niedrigeren Einstufung. Während sich vor 1965 allein die Qualität eines Unternehmens in der Bewertung niederschlug, sollte das neue System auch kurzfristige Kaufgelegenheiten ermitteln. Aber noch immer dominiert die Haltung »Kaufen und Halten«. Handeln steht an zweiter Stelle. Und wenn man Anteile an einem guten Unternehmen kauft und diese hält, spielt es dieser Einstellung zufolge keine so große Rolle, wann man einsteigt.

1983 führte *Value Line* das »Technische Ranking« ein. Es beruht auf der Performance der letzten 50 Wochen und bedeutet eine Konzession an die eher kurzfristig orientierten Anleger. Heute kaufen sich viele in gefragte Werte ein, die Nachfrage sorgt für neue Interessenten, sodass sich solche Trends eine Zeit lang selbst erhalten.

In *Hulbert's Financial Digest* wird *Value Line* günstig beurteilt. *Barron's* meldete im Juli 2000: *Value Line* übertraf jeden anderen von Hulbert beobachteten Nachrichtendienst in dem Zwanzigjahreszeitraum bis zum 30. Juni 2000.[6] Für Anleger, die an solide Unternehmen glauben und in Jahren und Jahrzehnten denken, kann *Value Line* genau das Richtige sein.

TECHNISCH GESEHEN IST *Burkenroad Reports* ein Studentenprojekt. Aber das Research kann es mit den eines jeden Profis aufnehmen. Seit 1993 verfassen Studenten aus unteren und höheren Semestern an der A. B. Freeman School of Business, Tulane University, die *Burkenroad Reports*. Sie konzentrieren sich auf Aktien kleiner und mittlerer Unternehmen im Südosten der USA, die von der Mehrheit der Börsianer ignoriert und höchstens von einer immer kleiner werdenden Zahl regionaler Wertpapierhäuser beobachtet werden.

Eine Prüfung auf Herz und Nieren und eine Besichtigung der Betriebsräume gehören zum Standard der Burkenroad-Untersuchung. »Wir treffen uns mit dem Management, besuchen Produktionsstätten und schicken unsere Berichte über diese Unternehmen an über 3 000 private und institutionelle Investoren«, sagt Professor Peter Ricchiuti, der das Projekt betreut.[7] Unter anderem lehrt er die angehenden Analysten, dass Manager oft zu sehr in ihre eigene Arbeit eingespannt sind, als dass sie rechtzeitig von Entwicklungen bei Kon-

kurrenten oder von kostentreibenden Faktoren bei Lieferanten erfahren. Deswegen hält Ricchiuti seine Studenten dazu an, bei Wettbewerbern und Lieferanten die Informationen einzuholen, mit denen das Management entweder nicht freiwillig herausrückt oder die
es selbst nicht hat.

Die Reaktion von Vermögensverwaltern ist mehr als ermutigend.
Ricchiuti zufolge sagen sie oft:»Sie haben vielleicht nicht so viel Erfahrung, aber wenigstens sind sie objektiv. Bei den angestellten Analysten weiß man nie, ob die ganze Prognose einen künftigen Ge-
schäftsabschluss vorbereiten soll. Lieber orientiere ich mich an *Burkenroad*, da bin ich wenigstens sicher, dass die Analyse ohne
Hintergedanken erfolgt.«

Einige der *Burkenroad*-Empfehlungen haben sich prächtig entwickelt. Zum Beispiel SCP Pool Co. Der in Covington, Louisiana ansässige Hersteller von Schwimmbädern wurde Anfang 1999 auf die Liste
gesetzt. Als größtes Unternehmen in einem relativ überschaubaren
Markt und mit sorgfältig vorbereiteten Übernahmen hatte es laut
Burkenroad enormes Potenzial. Zudem war ein Aktienrückkauf geplant. Anhand der Analyse prognostizierten die Studenten ein
Wachstum des Gewinns je Aktie von 1,10 Dollar in 1998 auf 1,31
Dollar in 1999. Das KGV erreichte zum Zeitpunkt der Empfehlung
bei einem Kurs von 15,125 Dollar 11,5 – mithin eine gute, altmodische, kleine Wachstumsaktie, die zu einem vernünftigen KGV gehan-
delt wurde und in den Startlöchern stand. Im Sommer 1999 notierte
SCP Pool bei 26,25 Dollar: keine schlechte Entwicklung!

Dank guter Finanzdaten erweisen sich zahlreiche *Burkenroad*-
Empfehlungen als Übernahmekandidaten. Von 36 der 1999 beobachteten Unternehmen wurden sechs in den ersten acht Monaten des
Jahres übernommen, jeweils mit einem Aufschlag gegenüber dem
Börsenkurs. Ohne die Rückbindung an das Investment-Banking gelingt es den College-Analysten von Tulane offensichtlich, gute Anlagemöglichkeiten aufzuspüren.

Die von ihnen angewandten Grundsätze sind sehr sinnvoll. Kaufempfehlungen müssen eine Reihe sehr strikter Kriterien erfüllen, darunter:

- im Vergleich zum Durchschnitt der Small Caps niedriges Kurs-Buchwert- und Kurs-Gewinn-Verhältnis;
- vergleichsweise niedriger Anteil der Aktien in institutionellem Besitz;
- starke Beteiligung des Managements am Aktienbesitz;
- von Analysten wenig beachtet;
- ein KGV, das unter der erwarteten Wachstumsrate der nächsten drei Jahre liegt. Eine Aktie mit einem KGV von 15 sollte also jährlich eine Wachstumsrate über 15 Prozent aufweisen;
- ein Katalysator für Veränderungen, etwa ein neues Management, preiswertere Auslieferungs- oder Produktionswege oder ein neuer, aber bereits erprobter und zunehmend erfolgreicher Geschäftsbereich.

Burkenroad-Absolventen sind gefragte Spezialisten. In den letzten Jahren wurden viele von den großen Wertpapierhäusern eingestellt. Wie ihre ausgezeichnete Ausbildung und unabhängige Analyse dort wohl aufgenommen werden?

Zu den klangvollen Namen der Wall Street, die ihren Ruf ehrlich verdient haben, gehört Standard & Poor's. Berühmt geworden ist das Unternehmen mit dem täglichen Börsenindex S & P 500, das Kerngeschäft ist das Rating von Anleihen. S & P ist jedoch auch im Bereich Unternehmensresearch führend. Hier findet der Privatanleger erstklassige Informationen und Ratschläge. Bereits vor dem amerikanischen Bürgerkrieg gegründet, liefert S & P unbeeinträchtigt vom Effektenhandel oder vom Emissionsgeschäft Aktienanalysen bester Qualität.

Insbesondere die nutzerfreundliche Internetseite (www.personal-wealth.com) sollte der Privatanleger konsultieren. Hier findet er eine Fülle von Finanz- und Anlageinformationen, verständlich und knapp formuliert und zudem kostenfrei. Auf den Neuling warten einführende Seiten, für erfahrene Investoren liegen Marktkommentare und wirtschaftliche Gesamtdarstellungen bereit. Man kann zudem sein Portfolio zusammenstellen und dessen Entwicklung während der Handelszeit verfolgen.

Gegen ein geringes Entgelt kann man eine Reihe von Aktienempfehlungen und umfangreiche Branchenberichte abrufen. Aber die Informationsmenge könnte einen bereits erschlagen. Schon die frei zugänglichen Daten überwältigen fast jeden, ausgenommen die Börsensüchtigen. Die Seite ist wirklich so gut gestaltet, zuverlässig und frei von Interessenkonflikten, dass man guten Gewissens eigentlich keine kostenpflichtigen Beratungen, sei es bei S & P, sei es anderswo, empfehlen kann.

Die eigentliche Stärke der Internetseite von S & P besteht in dem hohen Stellenwert der Fundamentalanalyse und dem gesunden Skeptizismus gegenüber den Moden der Wall Street. Besonders wichtig (und erfreulich) ist die fehlende Hemmung, Aktien und Investmentfonds, die sich schlechter entwickeln als erwartet, von der Empfehlungsliste zu streichen.

Wenn wir einen Tag per Zufall herausgreifen, könnten wir uns etwa den niederschmetternden Bericht von S & P-Analyst Howard Choe über den Schuh-Einzelhändler Just For Feet Inc. am 25. August 1999 ansehen. Choe rechtfertigt die zwei Sterne (»meiden«) für das Unternehmen wie folgt: »Der Umsatz ist um 29 Prozent gewachsen, aber die Kosten der verkauften Ware sind um 70 Prozent gestiegen, weil die Lager nur mit starken Preisnachlässen geräumt werden konnten ... Die großen Niederlassungen im Nordosten [der USA] liegen unter Plan ... Die Aktie ist trotz Kurs-Tiefststand aufgrund von schwachen Umsatzerwartungen und Verlusten wenig attraktiv.«

Am selben Tag bekräftigte sein Kollege Mark Cavalone seine Empfehlung »Meiden« für den kanadischen Netzwerk-Ausrüster Newbridge Networks Corp. Das Problem: Die »Bilanzschwäche« sei zu ausgeprägt, um ein »Halten« zu rechtfertigen.

Vergleichen Sie diese klaren Misstrauensbekundungen mit den windigen Einpeitsch-Aktionen, mit denen Bear Stearns, Schroder Wertheim und andere Wertpapierhäuser für Planet Hollywood warben, oder mit dem Wirbel, den Credit Suisse First Boston und ING Barings um Playboy Enterprises veranstalteten. Und noch plastischer fällt folgender Vergleich aus: Paul Silverstein bekräftigte als Analyst von BancBoston Robertson Stephens am gleichen Tag wie Mark Cavalone seine Empfehlung für Newbridge Networks – die allerdings auf »Kaufen« lautete. Hier zeigt sich deutlich, dass S & P als reines Research-Unternehmen keine Rücksichten auf Investment-Banking-Interessen nehmen muss.

Standard & Poor's schreckt nicht einmal davor zurück, vor Erstemissionen zu warnen. Am 7. August 2000 setze Mark Basham den Halbleiterlieferanten ChipPac, den Credit Suisse First Boston an die Börse brachte, auf »Meiden«. Der S & P-Analyst merkte an, dass die Firma zwar Gewinnsteigerungen meldete, dies aber nur durch die Neueinschätzung der Haltbarkeit von Ausrüstung und Maschinenpark möglich wurde: Statt fünf sollte beides nun acht Jahre überdauern. Dadurch ließen sich die Abschreibungen pro Quartal um 6,7 Millionen Dollar vermindern. »Wir haben ernsthafte Zweifel an einer fehlerfreien Funktionsweise der Anlagen über diesen langen Zeitraum. Der Wettbewerber Amkor Technology schreibt seine Anlagen über drei bis fünf Jahre ab.« Das ist ein Bericht, der die Lektüre lohnt.

Nicht jedes Unternehmen wird bei S & P verdammt. Auch hier gibt es Kaufempfehlungen und Aufwertungen. Auf der Internetseite findet man sogar die »zehn vielversprechendsten Aktien«. S & P ist kein Anhänger des Bären, sondern nur ein unparteiischer Investmentdienst, der die Dinge beim Namen nennt.

THESTREET.COM IST VIELLEICHT EIN BISSCHEN sehr von sich selbst überzeugt. Man muss nicht lange auf der Seite verweilen, um zu erkennen, dass diese Gruppe von New Yorkern sich für superschlau hält oder wenigstens für klüger als das Fußvolk, das sich am Markt tummelt. Letzteres mag sicher stimmen, aber vollmundige Sprüche und eine gehörige Portion Grips reichen nicht, um den Markt zu schlagen.

Allerdings: TheStreet.com sticht die Modeblasen der Wall Street auf, und von solchen Teilnehmern kann der Markt gar nicht genug haben.

Als etwa im Sommer 1999 die Internetaktien der Hit der Neuemissionen und gigantische Aufschläge am ersten Handelstag noch die Regel waren, schrieb Herb Greenberg unbeeindruckt, dass die meisten Internet-IPOs nur wegen der allgemeinen Begeisterung für Dotcom-Unternehmen gut liefen. »Spekulanten beherrschen das Feld ... zweifelsohne zu Lasten des kleinen Mannes, der mit hoher Wahrscheinlichkeit der Dumme sein wird. Alles, buchstäblich alles, was bei relativ geringen Stückzahlen schnell steigt, rauscht nach einer solchen Kauforgie in der Regel mindestens ebenso schnell nach unten.« Der Einbruch der Internetaktien im Frühjahr 2000 hat Greenbergs Warnung eindrucksvoll bestätigt.

Solche Beiträge gegen den Strom sind in den Printmedien selten, in Tageszeitungen gehören sie sicher nicht zum Üblichen: Hier wird Neutralität oder »Objektivität« oft so ausgelegt, dass man den Leser über das Ausmaß des legalen Betrugs im Unklaren lässt (*Barron's* und *Forbes* verdienen Anerkennung, weil sie zumindest gelegentlich die Dinge hinterfragt haben). Vielleicht liegt der Unterschied darin, dass die Web-Kultur Leser und Autor direkter zusammenbringt. Vielleicht sind die Autoren bei TheStreet.com schlauer oder selbstsicherer. Auf jeden Fall sind ihre unverblümten Kommentare für den Anleger eine echte Fundgrube.

Wie die Seite von S & P enthält TheStreet.com tonnenweise Informationen zu buchstäblich jedem Aspekt der Börse. Während die Rating-Agentur jedoch eher den trockenen Stil eines Unternehmensberichts pflegt, lesen sich die aufmüpfigen New Yorker Jungs viel journalistischer. Sie zücken gern das Messer. Sie sind angriffslustiger als das alteingesessene Haus, decken häufiger und mit mehr Verve versteckte Unternehmensprobleme auf und entlarven massiv beworbene Neuemissionen mit Wonne als bodenlose Kampagnen.

Trotz aller Rührigkeit können sie nur einen Bruchteil der tauben Nüsse knacken, die sich an der Wall Street in Siegerpose werfen. Aber TheStreet.com ist eine hervorragende Informationsquelle für all jene, die am Markt aktiv teilhaben oder sich der Börsenkultur zumindest im Internet zugehörig fühlen wollen.

ZACKS INVESTMENT RESEARCH, Chicago, bekannt für die Mittel-
werte aus allen Analystenschätzungen zu einzelnen Aktien, bietet auf
seiner auch ansonsten guten Web-Seite (www.zacks.com) einen Service, den Anleger nirgendwo sonst finden: eine objektive Rangfolge
der Börsenanalysten nach der Performance ihrer Empfehlungen.

Anders als die Baseball-Spieler, deren Punktestand während der
Spielsaison nahezu täglich in der Presse veröffentlicht wird, wurden
Analysten praktisch nie aufgrund ihrer Gewinnschätzungen und
Kaufempfehlungen bewertet. Bis vor kurzem kam nur die jährliche
»All-Star«-Umfrage des *Institutional Investor* einem solchen Ranking
nahe, das jedoch leider aufgrund einiger undurchsichtiger, subjektiv
gefärbter Kriterien wie »Branchenkenntnis« und »Umgänglichkeit«
(nach den Maßstäben institutioneller Investoren) für Privatanleger
praktisch unbrauchbar ist.

Hier erscheint Zacks also als Retter in der Not und präsentiert auf
seiner Internetseite die zehn besten Analysten in 48 verschiedenen
Branchen, bewertet nicht aufgrund ihrer Beziehungen zu Vermögensverwaltern, sondern anhand der Genauigkeit ihrer Vorhersagen
und/oder der Qualität ihrer Kaufempfehlungen. (Leider verzichtet
Zacks darauf, auch die Schlechtesten der Zunft zu nennen.)

Die Hinweise auf der Webseite von Zacks sind für Kleinanleger, die
sich gern an Empfehlungen orientieren würden, entmutigend. Seit
1998 stellt die Research-Firma ein Portfolio mit den Spitzenempfeh-
lungen von Analysten zusammen: Aktien, die von mindestens vier
Wertpapierhäusern beobachtet und von deren Analysten unter »Unbedingt Kaufen« eingestuft werden.

Die Ergebnisse lassen arg zu wünschen übrig. 1998 verlor dieses
Portfolio 11,5 Prozent, während der Russell 2000 um 8,2 Prozent fiel
und der S & P 500 um 28 Prozent stieg. Von Januar bis einschließlich
November 1999 verlor das Portfolio weitere 12 Prozent, während der
Russell 2000 um 7,6 Prozent und der S & P 500 um 19 Prozent stieg.
In nur zwei Jahren hätten orientierungshungrige Anleger während
einer historisch beispiellosen Hausse also 22,1 Prozent verloren.

Mit diesen abschreckenden, aber höchst willkommenen Informationen geht Zacks einen Sieben-Meilen-Schritt in die richtige Rich-

tung. Ein ganzer Berufsstand, der bisher lieber unkontrolliert agierte, wird zur Rechenschaft gedrängt. Allerdings ist die Internetseite nicht besonders anwenderfreundlich, und das Ranking wird nur zweimal jährlich aktualisiert. Noch immer kann man die Leistung amerikanischer Baskettballspieler leichter beurteilen als die der bekanntesten Analysten. Eine wunderliche Situation, wo doch Millionen Amerikaner auf Aktien setzen, an der Börse für ihre Rente oder die Ausbildung ihrer Kinder sparen. Natürlich könnten die Medien zur Aufklärung beitragen und ihre Leser regelmäßig über die Analysten mit den besten Kaufempfehlungen informieren. Aber leider sind die großen Wertpapierhäuser wertvolle Anzeigenkunden.

Immerhin kann man durch gründliche Lektüre von Zacks' Internetseite die wenigen Analysten mit einem Händchen für gute Aktien herausfinden. Ob das freilich auf lange Sicht trägt, muss sich erst noch herausstellen.

FÜR ANLEGER, DIE KONKRETE EMPFEHLUNGEN aufgrund ständig aktualisierter Daten wünschen, heißt die Lösung: iExchange.com (www.iexchange.com). Der in Pasadena, Kalifornien, ansässige Betreiber bezeichnet sich selbst als »demokratische« Webseite. Hier kann jeder online zum Guru werden oder einen Guru um Rat bitten. »Man kann sich als Finanzanalyst registrieren lassen oder als Otto Normalverbraucher. Wir fordern Rechenschaft und ermitteln eine Rangfolge für die Performance«, erklärt David Eisner, Präsident und CEO des jungen Online-Unternehmens. »Wir verbinden die Charakteristika des Internet – mit Gleichgestellten Spaß haben – mit der Rechenschaftspflicht.«[8]

Herzstück von iExchange ist das Ranking-System. Analysten wählen Aktien und Zielkurse und das Datum, zu dem der Zielkurs erreicht sein sollte, und stellen ihre Auswahl auf die Seite. iExchange bewertet die Qualität der Auswahl anhand der Performance, also aus Investorensicht. Man hofft, dass bewährte Analysten mit der Zeit Anhänger finden und zahlreiche »Treffer landen«.

Man mag überrascht sein, dass Frank Baxter, Chairman des Wertpapierhauses Jefferies & Co., Los Angeles, an iExchange beteiligt ist. Bedroht die Seite nicht gerade die Effektenhändler, die Analystenempfehlungen lange zur Bewerbung ihrer Neuemissionen und anderer Investment-Aktivitäten eingesetzt haben? Oder setzt Baxter auf mehrere Pferde im Rennen?

»Sie gehen von der falschen Vorstellung aus, das eine würde das andere ersetzen«, antwortet Baxter. »Aber das Fernsehen hat Kino und Radio auch nicht vollständig verdrängt. Nicht jede gute Idee bedeutet das Ende anderer guter Ideen.«

Die Analysten in den Wertpapierhäusern werden weiterhin zum überwiegenden Teil institutionelle Klienten mit Informationen für deren Transaktionen versorgen und der internen Investmentabteilung bei der Einfädelung von Geschäftsabschlüssen zuarbeiten. iExchange bestellt ein anderes Feld, sagt Baxter. Für beide Formen der Marktbeobachtung sei in Zukunft Raum genug. »Information wird billiger. Künftig wird es mehr Barometer für die Performance der Analysten geben.«[9]

Möge das Wort von Baxters Lippen Gottes Ohr erreichen.

Nachwort der deutschen Ausgabe

Missbrauchte Macht an der Wall Street also. Analysten als »Rattenfänger«. Und in Deutschland? Sehr interessant ist zunächst einmal, dass die Metapher des Rattenfängers auf eine urdeutsche Legende weist – den Rattenfänger von Hameln. »Mittelalterliche Sagengestalt«, führt hierzu der Brockhaus aus, »nach der Überlieferung soll der Rattenfänger von Hameln, ein Pfeifer, Hameln 1284 von der Rattenplage befreit haben. Um den vereinbarten Lohn betrogen, rächte er sich, indem er 130 Kinder aus der Stadt lockte und entführte.«

Es geht also – wie immer und überall – um Geld, um Macht und um Eitelkeit. Und natürlich darum, wie versucht wird, jede Kränkung in einem dieser Bereiche durch ein »Nachholen« in mindestens einem anderen zu kompensieren. Der Verdacht, dass hier ein fruchtbarer Nährboden für Manipulation existiert, erhebt sich bereits bei der Begriffsbestimmung: Was sind eigentlich Analysten? Der Versuch einer Antwort auf diese scheinbar so einfache Frage fördert Erstaunliches zu Tage: In keinem renommierten Wirtschaftslexikon findet man den Begriff. Und selbst in *Vahlens Großem Wirtschaftslexikon*, immerhin mit herausgegeben von Prof. Otmar Issing, dem Chef-Volkswirt der Deutschen Bundesbank, zeigt sich diesbezüglich gähnende Leere. Alles, was man hier zum Thema antrifft, ist ein kurzer Satz zum Stichwort Aktienanalyse: »Prognose von Aktienkursen durch Fundamentalanalyse und Chartanalyse«.

Dieses rudimentäre Fundstück stützt also auch für unser Land die

Ausführungen von Cole: Alle mischen mit, so gut sie können. Analysten lassen sich kaum von Nicht-Analysten scheiden. Eine Definition, die nichts und niemanden wirklich ausschließt, ist letztlich nichts wert. Wir alle sind Analysten. Es mag zwar Gütekriterien geben, wie beispielsweise die Standesregeln für Finanzanalysten der Deutschen Vereinigung für Finanzanalyse und Asset Management e. V. (DVFA), doch letztlich ist jeder ein Analyst, der den Mund aufmacht und über den Aktienmarkt redet. Und das können natürlich auch hierzulande sehr viele ganz trefflich.

Für mich ist dieser Befund durchaus erleichternd. Denn jetzt war ich selbst auch einmal ein Analyst und kann an dieser Stelle von dem berichten, was ich selbst als solcher erlebt habe:

Nach langjähriger Tätigkeit im Bereich der Unternehmenssanierung, der Finanzierung von jungen Technologieunternehmen sowie dem Going Public, der Börseneinführung von Aktiengesellschaften, hatte ich mich im Sommer 1998 als Journalist und Schriftsteller selbstständig gemacht. Gerade rechtzeitig – mitten hinein in die größte Goldgräberstimmung der Nachkriegsgeschichte, die mit der Emission der Telekom-Aktien im Jahre 1996 und der Eröffnung des Neuen Marktes 1997 eingesetzt hatte.

Mein damaliger Verleger betrieb zu dieser Zeit bereits diverse Hotlines, auf denen seine Mitarbeiter und er den Anlegern in Form eines täglich neu besprochenen Tonbandes Anlageempfehlungen gaben. Da mich als passionierten Volkswirt jedoch gesamtwirtschaftliche Trends und nur sehr selten einzelne Aktien interessieren, war ich anfangs gar nicht übermäßig angetan, als mir angetragen wurde, eine dieser Hotlines zu betreiben. Doch letztlich sind alle Herausforderungen natürlich dazu da, um bestanden zu werden. Und der Grad der Unabhängigkeit ist nahezu grenzenlos, wenn man im stillen Kämmerlein die wirtschaftliche und politische Situation von Unternehmen wie Volkswirtschaften analysiert und schließlich täglich neu die Ergebnisse des eigenen Denkens den Interessierten präsentiert.

Nun gab es damals jedoch bereits den »Fall Prior«: Der Journalist Egbert Prior hatte in einem Börsenspiel in einer öffentlich-rechtlichen Fernsehsendung, der *3sat-Börse*, Aktien von Unternehmen empfohlen, die er selbst besaß. Der Erfolg von Priors Empfehlungen war so durchschlagend, dass die fraglichen Unternehmen bereits am nächsten Börsentag um zweistellige Prozentsätze in die Höhe schnellten. Prior hatte damit eine Bombe mit ganz besonderer Sprengkraft entwickelt, doch er hatte sich damit auch kompromittiert: Denn der Vermögensgewinn, den die Aktionäre hierbei erzielten, hätte in großen Teilen auch ihm selbst zukommen können.

Jedem Börseninteressierten war zu dieser Zeit – es war das Frühjahr des Jahres 1998 – klar, dass hiermit tatsächlich beinahe das Perpetuum mobile oder die viel gesuchte »Lizenz zum Gelddrucken« entdeckt worden war: Kaufe Aktien – möglichst in einem engen Markt – und versuche anschließend, einen größtmöglichen Medienrummel zu veranstalten. Wenn dann die Masse der Anleger zu 20, 30, 50 oder gar 100 Prozent höheren Kursen selbst kaufen möchte, dann trenne dich wieder von deinen Aktien.

Doch Prior erwies sich bei genauerem Hinsehen eher als eine neue Variante eines Robert Oppenheimer: Er hatte zwar die Bombe entwickelt, war – und ist – jedoch allem Anschein nach ein integrerer Mann, der sein Wissen nicht zu eigenen Zwecken eingesetzt hat, was natürlich die allergrößte Hochachtung verdient. So wurde er zwar angeklagt, doch es stellte sich recht bald heraus, dass sich Prior im Fall der Aktie von MobilCom, um den sich der gesamte Medienrummel drehte, moralisch keine Verfehlung begangen hatte: Er besaß seine Aktien immer noch, hatte seine Gewinne nicht realisiert. Prior wurde daher letztlich freigesprochen.

Der Fall Prior warf jedoch ein grundlegendes Problem auf – und ließ die gesamte Börsen-Community in ein Paradoxon der ganz besonderen Art schlittern: Dürfen diejenigen, die öffentlich Aktienempfehlungen aussprechen, diese Aktien selbst besitzen? Ist dies erlaubt, dann stehen der persönlichen Bereicherung Tür und Tor offen. Ist es jedoch nicht erlaubt, dann können die derart »kastrierten« Experten letztlich gar keine Experten mehr sein, da im Grunde genommen doch nur das eigene Engagement zu wirklichen Erkenntnissen über die Börsen und ihre Aktiengesellschaften führt. Oder würden wir uns etwa einem Arzt anvertrauen, der über keinerlei praktische Erfahrung aus eigener Anschauung verfügt?

Als ich im September 1998 meine eigene Hotline startete, war das Urteil im Prozess um Egbert Prior freilich noch nicht gesprochen. Und da ich zum damaligen Zeitpunkt selbst eine Menge Aktien besaß, suchte ich Rat beim Bundesaufsichtsamt für den Wertpapierhandel. Meine Frage: Inwieweit kann ich mich kompromittieren, wenn ich Aktienempfehlungen veröffentliche und die empfohlenen Aktien selbst besitze? Welche Vorschriften und welche Regeln gibt es hier? Auf das Thema der Analysten, die in den Banken und Investmenthäusern arbeiten, werde ich später noch separat eingehen, doch bereits an dieser Stelle sollte klar sein: Die Problemstellung ist hier exakt die gleiche – nur dass sich der Grad der Bedeutsamkeit, die Sprengkraft der Bombe sozusagen, regelrecht potenziert. Denn wenn man selbst der Profiteur von Mauscheleien ist, dann geht es höchstens um ein paar hundert Aktien. Sind die Profiteure jedoch große Finanzorganisationen, dann geht es schnell um Millionen oder sogar ein Vielfaches davon.

Die Antwort des Bundesaufsichtsamtes erwies sich allerdings als wenig erbaulich. Ich habe sie in einer Gesprächsnotiz festgehalten, um mich für den Eventualfall gegen mögliche Kalamitäten zu schützen. Die Grundtendenz lautete: Es würden keine festen Regeln existieren! Grundsätzlich sei es legitim, Aktien auch dann zu empfehlen, wenn man sie selbst halte oder gerade gekauft habe. Es sei denn, man besitze oder erlange Kenntnis davon, dass die eigenen Empfehlungen erheblich kursrelevant für das jeweilige Papier seien oder werden könnten. Merke man, dass man derart kursbeeinflussend wirke, dann seien eigene Engagements sofort zu unterlassen.

Nicht aufpassen, so das Bundesaufsichtsamt weiter, müsse man in diesem Kontext als Autor von Beiträgen in kleineren Magazinen, bei Internetpublikationen sowie als Anbieter von Hotlines, da sich hier nach Ansicht des Amtes »die Kauf- und Verkaufsaufträge sowieso nivellieren«. Die Grenze, so das Amt weiter, liege in etwa bei der Veröffentlichung der Empfehlung eines marktengen Wertes in einem Magazin mit einer Auflagenhöhe im Bereich von etwa 100 000

Exemplaren. Oder bei mehrmaligen Auftritten in einer Börsensendung im Fernsehen, verbunden mit einer entsprechenden Wertschätzung durch das Publikum.

Diese »Regularien« sind nun leider alles andere als praktisch handhabbar, was letztlich auch vielen Analysten hierzulande die Türen zu ihrem schändlichen Tun sperrangelweit geöffnet hat. Und es hat sich in den letzten Jahren nichts, aber auch gar nichts an dieser Rechtslage geändert. Ein Blick in die »Boards« im Internet genügt, um sich davon zu überzeugen: Jeder weiß hier, wer die schwarzen Schafe der Branche sind. Doch die Börsenaufsicht und die Rechtsprechung agieren, als ob man einen Mord nur dann bestrafen könnte, wenn man ihn live miterlebt hat. Bisher ist gegen nichts und niemanden tatsächlich etwas unternommen worden.

Das Rechtssystem in der Bundesrepublik Deutschland – bezogen auf die Börse – unterscheidet sich aus Sicht der meisten Aktionäre deshalb auch nicht von dem einer Bananenrepublik. Gerechtigkeit ist mittlerweile nicht nur nicht mehr herstellbar, nein, sie ist mittlerweile fast zu einem undenkbaren Gut geworden. Die einzige Instanz, die den »Rattenfängern« tatsächlich noch am Zeug flicken kann, ist daher die Baisse des Marktes. Denn dann, ganz plötzlich, wird das Publikum auch den süßesten Klängen gegenüber unempfindlich.

Doch kehren wir zu meinen unmittelbaren eigenen Erfahrungen zurück, denn die Grenze zwischen Recht und Unrecht ist tatsächlich fließend. Mein Schlüsselerlebnis waren die Ereignisse um das Unternehmen Cybernet, einen Kommunikationsdienstleister mit Sitz in München und in den USA sowie einer Notiz an der deutschen und der US-amerikanischen Börse. Ich stand diesem Unternehmen von Anfang an viel skeptischer gegenüber als die meisten meiner Gesprächspartner, was mir dann auch bald einen Anruf eines anderen Hotlinebetreibers unter dem Stichwort »Stallregie« einbrachte: »Wie können Sie das Unternehmen zum Verkauf empfehlen, wenn wir es alle kaufen?« Die Ähnlichkeiten zu Coles Ausführungen sind hier keinesfalls zufällig ...

Doch dann kam der denkwürdige 15. Juni 1999: An diesem Tag gab das Unternehmen bekannt, es habe neue Unternehmensanleihen in Höhe von 250 Millionen US-Dollar begeben. Dies ist insofern bedeutsam, als die gesamte Bilanzsumme des Unternehmens vor dieser Entscheidung gerade einmal bei etwa 50 Millionen US-Dollar lag. Das Unternehmen verfünffachte damit also auf einen Streich seine Bilanzsumme, drückte jedoch im selben Augenblick seine Eigenkapitalquote von (damals von mir berechneten) 63 Prozent auf ein Niveau von etwa 6 bis 7 Prozent, was also grob gesprochen einer Zehntelung entsprach. Und das alles, ohne die eigenen Aktionäre zu fragen oder die Presse schlüssig zu informieren – der Vorstand weilte zur selben Zeit »auf Roadshow« in den USA.

An diesem Tag pries ich meine Hotline unter dem zugegebenermaßen sehr reißerischen Titel »Der Cybernet-Hammer« an – und musste hinterher zwei erstaunliche Feststellungen machen: Erstens erzielte ich damit einen Umsatz, der unter normalen Umständen einem gesamten Monatsverdienst entsprochen hätte. Und zweitens konnte ich mich des Eindrucks nicht erwehren, an diesem Tag die Kurse beeinflusst zu haben. Das funktionierte wohl deshalb, weil die Themen der Hotlines als Werbebotschaft im Kursteil des Videotextes des Fernsehsenders *n-tv* veröffentlicht wurden und werden. Hier liest dann der entgeisterte Anleger täglich neu von »unfassbaren Nachrichten« und »sensationellen News« – ganz nach dem Motto, dass eine gute Werbung den potenziellen Kunden erst einmal aus dem Gleichgewicht bringen muss, um ihn anschließend zum Handeln zu motivieren. Ich habe jedenfalls kurz nach den Cybernet-Erlebnissen in meiner Hotline nur noch gesamtwirtschaftliche Trends analysiert und diese Tätigkeit zum Herbst des Jahres 1999 ganz aufgegeben. Denn so nahe am Feuer baue ich meine Hütte nicht.

Doch der Nachwuchs ließ natürlich nicht lange auf sich warten – und auch der Chef des gesamten Unternehmens engagierte sich nun stärker. Der Eigentümer des Börsenbuch Verlages und Herausgeber der Anlegerzeitschrift *Der Aktionär* wurde Egbert Priors Nachfolger im Börsenspiel der besagten *3sat-Börse*. Und stürzte damit kopfüber in den Interessenkonflikt, einerseits auf mehreren Ebenen Anlageempfehlungen zu geben und andererseits zur gleichen Zeit Manager eines Fondsvermögens (DAC-Universal-Fonds) von mehreren hundert Millionen Euro zu sein, welches in den identischen Werten angelegt war.

Ich möchte mich an dieser Stelle der Spekulation um einen möglichen Missbrauch dieser Interessenvermischung enthalten. Der wirkliche Skandal ist nämlich, dass derartige Strukturen überhaupt existieren – Strukturen, die die Anleger nicht nur im Internet Gift und Galle speien lassen, wohingegen die Verantwortlichen in Börsenaufsicht und Strafverfolgung sich gebärden wie ein zahnloser Tiger, der überdies auch noch den lieben langen Tag den Schlaf der Gerechten schläft. Und dass überdies auch noch das öffentlich-rechtliche Fernsehen mit seinem Bildungsauftrag hier eine wesentliche Führungsrolle übernommen hat. Von Cole hören wir stets über Vernehmungen und Telefonmitschnitte der Börsenaufsicht SEC. Hierzulande hören wir ausschließlich ein lautes und anhaltendes Schnarchen – und beobachten ein ebenso konsequentes Wegsehen.

Und dann ist da auch noch der Mann, der angeblich »Millionäre macht«. Die Werbezeilen im Videotext versprechen »Insidernews«. Allerdings führt das Wertpapierhandelsgesetz in § 14 dazu aus: »Einem Insider ist es verboten ... einem anderen auf Grundlage seiner Kenntnis von einer Insidertatsache den Erwerb oder die Veräußerung von Insiderpapieren zu empfehlen.«

Wie man es dreht oder wendet, man ist irritiert: Entweder es handelt sich gar nicht um Insiderkenntnisse, dann jedoch wäre deren Anpreisung reiner Schwindel. Oder aber es handelt sich tatsächlich um Insiderkenntnisse, was – schlimmer noch – einen direkten und eklatanten Verstoß gegen die Insidergesetzgebung bedeuten würde.

Der selbst ernannte »Mann, der Millionäre macht«, Markus Frick, wurde trotzdem von einem renommierten Buchverlag mit einem Buchvertrag belohnt. »Ich mache Sie reich« heißt dieses Buch, und es liefert sicherlich das treffendste Zeitdokument der nunmehr wohl auf lange Zeit vergangenen Boomjahre am deutschen Aktienmarkt.

Doch wie das System des Millionen-Machens tatsächlich funktioniert hat, konnten wir endgültig in der Ausgabe 14/2001 der Zeitschrift *Capital* auf Seite 156 lesen: »Brisante Dokumente, die *Capital* vorliegen«, schreibt das Magazin dazu, »zeigen, dass es für Frick ein

Leichtes war, Millionär zu werden: Überschneidungen zwischen den Empfehlungen auf der eigenen Hotline, der Aufnahme in Musterdepots und privaten Aktienkäufen gehörten zur Praxis, was Beispiele belegen.« Die Beispiele möchte ich den verehrten Lesern lieber ersparen. Doch das Vorgehen ist immer das gleiche – ein Ping-Pong-Spiel der Gurus untereinander: Der eine weist darauf hin, was der andere demnächst im Fernsehen empfehlen wird. Und dadurch, dass die entsprechenden Titel dann selbst vorgekauft werden, wird die Gier erst recht so richtig angefacht – bei den Initiatoren ebenso wie beim staunenden und brav gehorchenden Publikum: Die Widerwärtigkeit, hier wird sie zur Methode.

Schluss daher mit den kleinen Lichtern. Kommen wir nun zu den großen Tieren, den Banken und Investmenthäusern. Hier lautet das Reizwort »Chinese Walls«: In einer Selbstverpflichtung der betroffenen Institute und beteiligten Personen, dem so genannten »Analystenkodex«, soll sichergestellt bzw. darauf hingewirkt werden, dass die Handelsabteilung von der Research-Abteilung so weit getrennt wird, dass es keinen Austausch von Informationen zwischen diesen beiden Bereichen über die gegenwärtigen und zukünftigen Vorhaben gibt.

Was ist davon zu halten? Die Chinesische Mauer, so sagt uns erneut der Brockhaus, ist »eine 6 250 km lange Mauer mit einer Mauerhöhe von sechs bis neun Metern sowie elf bis zwölf Meter hohen Wachttürmen, erbaut aus einem Geröllkern und ummantelt mit Steinen und Ziegeln«. Sie ist also ein Werk für die Ewigkeit und damit ein Denkmal der ewigen Undurchlässigkeit. Vornehm ausgedrückt, könnte man die Anwendung dieses Begriffes auf die wechselseitige Abschirmung von Abteilungen innerhalb gewinnmaximierender Unternehmen der Finanzbranche deshalb wohl nur als eklatanten Euphemismus bezeichnen. Spricht man hingegen ohne Schnörkel direkt aus, was Tatsache ist, dann muss man sagen: Hier wird die Öffentlichkeit schlichtweg an der Nase herumgeführt!

Vor nicht allzu langer Zeit konnten wir uns erneut davon überzeugen: Im August 2001 platzierte die Deutsche Bank ein großes Paket von 44 Millionen Aktien der Deutschen Telekom am Markt und löste damit ein wahres Kursdesaster aus. Noch am selben Tag wurde eine hauseigene Kaufstudie über dieselbe Aktie mit einem Kursziel von 31 Euro veröffentlicht – welches die damalige Realität allerdings weit hinter sich ließ. Was für ein merkwürdiger Zufall! Wenn es nicht die »Chinese Walls« gäbe, könnte man direkt auf die Idee kommen, dass hier Hand in Hand gearbeitet und nur ein paar Dumme gesucht wurden, bei denen man die übernommenen Papiere trefflich abladen konnte ...

Chinesische Mauern sind undurchlässig, Banken sind ehrenhaft, Pfarrer sind fromm, Politiker sind uneigennützig, die Renten sind sicher, und das Leben ist ausschließlich wunderbar. Warum hören wir nicht endlich auf, immer weiter an denselben alten Unsinn zu glauben? Es leuchtet sicherlich selbst dem viel zitierten »kleinen Moritz« ein, dass die Analyseabteilung einer Bank kein karitativer Selbstzweck ist. Analysen kosten viel Geld und werden in der heutigen Zeit der liberalisierten Finanzmärkte nicht mehr separat vergütet. Es bleibt daher nur eine einzige Lösung: Das Geld für die Analyseabteilung muss woanders verdient werden – ganz wie Cole es in dem vorliegenden Buch ausführlich dargestellt hat.

Letztlich lässt sich nur durch die Offenlegung dieser Zusammenhänge die Macht der Analysten wirksam zügeln: Indem jedermann, wirklich jedermann, der sich mit der Börse beschäftigt, begreift, welche Interessen hinter dem Geschäft mit den Analysen letztlich stehen.

Zwar hat die DVFA Standesregeln für Finanzanalysten entworfen, die dazu aufrufen, Interessenkonflikte offen zu legen und Eigengeschäfte zu vermeiden. Das Vierte Finanzmarktförderungsgesetz soll das Verbot der Kurs- und Marktmanipulation neu regeln. Doch letztlich mutet das alles nicht anders an, als würde man versuchen, Gebrauchtwagenhändler per Gesetz zum Altruismus zu verpflichten. Der Grund für das Versagen eines derartigen Unterfangens liegt nicht darin, dass derartige Selbstbindungsregeln oder Kodizes möglicherweise mangelhaft formuliert sein mögen. Der Grund liegt schlicht und einfach darin, dass der Markt nicht das ist, was der Marktliberalismus so lange in seine Theoriebücher hineingeschrieben hat. Märkte im Allgemeinen – und Finanzmärkte im Besonderen – sind keine friedlichen Tauschbörsen, auf denen gleichberechtigte Individuen zum gegenseitigen Nutzen miteinander handeln. Sie sind hierarchische Institutionen zum Ausfechten divergierender Interessen, auf denen der Stärkere und besser Informierte den Unterlegenen auf immer und ewig dominieren wird. Ziehen wir doch endlich den Kopf aus dem Sand und erkennen diese Tatbestände an!

Es kommt noch etwas anderes hinzu: So hat beispielsweise der Börsenkommentator des Nachrichtensenders n-tv Markus Koch in seinem Buch *Erfolgsrezepte vom BörsenKoch* zwar sehr mutig und deutlich auf die Macht der Analysten hingewiesen, in seinen Börsenberichten spricht er jedoch letztlich von nichts anderem als davon, welches Investmenthaus gerade welche Aktie herauf- oder heruntergestuft hat. Ein näherer Blick auf die Materie erklärt allerdings: Im Grunde genommen geht es überhaupt nicht anders! Die Anleger wollen Börsenberichte. Und da kein Berichterstatter dieser Welt jemals die tatsächlichen Motive der vielen Millionen einzelnen Käufer oder Verkäufer aufzudecken in der Lage ist und trotzdem etwas über die Börse berichten muss, wählt er eben das Naheliegende. Anders gesprochen: Über irgendetwas müssen wir doch reden, sonst wären Fernsehen und Medien völlig überflüssig. Womit letztlich – frei nach Karl Kraus – an der Börse an jedem Tag stets genau das passiert, was am besten in die Börsenrubrik der Zeitung und des Fernsehens hineinpasst.

Schön wäre es daher, wenn wir es endlich mit wirklich aufgeklärten Anlegern zu tun hätten. Schließlich ist Aufklärung der effizienteste Feind jeder Lüge und jeder Mauschelei. Ganz im Sinne von Kant: »Aufklärung ist der Ausgang des Menschen aus seiner selbstverschuldeten Unmündigkeit. Unmündigkeit ist das Unvermögen, sich seines Verstandes ohne Leitung eines anderen zu bedienen. Selbstverschuldet ist diese Unmündigkeit, wenn die Ursache derselben nicht in einem Mangel des Verstandes, sondern der Entschließung und des Mutes liegt, sich seiner ohne Leitung eines anderen zu bedienen.«

Wie trefflich sich dies doch auch auf den Aktienmarkt anwenden ließe: »Sapere aude! Habe Mut, dich deines eigenen Verstandes zu bedienen!« Die Realität sieht freilich anders aus: Die meisten Anleger akzeptieren immer noch blindlings, was die Bankberater ihnen erzählen. Und mit dem Wunsch nach einem neuen Menschen ist schon so viel Schindluder getrieben worden, dass man sich ihm lieber enthalten sollte: Das Gute gewollt und das Schlechte gebracht. Nein, entweder es kommt von innen, oder es kommt gar nicht. Auch der vermeintlich aufgeklärteste Anleger wird daher auch noch in hundert Jahren den Rattenfängern folgen, wenn deren Flötentöne nur süß genug klingen. Die einzige Methode, die übrig bleibt, um den schwarzen Schafen der Analystenzunft erfolgreich ihr Handwerk zu legen, ist daher wohl die, sie kurzerhand hinter Schloss und Riegel zu bringen. Es ist höchste Zeit, auch in Deutschland endlich damit anfangen.

Bernd Niquet
Berlin, im Oktober 2001

Anmerkungen

Kapitel 1: Der Mann am Telefon

1 Nach Informationen einer Online-Literatursuche durch die Dow Jones Publications Library. Äußerungen von Hemant Shah, die in anderen Organen, vor allem auch im Fernsehen, erschienen, werden von diesem Dienst nicht erfasst.

2 Vgl. die Akte *Biovail Corp. International vs. Parker Quillen et al.* Hemant Shah hat keine Fragen beantwortet, die per Telefon, Fax und auf dem Postweg an ihn gerichtet wurden.

3 Abschrift eines mitgeschnittenen Telefonats am 20. Mai 1996, die im Verfahren Akte *Biovail Corp. International vs. Parker Quillen et al.* verwendet wurde. Alle in diesem Buch zitierten Gespräche sowie deren Transkripte stammen aus dieser Gerichtsakte. Die Transkripte wurden von verschiedenen Fondsmanagern und Effektenhäusern unter Eid bestätigt.

4 *The Ethnic Newswatch,* 31. März 1996.

5 Interview des Autors.

6 Interview des Autors.

7 Ein Teil von Shahs Handelsaktivitäten fand in die Prozessakte *Biovail gegen Parker Quillen* Eingang.

8 Vgl.»Biovail, Is the Bloom Off the Rose, or Was There Ever a Rose?«, vorgelegt von Jim Wilhelm, Leiter von Richardson, Greenshields, Woodstock, Kanada.

9 HKS & Co. Newsletter, Mai 1996.

10 »Squawkbox«, CNBC, RTV-Transkript, 23. Mai 1996, 8:30 Uhr.

11 HKS & Co. Newsletter, September 1996.

12 Vgl. Stephen Northfield: »The Biovail Bet«, in: *The Toronto Globe and Mail*, 23. November 1996.
13 Aus der Vernehmung von Hemant Shah am 23. Februar 1998 im Prozess *Biovail gegen Parker Quillen.*
14 Auch Shahs Vorgehen gegen Biovail war unter den herrschenden Gesetzen und Aufsichtsbestimmungen wahrscheinlich völlig legal.

Kapitel 2: Eine Branche im Wandel: Vom Spürhund zum Verkäufer

1 Interview des Autors.
2 Interview des Autors.
3 Diese Website ist in den USA sehr populär. Sie richtet sich an Kleinanleger.
4 *Securities Industry Factbook*, 2000.
5 Vgl. Joel Seligman: *The Transformation of Wall Street*, Houghton Mifflin Co. 1982. Weitere Titel: *Abuse on Wall Street – Conflicts of Interest in Securities Markets; a Twentieth Century Fund Report*, Quorum Books 1976; Chris Welles: *The Last Days of the Club*, E. F. Dutton & Co. Inc. 1975; Lawrence Shepard: *The Securities Brokerage Industry. Nonprice Competition and Noncompetitive Pricing*, University of California at Davis, Lexington Books 1974.
6 Vgl. Kurt Eichwald: *Serpent on the Rock*, HarperBusiness 1995, sowie Kathleen Sharp: *In Good Faith*, St. Martin's Press 1995.
7 Vgl. Anita Raghavan und Jeffrey Taylor: »Will Nasdaq Accord Transform the Market?«, in: *The Wall Street Journal*, 8. August 1996.
8 Interview des Autors.
9 Zum Wachstum der Emissionsgeschäfte vgl. die Veröffentlichung der Securities Industry Association: *Trends*, 31. Januar 1997 und 30. März 1999, sowie deren *Securities Industry Factbook*, 1998.
10 Vgl. *Abuse on Wall Street*, zitiert aus Fußnote 4, S. 365.

Kapitel 3: Kompromittierte Beziehungen

1 Interview des Autors.
2 Vgl. John Cassidy: »The Woman in the Bubble«, in: *The New Yorker*, Doppelausgabe 26. April und 3. Mai 1999.

3 Vgl. die Kolumne von Gregg Wirth: »theStreet.com«, in: *The New York Observer*, 10. Mai 1999.
4 Interview des Autors.
5 Interview des Autors.
6 Vgl. Faith Keenan: »Bad Advice«, in: *Bloomberg Markets*, Juli 2000.

Kapitel 4: Rattenfänger mit goldenen Flöten

1 »Planet Hollywood Expected to Be Among Stars of 1996«, in: *The Toronto Globe and Mail*, 23. Februar 1996.
2 Ebenda.
3 Ebenda.
4 Vgl. »Will Planet Hollywood's IPO Be Down to Earth?«, in: *The New York Times*, 24. März 1996.
5 Vgl. Joseph Buckley: »Bear Stearns New Purchase Recommendation: Planet Hollywood International Inc.«, 4. Juni 1996.
6 Vgl. den Analystenreport über Planet Hollywood von Schroder Wertheim & Co., Inc., 22. Mai 1996.
7 Vgl. Susan Stroher: »Planet Hollywood Plans Revolve Around Logo – Merchandizing Is Where the Money Is for Restaurant Chain«, in: *Orlando Sentinel*, 14. Oktober 1996.
8 Ebenda.
9 Interview des Autors.
10 Vgl. Richard Gibson: »Lost Appetite: Fame Proves Fleeting at Planet Hollywood«, in: *The Wall Street Journal*, 7. Oktober 1998.
11 Vgl. Credit Suisse First Boston: »Playboy – Leveraging the Only Global Multimedia Men's Brand Name to Accelerate Cash Flow and Asset Value«, 24. Mai 1999.
12 Vgl. den Research-Bericht von ING Barings »Playboy Enterprise Inc.«, 12. Mai 1999.
13 Vgl. Stan Schiesel: »Private Sector«, in: *The New York Times*, 23. Mai 1999.
14 Vgl. Geoffrey Smith: »The Superstar Who Wears Two Hats«, in: *BusinessWeek*, 5. Oktober 1998.

Kapitel 5: Rattenfänger – die Spezies der Blechbläser

1 Vgl. *SEC vs. Peter E. Butler*, 90, Civ. 4508 (wwc) U.S. District Court for the Southern District of New York, Aktenzeichen No. 13264, 8. Juni 1992. Vgl. außerdem John R. Dorfman: »Analysts Frequently Own the Stocks They Tout«, in: *The Wall Street Journal*, 7. Januar 1992.

2 Butler ging ebenfalls nicht ganz unbeschadet aus der Geschichte um Memory Metals hervor. Sechs Jahre nach seinen Vergehen, 1992, endete das Verfahren gegen ihn vor dem US-Bezirksgericht in New York. Er wurde für schuldig befunden, die Regelung des Securities and Exchange Act zur Verhinderung von Betrug aus dem Jahr 1934 übertreten zu haben, indem er den Markt systematisch getäuscht und den Börsenkurs von Memory Metals manipuliert habe. Das Gericht konstatierte, Butler habe materiell irreführende Aussagen über Memory Metals verbreitet, um den Kurs in die Höhe zu treiben, oder habe fahrlässig gehandelt, indem er sich nicht die entsprechenden Informationen besorgt habe. Butler akzeptierte das Urteil, ohne sich schuldig oder nicht schuldig zu bekennen, wurde für ein halbes Jahr gesperrt und zu einer Buße von 37249 Dollar verurteilt.

3 Vgl. »Small Stock Fraud Is a Big-Time Problem«, in: *The Portland Oregonian*, 23. März 1998, sowie Leslie Eaton: »Investment Fraud Is Soaring Along with Stock Market«, in: *The New York Times*, 30. März 1997.

4 Vgl. Eric J. Savitz: »Wanna Great Stock? Just Phone Barry Davis and the Sleaze Hotline«, in: *Barron's*, 25. März 1991; ders.: »Penny Stocks, Big-Bucks Fraud«, in: *Barron's*, 6. Dezember 1993; sowie Joseph Perone: »The Anatomy of Penny Stock Fraud«, in: *The Newark Star-Ledger*, 20. August 1995.

5 Vgl. Kathryn Welling: »More on Memory Metals: The Troubled Little Company Stirs Fresh Controversy«, in: *Barron's*, 9. September 1987.

6 Vgl. Michael Schroder: »Eighty-Five Brokers Are Charged with Allegedly Bilking Customers«, in: *The Wall Street Journal*, 17. Juni 1999.

7 Vgl. »Florida Brokerage A. S. Goldmen Is Indicted in Stock-Fraud Case«, Associated Press, 8. Juli 1999, sowie die Pressemitteilung des NASD: »NASD's National Adjudication Council Fines A. S. Goldmen $150000«, 14. Juni 1999. Vgl. weiterhin »NASD Scrutinized Over Security Leaks«, Dow Jones Business News, 19. Juli 1999.

8 Vgl. Colleen Deboise: »Former A. S. Goldmen Executive Charged in Plot to Kill Judge«, Dow Jones Business News, 9. August 2000, sowie *Newsday*, 23. Dezember 2000.

9 Caveat emptor bedeutet so viel wie »Käufer, sei vorsichtig!«

10 Aktienanleihen sind festverzinsliche Wertpapiere, bei denen am Ende der Laufzeit der Nennwert ausbezahlt oder alternativ dazu eine bestimmte Anzahl der zugrunde liegenden Aktie geliefert wird. Letzteres ist an die Bedingung geknüpft, dass der Kurs der Aktie einen bestimmten Schwellenwert unterschreitet.

11 Vgl. Michael Schroder und Rebecca Buckman: »U.S. Attacks Stock Fraud on Internet«, in: *The Wall Street Journal*, 29. Oktober 1998.

12 Vgl. Judith Benis: »Chief of SEC's Enforcement Unit Vows to Battle Internet Stock Fraud«, in: *The Wall Street Journal*, 5. April 1999. Außerdem Interview des Autors mit Ken Israel, dem Leiter der SEC-Außenstelle in Salt Lake City.

13 Gary Weiss: »Now We'll Never Know the Truth about Bear Stearns«, in: *BusinessWeek*, 8. Mai 1999.

Kapitel 6: Die Leerverkäufer

1 Interview des Autors.

2 Die Ökonomen sprechen von einer Stagflation, wenn die Wirtschaft kaum wächst (Stagnation), aber dennoch die Preise steigen (Inflation).

3 Robert C. La Franco: »Koo Koo Who?«, in: *Forbes*, 18. November 1996.

4 Mark Weaver: »How Dit It Find Trouble«, The Motley Fool, 11. Dezember 1997.

5 Interview des Autors.

6 William Power: »Now You Can't Call Short-Busters«, in: *The Wall Street Journal*, 17. August 1994.

7 Interview des Autors.

8 Interview des Autors.

9 Interview des Autors.

10 Vgl. Benjamin Mark Cole: »False Publicity Bars Turbodyne from Trading«, in: *The Los Angeles Times*, 20. April 1999.

11 Kathleen Gallagher: »$8 Million Settlement Proposed«, in: *The Milwaukee Journal Sentinel*, 7. April 1999.

Kapitel 7: Die »good guys«

1 Interview des Autors.

2 Vgl. Janet Rae-Dupree: »Anatomy of a Shareholder Slaughter«, in: *Busi-*

nessWeek, 17. Mai 1999. Vgl. auch »HBO & Co.«, Center for Financial Research and Analysis, 14. April 1997.

3 Vgl. »HBO & Co.«, Center for Financial Research and Analysis, 19. August 1998.

4 Interview des Autors.

5 Interview des Autors.

6 Vgl. Robin Goldwyn Blumenthal: »Special Delivery«, in: *Barron's,* 17. Juli 2000.

7 Interview des Autors.

8 Interview des Autors.

9 Interview des Autors.

Dank

Seit Jahrzehnten häufe ich Schulden mit täglich wachsenden Zinses-
zinsen gegenüber städtischen Schulen und Büchereien, Universitäts-
lehrern und -bibliotheken, Familienmitgliedern und Freunden auf.
Bedanken möchte ich mich auch bei Kathleen Peterson, Lektorin bei
Bloomberg, die das Manuskript gelesen und trotz seiner streitbaren
Haltung als druckwürdig beurteilt hat, und bei Dan Taub, Journalist
bei Bloomberg, der mir den Verlag empfohlen hat.

Register

Lanigan, Mark, 99
Lehman Brothers Holdings Inc.,
76, 105
Levander, Andy, 46–50
Level 3 Communications Inc.,
147–149
Levitt, Arthur, 161
LifePoint Inc., 173
Lilly, Richard, 102, 103
Lincoln National Life Insurance,
125
Lincoln Savings, 197
Loeb, 67
Los Angeles Times, 14

Malkiel, Burton G., 79, 80, 112
Mandel, Bruce, 118
Marriott, 198
Marsh, Paul, 133
McCall, Charles, 217
McDonald's, 122, 188
McDonnell Douglas, 198
MCI WorldCom, 144, 148
McKesson Corp., 187, 217
McKesson-HBOC, 214, 217, 218
Medicines Control Agency, 41, 49
Meeker, Mary, 86, 91–96, 116, 118
Melnyk, Eugene, 18–25, 29, 39,
51–53
Memory Metals Inc., 157–159, 166,
167, 196
Memry Corp., 159
Menlow, David, 123
Merck, 15
Mergerstat, 76
Merrill Lynch, 20, 25, 65–68, 72,
86, 89–91, 160, 170
Meulbroek, Lisa, 206, 207
Michaely, Roni, 109, 110, 113

Microsoft, 10, 109
Midtown Research, 95
Milken, Michael, 46, 188, 189
Mitchum, Jones, and Burnham, 68
MobilCom, 237
Montgomery Securities, 126
Moore, Demi, 121
Morgan Stanley & Co., 91–93
Morgan Stanley Dean Witter, 21,
25, 68, 70, 86, 91, 95, 96, 109,
160, 217
Morganthau, Robert, 168, 169, 178
Moszkowski, Guy, 76
Motley Fool Website, 59, 194
Murdoch, Rupert, 141
Murphy, Michael, 194–196, 199

Nasdaq Composite Index, 10
National Association of Securities
Dealers (NASD), 72, 97, 162,
168, 169, 201
National Association of Securities
Dealers Automatic Quotation
(Nasdaq), 67, 107, 194, 202
Nationsbank, 99
NetBank, 106
New Frontier Media, 174
New York Society of Securities
Analysts, 15
New York Stock Exchange (NYSE),
63–67, 101, 107, 135, 140, 178,
205, 206
New York Times, 14, 85, 123, 144,
145, 179, 223
New Yorker, The, 86, 141
Newbridge Networks Corp., 229,
230
News Corp., 141
Nextcard Inc., 95, 96